FARMERS INTEGRATED
COOPERATIVE:

2018—2019年卷

综合农协

中国"三农"改革的突破口

FARMERS INTEGRATED COOPERATIVE:
A BREAKTHROUGH IN CHINA RURAL REFORM

杨 团 等/著

中国社会科学出版社

南开大学出版社

图书在版编目（CIP）数据

综合农协：中国"三农"改革的突破口.2018—2019 年卷／
杨团等著.—天津：南开大学出版社；北京：中国社会
科学出版社，2020.12
　　ISBN 978-7-310-06044-3

　Ⅰ.①综… 　Ⅱ.①杨… 　Ⅲ.①农业合作组织—研究—
中国 　Ⅳ.①F321.42

中国版本图书馆 CIP 数据核字（2020）第 255721 号

版权所有　　侵权必究

综合农协
中国"三农"改革的突破口
ZONGHE NONGXIE
ZHONGGUO SANNONG GAIGE DE TUPOKOU

南開大学 出版社
中国社会科学出版社 出版发行
出版人：陈　敬　赵剑英
地址：天津市南开区卫津路 94 号　邮政编码：300071
营销部电话：(022)23508339　营销部传真：(022)23508542
http://www.nkup.com.cn

北京君升印刷有限公司印刷　全国各地新华书店经销
2020 年 12 月第 1 版　2020 年 12 月第 1 次印刷
240×170 毫米　16 开本　22 印张　340 千字
定价：78.00 元

如遇图书印装质量问题，请与本社营销部联系调换，电话：(022)23508339

目　录

仪陇专题调研

第三篇　乡村治理

第四篇　扶贫研究

第五篇　国外经验

附　　录

第一篇　宏观研究

技术专利、金融资本和国家税收
对内蒙古草地畜牧业的影响①

——以内蒙古典型纯牧业 12 个旗调研为例

达林太　齐木德道尔吉②

一　研究背景与文献综述

21 世纪初，对席卷中国南北的沙尘暴溯源中，内蒙古草原牧区研究走入了研究者的视野（卢欣石、何琪，2000；卢琦、吴波，2002）。对于内蒙古草原牧区草原畜牧业的研究，涉及"牧区、牧业、牧民"等问题的各个方面（韩念勇等，2002；任继周，2005；达林太、郑易生，2012），包括牧区的草地经营制度、畜牧业生产组织方式、协作方式、分配制度、风险防范、社会化服务体系、传统文化传承、生态补偿以及牧区经济社会效益和保护自然生态系统与人文生态环境等诸多学术问题。目前上述问题的研究文献比较丰富，不同的观点碰撞也较为激烈，形成了学术观点迥异的几大学术派系。其中游牧派和制度派的讨论，几乎涵盖了近二十年来所有内蒙古草原牧区讨论文献，学术观点有时到了互不相融的地

① 本调研由教育部哲学社会科学重点研究基地重大项目"内蒙古蒙古族人口问题研究"（项目批号：15JJD850003）和教育部哲学社会科学重点研究基地重大项目"内蒙古农牧业产业组织体系研究"（项目批号：2016JJD8008）资助。
② 达林太，蒙古族、博士，内蒙古大学蒙古学研究中心研究员；齐木德道尔吉，蒙古族、博士、教授、博导，内蒙古大学蒙古学研究中心主任。

步。从导致草原退化的原因，开始讨论草原开垦、移民迁入、超载过牧之间的关系；从草原承包制对草原牧区的适应性，引出了移动式放牧（游牧）、定居和围栏放牧等放牧制度变革的讨论，其中传承传统畜牧业和发展现代畜牧业一直是这两派争论的焦点（暴庆五，1999；赵萌莉、许志信，2000；敖仁其，2001；邱淑琴，2003；张新时，2005；盖志毅等，2006；海山，2007；刘书润，2010；贾幼陵，2011a；贾幼陵，2011b；郝益东，2012；达林太、郑易生，2012；Conte & Tilt，2014；张新时，2016）。随着近年来气候变化的分析框架进入草原牧区研究领域，游牧和制度讨论由于缺乏新理论的注入，逐步淡出了研究者的视野。气候变化引发的脆弱性正在作为主流话语体系，取代或补充了游牧与制度的讨论（於琍等，2008；尹燕亭等，2011；杜凤莲、余晶，2013；李西良、侯向阳，2013；谭淑豪等，2016）。也有学者从草原牧民的视角，通过系列的微观调研案例对草原畜牧业的过去、现在和将来提出草原牧民的发展困境（韩念勇等，2011；韩念勇，2018；郑宏，2018），并试图对内蒙古上百年发展历程的回顾，在总结市场方式演化历史过程的基础上，对当前草原畜牧业遭遇的发展问题作一些梳理（达林太、郑易生，2010；达林太、于洪霞，2012；文明，2018），一些社会学家和农业发展学家从制度变迁、市场化影响角度揭示内蒙古草原生态功能退化与草原牧区所面临的问题（王晓毅，2009；王晓毅，2013；周立、姜智强，2011），也不乏一些实证研究学者从牧户生计调研中提出草原牧区面临的问题（宝希吉日等，2012；达林太等，2018）。

气候变化引发的草原牧区变迁研究者，对草原牧区提出了一系列新的分析研究范式，这些研究似乎极力回避制度性争论，用较少的田野调查资料，系统地设计一些气候变化引发脆弱性的框架图，草原牧区系统暴露敏感度一目了然，以此提出牧区和牧民所应对气候变化，以及规避脆弱性的策略，并制订出牧民应对气候变化的适应性计划（於琍等，2008；张倩，2011；靳乐山等，2014；谭淑豪等，2016）。综述气候变化引发草原牧区变迁的观点发现，有学者从宏观自然科学角度气候变化对草地生态系统影响进行研究（尹燕亭等，2011；李西良等，2012；丁勇等，2012），有学者从气候变化对草原畜牧业产业影响方面展开研究（郝璐，2008；杜凤莲，2013），也有气候变化对微观牧户影响实证案例研究（张倩，2011；韩颖、侯向阳，2011；陈伟娜等，2013；敖仁其、文明，2013；靳乐山等，2014）。

在考察 20 世纪末和 21 世纪初内蒙古草原牧区研究文献时发现，全球化对民族地区影响的文献较少，对内蒙古草原牧区实证研究文献相对更少，从价值链考察全球化视角下民族地区内蒙古草原牧区实证分析的研究文献就更稀缺。在一个经济结构和社会结构急速变化的历史时期，实地研究可以更好地把握研究对象的结构变化（达林太等，2018），实证研究能更好回应政府和当地牧民的需求。本研究从实证调研入手，希望从记录牧民的生产生活为切入点，以此揭开在全球化大背景下，资本、技术和国家税收对草原畜牧业的影响，对目前内蒙古草原牧区发现的问题作一些简单分析，提出一些简单的政策性建议。

二　十二个边境牧业旗调查内容和发现的问题

实现牧区乡村振兴战略，核心目标是提高牧民人均纯收入。该指标值越高，表明牧民自身对牧业持续投入的保障能力就越强，就有可能在牧区留得住牧民；反之，牧民的生活水平就会下降，就会有大量的牧民背井离乡，影响边疆地区的稳定。本研究以调研牧户纯收入为重要指标，结合田野调查资料分析牧户生产经营的价值链，以此展开相关的讨论。

内蒙古边疆牧区和中国内地一样正在经历急剧的社会变迁，这种社会变迁和近年来持续的干旱，畜产品市场低迷，牧户普遍借贷，使得沉积了十余年的内蒙古草原牧区研究又提上了讨论日程。在反思以往研究的基础上，还需要从各个角度真实记录这一过程。由中宣部和教育部两个重大课题资助，2017 年 5 月—2018 年 6 月，对内蒙古自治区沿边 24 个典型牧业旗作了抽样调查。结合以往三十余年内蒙古草原牧区的研究参与上述讨论，希望提出一些值得借鉴的东西。

（一）调研地及取样方法

本研究从 24 个典型纯牧业旗抽取 12 个牧业旗作为调查样本地，调研旗样本充分考虑地域特殊性、边境旗县、纯牧业旗、草地类型和分布不同盟市等因素，对抽取的 12 个典型纯牧业旗做深度调研。在每个旗抽取两个典型嘎查（村）做全嘎查调查，嘎查取样按照本旗地图旗所在地东西或南北方向等距离抽取嘎查，比如，阿拉善左旗是按照东西方向抽取的两个嘎查，那么下一个样本旗乌拉特后旗嘎查就按照南北向抽取嘎查，以此类推。这样尽可能使得调研嘎查分布于不同的区域，便于反映不同区域的状况。嘎查内牧户抽取除了参考嘎查领导意见外，同时在嘎查地图上以嘎查所在地为圆点作同心圆，尽可能调研的三个（大、中、小）牧户在同一圆上，做到牧户抽样的随机性。大户、中等户、贫困户按照嘎查登记在册的标准划分。本次调研共调研了 12 个旗，24 个嘎查，72 户牧户。

表 1　调研的 12 个典型纯牧业旗县（2017 年 5 月—2018 年 6 月）

阿拉善盟	巴彦淖尔市		鄂尔多斯市		包头市	乌兰察布市	二连市	锡林郭勒盟		呼伦贝尔市	
阿拉善左旗	乌拉特后旗	乌拉特中旗	乌审旗	鄂托克前旗	达茂旗	四子王旗	二连市	苏尼特左旗	东乌旗	新巴尔虎左旗	陈巴尔虎旗

为了更加准确地掌握内蒙古典型边境牧业旗牧业供给侧改革、牧区精准扶贫和党的十九大以后牧区乡村振兴战略实施情况、牧区和牧民畜牧业生产经营状况，本次调研除了各级政府部门专门访谈外，还对嘎查级进行了问卷调查，对牧户进行了问卷调查及半结构式访谈。针对调研中发现的特殊问题，在当地邀请资深专业人士座谈。向有关部门索取资料，并经过后期资料汇总分析等工作，对全嘎查调查资料和牧户调研资料分别汇总分

析。按照常规统计的方法对旗、嘎查和牧户基本数据、统计均值、最大值、最小值、中位值、标准差。由于篇幅所限，本研究统计值取均值，参考中位值。

（二）调研嘎查的基本情况

本次抽样调研嘎查牧户户均人口 3.6 人，常住人口与户籍人口比为 57%，大约有 43% 的人口转移出去或外出打工，人口转移在加剧。调研牧户常住人口平均年龄均值接近 49 岁，平均劳动力年龄均值为 54.7 岁，这两项指标都比十年前有所提高（达林太、刘湘波，2009；达林太、郑易生，2010）。近年来随着"十个全覆盖"工程建设带来的房屋、棚圈等基础设施的改造，调研牧户户均房屋居住面积均值达 87 平方米，暖棚面积均值为 149 平方米，基础设施的改善，使得牧民抵御自然灾害的能力有所加强，每年因雪灾等自然灾害损失牲畜数量有了显著的减少。调研牧户户均草场面积 6526 亩，80% 的草场建设了围栏；调研牧户草场由于分户等原因，牧户户均草场比前十多年有所下降，围栏的比例有所上升（达林太、刘湘波，2009；达林太、郑易生，2010）。

调研牧户户均牲畜牧业年度 329 个羊单位，和十多年前对比，牲畜头数在下降，出栏率在提高（达林太、刘湘波，2009；达林太、郑易生，2010）。近年来随着杜邦公司牧草种子在草原地区的推广，政府对牧区水利设施的完善，苜蓿、饲料玉米等优良牧草在干旱地区栽培种植成功，20 世纪 60—90 年代建设本世纪初废弃的饲草料地开始恢复种植。[①] 尤其是调研鄂尔多斯市的两个牧业旗，饲草料地种植非常普遍，这对降低畜牧业脆弱性起到了很好的作用，也有学者对干旱区大量超采地下水，种植饲草料提出了忧虑（韩念勇等，2011；郑宏，2018；韩念勇等，2018）。

[①] 调研旗所有的饲草料基地，过去由于种子等因素，苜蓿和饲料玉米一般难以成活或产量低，成本过高，基地基本撂荒。近年来杜邦公司一个原员工在牧区推广新的种子，苜蓿和饲料玉米种子由于抗逆性强，在干旱地区迅速推广，据牧户介绍，产量也比过去提高了好几倍。

表2   调研嘎查常住户均人口资源状况（2017）

分类	人口（人、岁、%、m²）			生产资料（m²、亩、羊单位）					融资（元）		规模化经营（%）	
	人口	年龄	常住人口	住房	暖棚	草场	围栏	饲料地	牲畜	银行贷款	民间借贷	草场流转	合作社
均值	3.6	49	57	87	149	6526	5218	15	329	84576	23718	29.87	27.07

数据来源：依据嘎查调查问卷和牧民家庭问卷调查指标制表，中位值和标准差未标注，均值部分取整数。

近年来牧区融资市场较发达，除了农信社以外，其他商业银行也开始在牧区放贷，调研牧户户均银行贷款 84576 元。调研牧区民间借贷也较发达，户均民间借贷 23718 元。近年来由于城市资本过剩，大量游资通过购买商业银行的理财产品，委托商业银行到农村牧区放贷，牧区融资市场甚至出现了资金过剩。过去学界认为农业生产三要素的大规模流出农村牧区，农村牧区资金短缺，制约了农牧业生产和经营（温铁军，2007；达林太、郑易生，2010；李昌平，2015），甚至有学者提出盘活宅基地来解决农牧区资金短缺问题（刘亚光，2011）。

相比农业区土地流转，牧区草场租赁市场不是很完善，调研草场流转户约为 30%。牧民通过草场的流转，来优化资源配置或者选择更优的生计策略。调研参加合作社的牧户约占总牧户的 27%，和合作社处于强关系的有 3% 左右。以上这些因素都有助于促进牧民生计的发展。

表3   调研牧户生产资料差异（2017）

	24 户大户（羊单位、亩）			24 户中等户（羊单位、亩）			24 户贫困户（羊单位、亩）		
	存栏牲畜	草场	饲料地	存栏牲畜	草场	饲料地	存栏牲畜	草场	饲料地
最大户	722	13841	100	430	10060	14	247	8791	9
中位值	421	8047	6	326	6903	5	148	4110	5
最小户	376	2190	0	226	2836	0	62	1950	0

数据来源：依据嘎查调查问卷和牧民家庭问卷调查指标制表。

调研草场面积比较大的牧户，大部分属于边境地区牧户；饲草料基地种植面积较大的牧户，基本属于鄂尔多斯地区的牧户，这里有较充裕的地下水，农牧结合的生产方式已经经营多年。饲养牲畜较多的牧户多属于东部呼伦贝尔市、锡林郭勒盟的一些边境旗。调研最大户和最小户拥有生产资料相差极大，最大户存栏牲畜中位数 421 个羊单位，中等户牲畜中位数 320 羊单位，最小户存栏牲畜中位数 148 个羊单位。经营饲料地差距中位数不大于 5 亩左右，大户最多种植 100 多亩，小户很少经营饲草料地。

（三）调研牧户的生产经营

（1）调查牧民收入越来越多元，畜牧业收入所占的比重在下降。抽样调查 12 个边境牧业旗牧户总收入均值为 91597 元，和前十年前相比，牧户收入有所增加（达林太、刘湘波，2009；达林太、郑易生，2010）。其中畜牧业收入均值为 38900 元，畜牧业收入在总收入中占比 42.48%，与前十年比较在下降，这可能和畜产品价格低迷有关，也说明畜牧业经济结构在优化（达林太、刘湘波，2009；达林太、郑易生，2010）。政府生态奖补等转移性支付收入均值约为 29700 元，在总收入中占比为 32.43%，在总收入中占比逐年增加，政府对牧区生态保护扶持力度在加大。

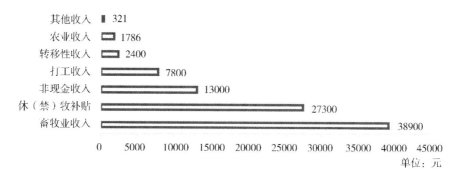

图1　内蒙古边境 12 旗牧户抽样调查收入汇总（2017）

牧民自食性消费非现金收入也在增加，主要是除了自身消费外，父母为外出打工子女提供肉食品，拉高了牧户的非现金收入。随着牧区的公共设施建设，也有部分牧民在苏木周边短期打工，调研牧户打工收入也在增加。总之，和调研资料相比较，牧户收入越来越多元，畜牧业收入比重在下降，政策性收入在增加，这也和前几年在典型牧业旗县调研结果一致

（于洪霞、达林太，2013）。有学者担心政策性收入降低牧民生计脆弱性的同时，也造成了牧区社会对转移支付的依赖（王晓毅，2016）。

（2）调研牧户生产开支越来越大，借贷成为牧民当下应对生计困难的重要手段。调研发现，随着牧民家庭成员增加，分家使得分支户大量出现，草地分割导致了牧民可利用草场资源减少。在同一块草场上过度放牧使牧区草场退化严重，牧民不得不采取购买草料的方式来补充草场饲草料不足（达林太，2007；达林太、郑易生，2010；周道玮、孙海霞，2010；达林太、于洪霞，2012）。调研牧户 2017 年饲草料支出为 49197 元，畜牧业收入不能支付购买草料的支出，大部分牧民还必须通过贷款方式来买草买料。究其原因，畜牧业的特殊性使得牧户不能像农业那样去市场购买种畜，遭遇自然灾害，牧民必须死保基础母畜，一旦基础母畜死亡，牧户就彻底破产了，这也是草原畜牧业市场不能完全解决的一个重要问题，以往研究都很少触及（达林太、郑易生，2010；达林太、于洪霞，2012）。

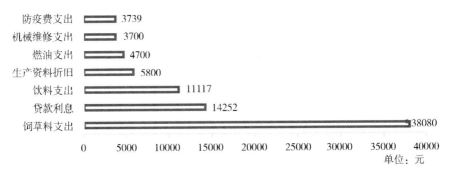

图 2　牧户各项支出明细（2017）

此外，随着前几年政府倡导规模化经营，牧区开始出现草地租赁市场，通过租入草场缓解自家草场不足，成为牧业大户解决发展问题的又一选择。但草场作为牧民最主要的生产资料，并且在草场普遍稀缺的状况下，除非面临破产等严重状况，牧民都不愿出租草场，仅有部分牧民迫于生计压力出租草场来维持生计。调研牧户的草牧场流转到政府部门备案的只有 4%，通过嘎查委员会备案的不到 10%，私下里交易占大部分。① 当然也有草场经营权出租

---

① 汇总嘎查调查资料后得出的结论。

到期收不回来的情况，也有出租经营权而失去政府对使用权补偿的案例。这样的案例在巴彦淖尔市的两个乌拉特旗边境苏木尤为普遍，在阿拉善左旗也调研到出租经营权而失去使用权的1户牧户。[1] 当出售畜产品收入无法覆盖购买饲草料所需的支出时，借贷成为牧民应对当下困难的重要手段。还有部分牧民看到近年来畜产品价格一直下跌，通过借贷或从上游赊销来买草买料，保证基础母畜和畜牧业再生产，期待畜产品价格回升恢复生计。

（3）调研牧户的生活消费支出在逐年增加，收不抵支已经成为常态。调研牧户2017年家庭生活消费总支出均值为67312元，牧户消费支出排在第一位的是礼金支出。近年来随着社会资本由社区内向社区外的城镇转移，牧民为了获得社区以外其他资源的支持，对外互动在加深，也就导致礼金排在了生活消费第一位，这也和中国农业地区调研结论相似。

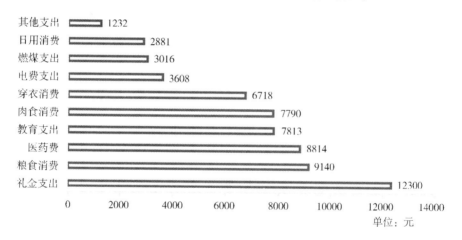

图3　牧户生活消费支出（2017）

除了礼金支出外，排在前三位的依旧是食品、医药、教育支出，这老三样支出，基本和前十年调研结论相似，这说明牧民的生活基本没有太大改变。调研牧户恩格尔系数为25.2%，相比于10年前有所下降（达林太、刘湘波，2009；达林太、郑易生，2010）。牧户食品消费结构在变化，传统

---

[1] 2017年巴彦淖尔市乌拉特后旗和乌拉特中旗边境苏木调研发现上述情况，2018年在阿拉善左旗调研也发现类似的案例，一家牧户把草场流转给一家企业，企业除了经营草地，还享受政府的生态奖补等。

民族饮食正在被大众饮食所取代，猪肉等肉食品大量取代牛羊肉，究其原因，主要是与牧民收入递减有关。① 这里电费支出指有市电地方直接支出，没有市电地方牧户风力发电机的各类支出。调研牧户的燃煤支出近年来有所提高，这可能与政府的每户 600 元煤炭补贴有关；调研牧户家庭安置土暖气的占到调研牧户的 37%，牧民的居住比以往有所改善②。

（4）调研牧户纯收入均值接近贫困线，负债均值超过了警戒线。调研牧户 2017 年纯收入均值为 2810.83 元，户均负债 165487 元，牧民通过多户联保的办法向当地信用社、其他商业银行进行贷款，贷款额度一般在 5 万—20 万元，年利率一般在 0.6%—1.2%，贷款用于买草买料、供孩子上学、"十个全覆盖项目"和精准扶贫的配套。贷款到期以后，可以先还利息，将贷款转为下一年度贷款，也有找中间贷款公司支付一定手续费还旧贷新。

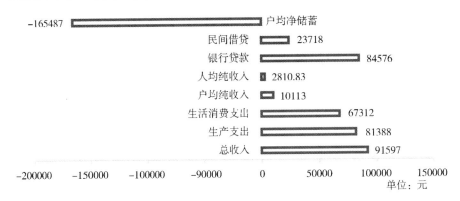

图 4　调研牧户纯收入、融资及净储蓄（2017）

对于那些草场面积较小的牧民而言，银行贷款额度也相对较小，不得已抵押草场、牲畜、"生态奖补一卡通"等进行民间借贷，民间借贷的利率一般在 2%—5%，大部分参与民间借贷的牧民由于无法偿还高额利息，只能选择将自家草场交予民间借贷的业主对外长期出租，自己替别人放羊来

---

① 在 12 个典型纯牧业旗调研中，牧户按照传统的礼仪摆放奶食品、炒米、肉食品的有 18 户，鄂尔多斯 11 户，锡林郭勒盟 2 户，呼伦贝尔市 4 户，包头市 1 户；按照传统习俗喝奶茶的 21 户，其余都是喝的清砖茶。

② 煤炭正在取代传统的牛羊粪取暖和烧饭，进一步调研发现，由于牛羊大量舍饲，碳水化合物饲料草食性牛羊很难完全分解消化，牛羊粪基本和猪粪类似，已经不能作为燃料使用，这和内蒙古奶业养殖户调研结论相似。

维持基本生计，对于这样的牧民而言，生计已经失去了可持续的基础。

从调研的整体状况看，从 2017 年牧户调研资料分析，基本得出一个不正常的结论，牧户的规模经营与牧户纯收入呈负相关，牧业大户亏损较严重，中等户勉强靠借贷维持生计，小牧户在政府的精准扶贫政策扶持下，基本脱贫，但横向分析扶贫项目价值链时，会发现由于牧户配套资金过多，金融杠杆过大，出现了隐形致贫可能，这也是特别值得关注的一个现象。①

三 调研牧户价值链上的剩余分配

（一） 牧户的资金来源

从家庭经营的农牧户的资金获得来源看，基本来源于几个方面：信用社和合作银行较多，也有从民间放贷人手里借钱，从上游的饲草料公司赊销，也是牧户经常采取的非金融融资形式。②

从 72 户农户调研资金来源看，农户 2017 年获得政府资助的 1 户，属于饮水改造工程，政府带工带料项目，牧户辅助劳动。牧户从信用社获得贷款的有 62 户，平均贷款 81500 元；从商业银行贷款的有 14 户，平均贷款 74033.71 元；高利贷贷款 43 户，平均贷款 17800 元；从饲草料公司赊销的有 52 户，平均赊销 18121.08 元。这和在内蒙古奶业奶农调研结果相类似（达林太等，2018）。

表 4　　　　　　**调研牧户获得资金利息或手续费支出**（2017）

	银行贷款	信用社贷款	高利贷	上游赊账
户数（户）	14	62	43	52
总额（万元）	103.6472	505.30	76.54	94.2296
利息（包括手续费，万元）	7.462598	60.636	23.2083	11.30755

数据来源：作者实地调查整理制表（2018）。

---

① 在鄂尔多斯调研到的贫困户，政府担保贫困户去农信社贷款，修缮房屋、棚圈和购买生产资料，贷款 10 万元，每年通过一些中间公司还旧贷新。从当年的扶贫指标看，贫困户脱了贫。但深入调查分析，政府担保 10 万元贷款，贫困户以后几乎是没有能力偿还的。

② 一些扶贫小额贷款公司也对牧户放款，但相比其他金融机构，贷款额度较小，对降低牧户脆弱性能力也较小。

商业银行是一些在牧区放贷的合作银行，近年来由于竞争激烈，商业银行贷款利率一般比农信社低，利率在 0.6% 上下浮动，贷款期一般为半年，牧户冬季贷款，第二年夏季还款，按时还款可以继续贷款。农业银行也在牧区放款，有些地方贷款条件是需要用房产或行政事业单位职工工资卡抵押。信用社贷款一般为一年期，放款时间一般也是秋冬季，也有例外，信用社贷款利率加贷款手续费为 1%—1.2%。民间借贷一年四季随时贷款，牧户一般选择利率为 2%—2.4% 的产品，也有特殊情况贷利率 5% 的高利贷，调研有 3 户牧户因病贷了高利贷，有 4 户孩子上学贷了高利贷，2%—2.4% 这款产品由于利率较低，对贷款期限有约定，最短时间为一年，调研的牧户用于生产的民间借贷一般选择贷款期一年。牧户进行生产资料购置也往往选择从上游的饲草料公司赊销，赊销期一般为 6 个月之内，赊销产品价格一般较高，其差价基本和一年期高利贷利率差不多，利息约为 2.4%。这和在内蒙古奶业对奶农调研结果相类似（达林太等，2018）。

（二）牧户的生产成本构成

近几年随着饲草料市场竞争比较激烈，一些小的饲草料公司由于规模过小等原因退出了生产经营，一些大的物流公司和饲草料加工厂合作，形成了集种植、收割、加工为一体的草料公司。以企业法人形式出现对外经营，公司基本可以为有需求的家庭牧场、合作社和公司牧场提供购货的增值税发票，税额占 17%；社会化服务的兽药和农机配件由于政府进一步规范，也被一些大公司垄断，企业法人公司也为家庭牧场、合作社和公司牧场提供税额为 17% 的增值税票。

表5　　　　　　　调研 72 户牧户生产成本详细构成（2017）　　　　　单位：元

金融信贷产生利息或费用成本			饲草料成本		社会化服务成本		劳动力
金融部门	上游赊账	高利贷	饲草	饲料	兽医服务	机械及燃油	劳动力
680985.98	113075.5	232083	2741760	800042.4	269208	604800	0

数据来源：作者实地调查整理制表（2018）。

通过进一步采访牧户，发现牧户近年来购买的饲草料种子，基本来自杜邦公司旗下的子公司，该公司饲料玉米种子按照 1 粒种子 0.5—1.3 元不等出售。在内蒙古河套地区调研饲料玉米种子为 0.5 元一粒，在鄂尔多斯地区饲料玉米包衣种子为 1.3 元一粒[①]；在边境牧业旗调研几个大的饲草料基地，发现苜蓿种子也来自杜邦公司的子公司（或者合作公司），苜蓿种子 1 公斤 100 多元，每亩约需要 5 公斤种子，按照 2—3 年补种一次来算，种子占到牧草成本的很大部分。据业内人士提供饲草料公司财务报表，牧草种子在生产中的成本，基本种子占到企业利润的 30% 多。配合饲料除了来自原料的技术专利外，生产饲料配方及部分添加剂也属于购买的专利产品，据业内资深人士分析，其技术成本占到销售价的 35%（达林太等，2018）。以此推算饲料的技术成本以 35% 计算，这和调研家庭牧场、合作社和公司牧场所提供发票的结论一致。

（三）牧户价值链上各利益相关者的分配

通过各类商品或服务提供者提交给家庭牧场、合作社和公司牧场的发票，以及业内资深人士提供的财务信息做依据计算，各利益相关者分配见表 6。

表 6　　　　牧户生产价值链上的各利益相关者之间的分配（2017）　　　单位：元,%

	技术专利	金融资本	国家税费	牧户收益
分配	14759.1	14252	10426.23	10118.99
全部占比为100%	29.78%	28.76%	21.04%	20.42%

数据来源：由表 4 和表 5 计算所得。

牧户 2017 年购买饲草料和服务支付的技术专利费均值为 14759.1 元，牧户支付各类金融资本利息及服务费均值为 14252 元，支付国家间接税费均值 10426.23 元，牧户户均纯收入均值为 10118.99 元。从以上调研牧户生产

---

① 在巴彦淖尔临河、五原和鄂尔多斯调研，饲料玉米种植密度比以往要低好多，但产量比以往要高。

价值链追踪分析中，发现在草原畜牧业生产的产业链中，大部分利益被技术专利、金融资本和国家的税收占有，几乎占到整个价值链80%的利益。这也是内蒙古草原牧区、草原畜牧业和草原牧民不能持续发展的另一个原因，下面就其原因做一些简单的讨论。

四　回顾与讨论

内蒙古草原牧区以往的研究主要关注草牧场管理制度变迁，学者更倾向于讨论草牧场所有权制度与经营（使用）权制度的变迁规律（文明，2018）。草畜双承包后，草地生态状况恶化（达林太、阿拉腾巴格那，2004），而草场划分到户和市场机制的引入，不仅增加了牧民的风险程度（张倩，2011），随着牧民定居、草原分割和市场化，草原社区面对干旱呈现出严重的脆弱性，而这些又加剧了干旱的影响（王晓毅，2013）。水、草等自然资源减少及不同资源间搭配失衡，草地承载力下降和恢复力不足，这些都加剧了牧户的生计脆弱性（谭淑豪等、2016）。而且使牧民原有的低成本灾害应对策略失效，牧民不得不依赖高成本的储备和移动策略（张倩，2011）。制度层面，内蒙古牧区草牧场管理制度则大体经历了不同历史阶段的七次变革（文明，2018），不适当的社会制度变迁加剧了气候变化的危害（王晓毅，2013）。整个变迁过程反映在草牧场制度设计中，国家权力依附生态治理不断延伸至基层组织，草牧场经营传统方式在国家和市场的作用下快速萎缩（达林太、于洪霞，2012）。市场经济主体的主体地位逐步显现，而这种制度设计使个体逐利思想蚕食了集体的生态觉悟（文明，2018）。

作为最大陆地生态系统的草原面临着严重的退化，干旱是对草原畜牧业影响最严重和最广泛的气候事件，干旱通过影响草、畜、水等因子，影响牧民生计（周利光等，2014）。在干旱和制度变迁的共同作用下，牧民生计陷入不可持续的境地（王晓毅，2013）。相应的治理适应性对策，要提高适应能力，降低敏感性和暴露度；牧民对气候变化适应能力的提高，可以通过提高牧民收入、改善畜牧业基础设施和补饲能力等来实现（周利光等，

2014）。张新时院士给出草原畜牧业应对脆弱性的农业化理论，把草和畜牧业的元素融入农业系统中，以先进的草基农业系统改造传统的粮—经二元农业和原始的天然草地放牧业，在此基础上构建未来的草地金字塔结构（张新时等，2016）。草原畜牧业农业化，一直主导着政府对草原牧区现代化的决策方向（内蒙古自治区党委，2014）。

以上的研究似乎勾勒出了一幅内蒙古草原牧区面临的问题以及对策的逻辑图，回避了深层次的制度原因。假设气候变化对草牧场生态环境变迁影响是既定的，那么新的制度设计本身，以及该制度约束下的市场行为，通过改变原有制度安排下的资源配置机制（文明，2018），影响草牧场生态环境及牧民的生计。其中，市场失灵与政府失灵同时存在，那么市场失灵和政府失灵在气候变化的大框架内，就简单调整牧民的放牧行为，引入现代化的农业元素去解决问题，好像把复杂的因素简单化了。通过对纯牧业旗县畜牧业产业价值链的追踪发现：假如气候变化趋于好的年份，整个价值链80%的利益被技术专利、金融资本和国家税收占有，那么，又通过制定什么样的适应性计划和策略，才能降低牧民的脆弱性？

无论是游牧派、制度派还是气候变化派给出的方案，几乎都忽略了民族地区全球化过程中，经济发展、生态保护、自身的存在和发展，草原民族地区比中国的其他地区显得更加弱势。金融资本和技术通过全球化对民族地区资源进一步的蚕食，而导致了价值链中的大部分利益被金融资本、技术专利和国家税收盘剥。如果不对畜牧业产业链上的牧户进行适当的扶持，牧户就会被淘汰。牧户劳动力无限供给和劳动力不计成本的经营模式，对稳定畜产品和保障国家食品安全，所提供的支撑将不复存在，这对国家和社会来说都是一大损失。尽管2010年以后，国家对牧区的投入不断增加，特别是生态补偿的力度持续加大（王晓毅，2016），但国家通过间接税和镶嵌在金融资本、技术专利上的所得税，将生态补偿的转移支付又收了回去。近年来，畜产品产业链上的加工企业及原料和服务供应商的快速发展，一定程度上得益于价格低廉的畜产品供应，其背后则是众多牧户不计成本的劳动付出。

农民增收问题是中国乡村振兴中的重要问题，牧民是农民中的特殊群体，由于牧民聚居自然环境的脆弱性、地理位置以及语言的特殊性，决定了牧民增收问题，制度设计本身应考虑上述价值链追踪发现的问题。在具有社会公共资源性质的草牧场经营（使用）过程中，牧民所依赖的草原畜牧业产业的弱质性，决定了牧民增收在全球化的大背景下，更需要政府支持。政府要制定实施有利于环境保护、牧业发展、牧民增收的各种政策，要培育具有社会责任意识的市场主体，制定恰当的保护和干预政策，以应对全球化下的资本、技术对民族地区的影响；并且要积极发挥民族传统文化中非正式制度的积极作用，对干旱区更为持续的自然资源利用方式，整合到生物多样性保护政策之中，国家的生态补偿制定要对其补偿，并使其价值化（达林太、于洪霞，2012；文明，2018）。

五　对策与建议

（一）草原牧区乡村振兴事关中国乡村振兴的大局

草原牧区既是重要的生态屏障区，又位于边疆地区，也是少数民族主要聚集区和贫困人口集中分布区，是中国乡村振兴的短板。从东到西绵延几千公里的边境线，决定了戍边一直是草原牧民的一个重要责任。因此，牧区乡村振兴战略进一步突出以上的四大重叠性，需要强化嘎查建设、嘎查治理、嘎查公共服务供给。财政支持草原牧区工作，务必要按照中央的要求，围绕牧区、牧业和牧民这个整体进行调整和充实。要进一步加大牧业科技、基础设施、价格保护、金融保险、收入保障等支持力度。这样才能实现草原保护与经济社会发展的良性循环，才有可能如期实现草原牧区乡村振兴和小康社会。

（二）牧区人口回流是草原牧区实现可持续发展的希望

草原牧区是一块极具生态意义的地理单元，在中国社会、经济、文化传承和国家安全等各要素协同发展大局中起着重要作用。现阶段内蒙古边境旗县的格局正处于一个大调整、大分化时期。调研的 12 个纯牧业旗的 24 个牧业嘎查中，由于休牧禁牧和生产成本的上涨，嘎查常住人口为户籍人口的 57%，有 43% 的人口转移到周边的城镇。常住劳动力中 50 岁以上劳动力占到嘎查常住劳动力总数的 80.4%。年轻人的大量外出，必然会弱化军民共守的边防线。长此下去，极有可能会出现中国其他边境地区已经出现的暴恐、黄赌毒等边疆问题，影响国家边疆地区的安全和稳定。因此，沿边牧区乡村振兴，要有真金白银的硬投入，通过发展畜牧业相关的产业增加牧区就业、创业的机会，鼓励年轻牧民回流戍边和发展生产，实现牧区乡村振兴。

（三）草原畜牧业是内蒙古典型牧业旗牧户的主要生产方式和经济来源

草原畜牧业在中国畜牧业发展过程中发挥过非常重要的作用，提供了大量的畜产品，解决了一部分牧区剩余劳动力就业问题，更加重要的是，牧民在牧区的自主择业是中国未来国家稳定的蓄水池，要强化对草原畜牧业的制度性供给，强化草原畜牧业人才支撑，强化草原畜牧业投入保障。

政府要帮助牧户合作社组建自己的饲草料加工厂，利用牧户自己种植的饲草料等原料生产全价配合饲料，从而应对技术专利对畜牧业的盘剥。政府应该引导和帮助牧户在合作社内部组建互助合作基金，以应对高利贷对牧民的盘剥。政府要制定适应草原畜牧业发展的放牧制度，保障草原牧区的可持续发展。

参考文献

1. 敖仁其：《对内蒙古草原畜牧业的再认识》，《内蒙古财经学院学报》2001 年第 3 期。

2. 敖仁其、文明：《资源利用方式改变与社会经济脆弱性关联探讨——以内蒙古牧业区 Y 嘎查为例》，《广西民族大学学报》（哲学社会科学版）2013 年第 4 期。

3. 暴庆五：《调整结构·转变战略·面向 21 世纪》，《前沿》1999 年第 11 期。

4. 宝希吉日、根锁、乌日根巴雅尔：《牧户草场经营行为的实证分析——基于内蒙古锡林郭勒盟三个旗（市）的牧户调查数据》，《中国农村经济》2012 年第 9 期。

5. 陈伟娜、闫慧敏、黄河清：《气候变化压力下锡林郭勒草原牧民生计与可持续能力》，《资源科学》2013 年第 5 期。

6. 达林太、郑易生：《真过牧与假过牧——内蒙古草地过牧问题分析》，《中国农村经济》2012 年第 5 期。

7. 达林太、郑易生：《牧区与市场：牧民经济学》，社会科学文献出版社 2010 年版。

8. 达林太、于洪霞：《环境保护框架下的可持续放牧研究》，内蒙古大学出版社 2012 年版。

9. 达林太、阿拉腾巴格那：《草原荒漠化的反思》，《贵州财经学院学报》2004 年第 4 期。

10. 达林太、郑易生、于洪霞：《规模化与组织化进程中的小农（牧）户研究》，《内蒙古大学学报》（哲学社会科学版）2018 年第 3 期。

11. 达林太、刘湘波：《内蒙古牧区牧民的现实需求与牧区合作》，《北方经济》2009 年第 22 期。

12. 达林太、娜仁高娃、阿拉腾巴格那：《制度与政策的历史演变对内蒙古草原生态环境的影响》，《科技创新导报》2008 年第 10 期。

13. 达林太、于洪霞、娜仁高娃：《技术专利、国家税收、金融资本对奶产业剩余的瓜分使得农户失去可持续发展动力》，杨团等著《综合农协：中国三农改革突破口》，中国社会科学出版社 2018 年版。

14. 杜凤莲、余晶、杨理等：《气候变化对草原畜牧业的影响以及适应性政策分析》，《广播电视大学学报》（哲学社会科学版）2013 年第 1 期。

15. 丁勇、侯向阳、Leonid Ubugunov：《温带草原区气候变化及其对植被影响的研究进展》，《中国农学通报》2012 年第 17 期。

16. 於琍、曹明奎、陶波等：《基于潜在植被的中国陆地生态系统对气候变化的脆弱性定量评价》，《植物生态学报》2008 年第 3 期。

17. 于洪霞、达林太：《草原生态环境政策对牧户生计影响的分析——基于阿拉善左旗的调查》，《内蒙古社会科学》（汉文版）2013 年第 6 期。

18. 尹燕亭、侯向阳、运向军：《气候变化对内蒙古草原生态系统影响的研究进展》，《草业科学》2011 年第 6 期。

19. 盖志毅、包庆丰、杨志勇：《草原生态系统可持续发展与国家安全》，《北方经济》2006 年第 3 期。

20. 郝益东：《草原天道：永恒与现代化》，中信出版社 2012 年版。

21. 郝璐、王静爱、张化：《内蒙古草地畜牧业系统旱灾风险评价模型》，《应用基础与工程科学学报》2008 年第 3 期。

22. 韩念勇等主编：《锡林郭勒生物圈保护区退化生态系统管理》，清华大学出版社 2002 年版。

23. 韩念勇等：《草原的逻辑》，科学技术出版社 2011 年版。

24. 韩念勇：《草原的逻辑——草原生态与牧民生计调研报告》，北京：民族出版社 2018 年版。

25. 韩念勇、刘书润、恩和：《对话尘暴》，中国科学技术出版社 2018 年版。

26. 韩颖、侯向阳：《内蒙古荒漠草原牧户对气候变化的感知和适应》，《应用生态学报》2011 年第 4 期。

27. 海山：《内蒙古牧区贫困化问题及扶贫开发对策研究》，《中国畜牧杂志》2007 年第 10 期。

28. 贾幼陵：《关于草原荒漠化及游牧问题的讨论》，《中国草地学报》2011 年第 1 期。

29. 贾幼陵：《草原退化原因分析和草原保护长效机制的建立》，《中国草地学报》2011 年第 2 期。

30. 靳乐山、魏同洋、胡振通：《牧户对气候变化的感知与适应——以内蒙古四子王旗查干补力格苏木为例》，《自然资源学报》2014 年第 2 期。

31. 卢欣石、何琪：《内蒙古草原带防沙治沙现状、分区和对策》，《中国农业资源与区划》2000 年第 4 期。

32. 卢琦、吴波：《中国荒漠化灾害评估及其经济价值核算》，《中国人口·资源与环境》2002 年第 2 期。

33. 李昌平：《创建内置金融村社及联合社新体系》，《经济导刊》2015 年第 8 期。

34. 李文军、张倩：《解读草原困境：对于干旱半干旱草原利用和管理若干问题的认识》，北京：经济科学出版社 2009 年版。

35. 李西良、侯向阳、丁勇：《北方草原牧民对极端干旱感知的季节敏感性研究》，《农学学报》2012 年第 10 期。

36. 刘书润：《重新审视中国草原》，《中外对话》2010 年 3 月 26 日。

37. 刘亚光：《我国农村宅基地问题研究综述》，《东南学术》2011 年第 2 期。

38. 内蒙古自治区党委：《自治区人民政府关于全面深化农村牧区改革加快推进农牧业现代化的实施意见》，《内蒙古自治区人民政府公报》2014 年第 6 期。

39. 邱淑琴：《内蒙古草地资源可持续利用对策》，《内蒙古草业》2003 年第 2 期。

40. 任继周：《草地畜牧业是现代畜牧业的必要组分》，《中国畜牧杂志》2005 年第 4 期。

41. 谭淑豪、谭文列婧、励汀郁等：《气候变化压力下牧民的社会脆弱性分析——基于内蒙古锡林郭勒盟 4 个牧业旗的调查》，《中国农村经济》2016 年第 7 期。

42. 温铁军：《重构农村金融体系农村资金回流农村》，《华夏星火》2007 年第 2 期。

43. 文明：《中国牧区草牧场管理制度的变迁》，《财经理论研究》2018 年第 2 期。

44. 王晓毅：《干旱下的牧民生计》，《华中师范大学学报》2009 年第 7 期。

45. 王晓毅：《制度变迁背景下的草原干旱——牧民定居、草原碎片与牧区市场化的影响》，《中国农业大学学报》（社会科学版）2013 年第 1 期。

46. 王晓毅：《市场化、干旱与草原保护政策对牧民生计的影响——2000—2010 年内蒙古牧区的经验分析》，《中国农村观察》2016 第 1 期。

47. 张倩：《牧民应对气候变化的社会脆弱性——以内蒙古荒漠草原的一个嘎查为例》，《社会学研究》2011 年第 6 期。

48. 张新时：《内蒙古草原陷入发展困境》，《瞭望新闻周刊》2005 年第 23 期。

49. 张新时、唐海萍、董孝斌等：《中国草原的困境及其转型》，《科学通报》2016 年第 2 期。

50. 赵萌莉，许志信：《内蒙古草地资源合理利用与草地畜牧业持续发展》，《资源科学》2000 年第 1 期。

51. 郑宏：《草原的逻辑——牧区田野调查笔记》，北京：民族出版社 2018 年版。

52. 周立、姜智强：《竞争性牧业、草原生态与牧民生计维系》，《中国农业大学学报》（社会科学版）2011 年第 2 期。

53. 周道玮、孙海霞：《中国草食牲畜发展战略》，《中国生态农业学报》2010 年第 2 期。

54. 周利光、杜凤莲、张雪峰等：《草原畜牧业干旱的脆弱性评估——以内蒙古锡林郭勒草原为例》，《生态学杂志》2014 年第 1 期。

55. Comte，T. J. & B. Tilt, 2014, "The Effects of China's Grassland Contract Policy on Pastoralists' Attitudes towards CooperationinanInnerMongolianBanner", *Human Ecology*, 42（6）.

56. Mearns & Norton, 2010："Equity and Vulnerability in a Warming World：Introduction and Overview." In R. Mearns & A. Norton（eds.），*Social Dimensions of Climate Change：Equity and Vulnerability in a Warming World.* Washington D. C. ：The World Bank.

城市化与土地制度改革

王小鲁[①]

中国在改革开放以来的 40 年间，经历了城镇化的迅猛发展，城镇化率（城镇人口占全国人口的比重）从改革开放前 1977 年的 17.5% 大幅度上升到 2017 年的 58.5%。尤其是最近 20 年，城镇化进一步加速，城镇化率平均每年提高 1.3 个百分点以上。与此同时，城市的空间布局也发生了巨大的变化，城市占地面积在迅速扩大。在本文中，作者将对过去二十多年城镇化发展过程中人口与土地资源配置的基本状况和面临的问题作一个初步的分析。

一 城市、县镇和乡村人口及占地变化

据国家统计局数据，1990 年全国城镇常住人口为 3.02 亿，到 2017 年为 8.13 亿，增加 5.1 亿。统计局年度人口数据以历次全国人口普查为基础，相对可靠，但缺点是没有公布分城市、县城和镇的人口数据，不便分析。住建部有部分统计，但历史数据不全，指标定义也没有清楚的解释。据住建部的部分数据粗略推算，1990 年县城和建制镇户籍人口合计约 1.27 亿，当时县城和镇的非户籍常住人口估计数量有限，暂且忽略不计，据此推算城市（城区）常住人口为 1.75 亿[②]。其后按同样方法推算。至 2001 年及以

---

① 原文载于 FT 中文网，2018 年 12 月 4 日发表。作者系国民经济研究所副所长、研究员。
② 据住建部统计 1990 年"城市非农业人口"1.48 亿，"城市人口"3.25 亿。前者为户籍人口概念，口径窄于常住人口，但可能在一定程度上宽于"城区"户籍人口。后者看来包括了城市辖区内的乡村人口，过于宽泛。因此推算城市常住人口 1.77 亿应是基本适当的。

后，县城和镇人口由住建部的"县城人口"和"建制镇户籍人口"合计得到，2006年及以后由"县城人口""县城暂住人口"（此前无数据）和"建制镇户籍人口"合计得到。2009—2016年城市常住人口采纳住建部统计的"城区人口"与"城区暂住人口"合计数。

按上述口径，2016年城市合计4.77亿人，"县城人口""县城暂住人口"和"建制镇户籍人口"合计3.172亿人，城镇人口合计7.94亿人，与统计局公布的2016年城镇常住人口7.93亿人接近。此前历年差异也不大。以下以这两个系列数据分别近似代表城市常住人口以及县城和建制镇常住人口进行分析。由于住建部未公布2017年数据，分析截至2016年。对乡村人口的分析将基于国家统计局数据①。城市、县城和建制镇土地数据均按建成区面积计算，村庄占地为住建部"村庄现状用地面积"和"乡建成区面积"（应指乡政府所在地的建成区面积，实际上也应属于村庄，但住建部是分开统计的）的合计数，不包括农田和村庄以外的非耕地面积。

图1显示了上述时期城市、县城和镇人口迅速增加和乡村人口迅速减少的情况。图2显示这一时期城市、县城和镇、乡村占地面积的变化。图2说明，伴随着乡村人口大量向城镇转移，城市、县城和镇的占地面积都在迅速扩大。与此同时，乡村占地并没有随着人口大量向城镇转移而趋于缩小，反而也进一步扩大了。

表1列出了1990年和2016年市、镇、乡村人口和土地面积的数据和增幅。由表1可见，在1990—2016年间，城市市区人口增长了172%，而城市建成区面积却增长了322%，城市占地面积扩张远远快于城市人口的增长。县城和镇人口增长了150%，而县城和镇建成区占地面积增长了260%，也明显快于人口增长。同期，乡村人口减少了30%，而村庄"现状用地"和乡建成区合计面积却不仅没有缩小，反而扩大了17%。

---

① 有证据显示国家统计局的城镇人口数据也有某些统计遗漏（参见王小鲁、万广华《对中国城乡就业和城市化率的再估计》，《劳动经济研究》2013年第1期），但没有必要的信息对历史数据进行调整。以上国家统计局数据来自国家统计局网站和历年《中国统计年鉴》；住建部数据来自历年《城乡建设统计年鉴》和《2016年城乡建设统计公报》，见城乡建设部网站。本文以下引用数据来自上述来源者不再重复说明具体出处。

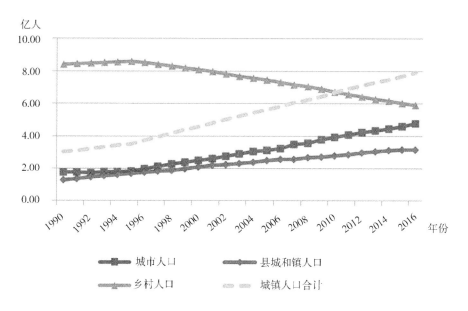

图 1　城市、县城和镇、乡村人口的变化

数据来源：据住房和城乡建设部、国家统计局数据计算。

表1　　　　　　　市、镇、乡村人口和土地面积变动：1990—2016 年

人口（亿人）	1990 年	2016 年	增长幅度
城市	1.75	4.77	172%
县城和建制镇	1.27	3.17	150%
乡村	8.41	5.90	−30%
占地（万平方公里）	1990 年	2016 年	增长幅度
城市	1.29	5.43	322%
县城和建制镇	1.64	5.92	260%
乡村	12.50	14.60	17%

数据来源：据城乡建设部、国家统计局数据计算。

2016 年，城市建成区占地 5.43 万平方公里，县城和建制镇建成区占地 5.92 万平方公里，村庄和乡建成区占地 14.60 万平方公里。三者合计 2016 年占地 25.95 万平方公里，比 1990 年的 15.43 万平方公里扩大了 10.52 万平方公里。其中城市和镇（包括县城）占地扩大了 8.42 万平方公里。

城市占地面积扩张快于人口增长导致了城市人口密度迅速下降。1990 年

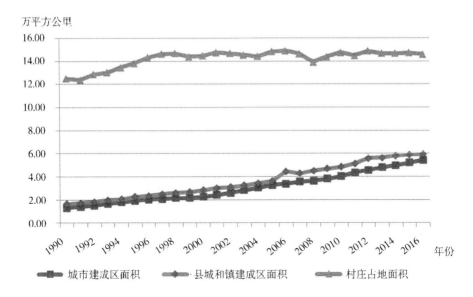

万平方公里

图2 城市、县城和镇、乡村占地面积的变化

数据来源：同图1，占地按建成区面积计算，其中1990—1999年县城建成区占地面积缺失，该部分数据由作者依据历年市、县、镇行政区划调整情况并参考城市和建制镇占地面积变化等信息做了估算。

城市按建成区面积算，每平方公里1.36万人，2016年只有0.88万人。同时县城和镇人口密度也从0.77万人下降到0.54万人，村庄人口密度从0.67万人下降到0.40万人。见图3。其中，城市人口密度下降幅度最大，每平方公里减少了4840人。县城和镇、村庄每平方公里分别减少2360人和2690人。

二　城市化中的土地资源错配

城镇化的重要功能之一，就是有效利用非农土地资源。在通常情况下，城镇对土地资源的利用效率显著高于乡村，其中城市对土地资源的利用效率显著高于小城镇，大城市对土地资源的利用效率又显著高于中小城市。通常情况下，大城市人口密度更高，能够提高土地的集约度，从而有效节约土地资源。因此认为城市化必然大量占用土地资源，大城市更加耗费土地资源的流行观点是完全错误的。城市化并不必然大量占用土地资源，只

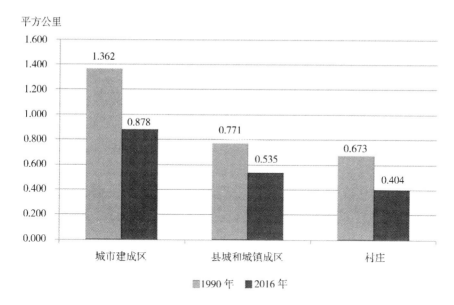

平方公里

图3 城市、县镇、乡村的人口密度变化

数据来源：同表1。

是通过人口的空间布局改变而改变了土地资源的配置状况，在合理的情况下能够节约土地资源。如果出现了过多占用土地资源的情况，必然存在土地资源的错误配置。

我国自1990年以来，城市、小城镇（县城和建制镇）和村庄人口密度都在下降。其中，村庄人口密度下降主要原因是城镇化过程中人口向城镇迁移，而城镇人口密度大幅度下降则有明显不合理的因素。特别是在城市，近些年来居住区和商业区域的土地容积率都有大幅度提高，大量高层建筑拔地而起，替代了中低层建筑。这个因素应能够抵消居民居住条件改善和城市道路增加导致占地增加的因素而有余。因此人口密度的大幅度下降，不能归结为居民居住条件和道路设施改善，而主要反映了土地资源的不合理利用，主要由以下原因导致。

首先，建设用地资源目前完全由各级政府进行配置，服从于各级地方党政官员最关心的两个目标：一要有突出的政绩；二要扩大政府收入。政绩目标驱使各级官员过度追求GDP增长，往往忽视经济效益和长期可持续发展，导致各级政府不顾条件，投入大量土地和资金竞相建设开发区、高新产业园区。目前全国仅列入国家级的新区、自贸区、经济技术开发区、高新产业园区就有几百个，还有更大数量属于省、市、县各级的开发区、产业园区，有些乡镇也不例外。政府为了扩大招商引资、做大 GDP，往往低价或零地价向企业出让土地。这样做无疑降低了企业的用地成本，但同时也鼓励了企业多占地、低效用地。这些开发区和产业园区经济效益好的是少数，多数没有经过充分论证，达不到预期目标，土地厂房严重闲置，浪费了宝贵的资源，拖累了长期增长。

同样由于政绩观的驱动，不少地方城市建设过度追求豪华气派，特别热衷于大拆大建，不计成本建设"花园型城市"，以追求短期内城市焕然一新的效果。这一方面起到了迅速改变城市面貌的作用；另一方面也大幅度缩短了已有建筑物和基础设施寿命，导致资源浪费和过多占地。有些城市为了讲排场，不惜重金，建了很多超宽的马路、超大的广场、豪华的政府设施、缺乏使用价值的形象工程，土地和设施利用效率很低，债务负担沉重，还常常发生侵犯居民合法权利的事件。很多县城的建设也有同样问题。

其次，为了提高政府收入的目标，地方政府往往热衷于征地卖地，抬高地价，推动房地产开发，以获取更多的土地出让收入。在地方政府独家征地、独家卖地的现行土地制度下，地方财政过度依赖卖地收入，刺激很多三、四线城市过度推动房地产开发，导致房地产供应过量、占地过多、空置严重。不少大城市还在政府垄断地源的情况下促进了房价不断攀升，加重了普通居民的住房负担，推高了商业租金成本。同时也导致了杠杆率不断上升，金融风险越来越大。

上述情况说明，我国过去一个时期在城市化过程中，土地资源在各级政府主导配置的条件下没有实现合理有效的利用。城市土地越占越多，面积越摊越大；尽管楼房越盖越高，人口密度却越来越低。我国是一个土地资源相对紧缺的国家。如果上述城镇占地过度扩张的趋势不及时改变，必将对我国有限的耕地资源形成威胁。

这些情况说明，土地资源的配置同样需要按照党的十八届三中全会的要求，让市场起决定性作用。解决上述问题，需要对现行土地制度进行改革，从政府独家征地卖地逐步转向市场化多源供地。只要符合土地用途管制和建设规划，土地交易不必由政府垄断。农村集体建设用地应享有与国有土地同等入市、同权同利。当然，政府的土地资源管理和建设规划也必须做到科学合理，避免由长官意志主导，同时还需要与时俱进，充分研究考虑市场趋势和动态，并根据现实情况变化随时作出必要的调整。

改革土地制度，还需要与政府管理体制改革协同推进。各级政府不改变以 GDP 为中心的政绩观和以上级评价为尺度的激励机制，不把人民的切身利益、长期福祉和保证经济可持续发展置于首位，土地制度改革也难以得到保障。

三　农村土地需要实现合理配置

前面的表 1 显示，1990 年到 2016 年，全国乡村人口大量向城镇转移，乡村常住人口减少了 30%（2.5 亿人）。其中一部分转移人口已在城镇定居，农村已经有相当数量的宅基地和建设用地长期闲置。但村庄占地面积并未减少，反而扩大了 17%（2.1 万平方公里）。目前不少地区的村庄因为人口大量外迁出现了村庄萧条衰败的情况。有以下几个原因阻碍了村庄土地的合理利用。

其一，户籍制度改革以及社会保障体系对城乡转移人口的覆盖进展缓慢，很多已经举家迁徙城市并长期在城市就业和居住的农村转移人口仍然无法在城市地区安家落户、实现市民化，不得不保留农村的住房以防万一。还有更多的迁徙者受到种种条件的限制，不能携带老人、儿童随迁。

其二，因为未开放土地和房屋流转市场，农村人口迁往城市，但空置的宅基地不能合法转让，农民的合法财产权益无法实现，还阻碍了土地资源的有效利用。新增人口要多占土地，已经外迁人口的占地又不能有效利用，导致了村庄占地扩张和土地资源浪费。按照某些部门的规定，农户宅基地的转让只允许在本村居民之间进行，实际上把主要的需求方排除在外。近年来一些城市居民到农村投资购房建房用于休闲度假，一些商家在农村投资经营"农家乐"、休闲观光农业。在不违法占用耕地的情况下，这些投资既有效利用了土地资源、满足了投资者和消费者的需求，也增加了农村居民收入、改善了农村面貌，有利于农村繁荣，是天大的好事。对这些积极的市场活动横加限制，只会促使农村衰败。

有些主张限制宅基地转让的学者和官员，往往以某些发达国家也有此类限制作为根据，但忽略了中外国情的差异。发达国家早就完成了城市化和农业的现代化改造，早已没有中国意义上人口集中的村庄概念。农业已形成稳态的生产方式，具有相当规模的家庭农场成为基本单元。通常一个家庭农场少则拥有十几公顷或几十公顷，多则上百公顷土地，该家庭的住宅通常也是农场管理、仓储、机械存放和维护场所，因此和农地的用途紧密相连。如果农场主的住宅转让作非农用途，自然也就意味着整个农场的荒废。因此在这种情况下，对农用土地的用途管制，延伸到相关的农场宅基地的用途管制，是合乎逻辑的。

中国的城市化和农业现代化都还远未完成，农村仍有近 6 亿人口，农村人均仍只有 3 亩多耕地，农业生产率仍然很低。在城市化进展过程中，农村人口的大量减少有利于实现农业规模经营和农业现代化。外迁者的耕地可以逐步向种田大户集中，农村居住用地的不断闲置也是必然发生的。通过交易使这些闲置土地实现有效配置，会盘活大量资源，不仅不会影响农业发展，反而是农业扩大经营规模和走向现代化的一个必要条件。农村闲置宅基地的流转，有利于活跃农村第三产业，增加农民收入。如果能够通过建立建设用地指标交易系统，促进闲置的宅基地和建设用地复垦，与城市化进展地区进行交易、实现占补平衡，还有利于扩大耕地面积，保护耕地资源。

主张限制农民宅基地转让通常源于担心农民出让宅基地后会无处安身，成为流民。这种情况在中国历史上确实存在。但简单照搬历史早已不适用于当代的情况。因为今天农民离开住所的基本原因是进城就业。限制宅基地出让，恰恰使得进城人口的财产权利无法变现，不利于他们在城镇定居。至于进城人口因失业而生活无着的风险，正是普及城乡社会保障应解决的问题，而靠不能变现的宅基地对农民并无帮助。

另一种反对的声音是认为农民对宅基地只有使用权并无所有权，因此无权转让宅基地。这种说法更站不住脚。城市居民购房，同时就买了房屋所在土地的使用权，出售商品房的同时也就转让了土地使用权，没有任何现行法规禁止土地使用权转让或只许对某一类人转让。况且农民拥有的是宅基地的永久使用权，对宅基地的权属关系强于城镇居民的 70 年土地使用权。不允许转让，是对他们合法权益的侵犯。

其三，按照某些规定，农村集体建设用地中只有经营性集体建设用地才能转让，而"经营性集体建设用地"又被某些行政部门严格限定为"乡镇企业用地"。这一限制无法无据，而且很不合理。因为乡镇企业用地只是历史形成的既成事实，与其他用途的集体建设用地之间并无法律界定的区别。有些地区乡镇企业没有发展起来，按照上述规定就意味着这些地区无权进入土地市场。有些地区过去乡镇企业较多，但分布非常零散，常常是这里三间房、那里两亩地，而且用途已经发生了很多变更，不仅界定十分困难，即便转让也难以使土地资源得到合理有效的利用。此外，农村集体建设用地属集体所有，哪些部分用于经营，本来是农民集体固有的权利。因此上述限制，不仅妨碍土地市场的发育，也侵犯了农民的合法权益。

我国农村的村庄占地历来不够经济，因为很多村庄都是自然形成，没有规划，农民过去习惯居住独家独院的平房，条件简陋，但占地很多。2016年全国城镇 7.9 亿人，建成区占地 10.3 万平方公里，人均 130 平方米。农村 5.9 亿人，村庄占地 14.6 万平方公里，人均 250 平方米。尽管近年来城镇占地越来越不经济，但乡村人均占地仍几乎等于城镇的两倍。特别是在人口大量迁出的地区，在农民自愿的前提下，对村庄进行整理，既可以改善农民居住条件，改变村容村貌，又能够减少占地、节约大量土地资源，让农民增加财产收入。这需要一个重要的条件，就是落实十八届三中全会决定提出的，建立城乡统一的建设用地市场，实现农村集体经营性建设用地入市。通过市场流转，节约出来的土地资源才能得到有效利用，农民才能得到收入，也才会有资金和动力进行这种整治。

建立城乡建设用地市场，不可能一蹴而就，应当逐步推进。在城市化仍在发展、建设用地资源不足的城市周边区域，闲置的土地资源有可能尽快得到利用。而在城市化波及不到的边远农村地区，闲置土地资源的利用可以参考重庆、成都等城市已经创造的经验并进一步完善，建立一套市场化的建设用地指标转让制度。农民把闲置建设用地复垦为耕地可获得建设用地指标，通过市场有偿转让给需要土地进行建设的城市地区。通过这样的市场转让，土地得到了有效利用，边远地区农民能够获得可观的收入，参与分享城市化带来的利益；缺乏土地资源的城市在占补平衡条件下获得了需要的建设用地。这是一个城乡双赢、居民和商家双赢的结果，是化闲置资源为财富的结果，应当积极总结经验，进行推广，逐步实现跨省转让。涉及土地质量的差异，可以按质量等级设置折算系数，不必是简单的一亩换一亩。

作者在四川成都都江堰市考察过的一个村庄提供了可信的案例。该村距离成都市 70 余公里，不属于城市化发展的区域。村庄原来占地面积很大，但农舍大都破旧简陋。而且由于一部分人口的迁出，一些宅基地和集体建设用地已经闲置。在村民自愿、当地政府帮助下，该村对村庄进行了重新整理，拆除了过去占地多的农舍，建起了联排别墅式的新居，村庄占地面积减少了一半，村庄面貌焕然一新，农户居住条件大幅度改善。每家每户门前还预留了花坛和停车位。村民将腾出的土地复垦为耕地，以获得的建设用地指标与成都市的房地产开发企业进行交易，获得资金 4000 万元，不仅偿付了村庄整理的全部成本，而且提供了公共资金改善和维护村容村貌。通过交易，成都市的房地产企业也获得了建设用地指标，可以占地进行房地产开发。这一交易促成了城、乡双向开发的完成，而耕地和建设用地只是在空间上进行了互换，耕地面积总量一亩也没有减少。

土地资源通过市场配置，一个天然障碍是土地不能像普通商品一样实现跨越空间的移动，因此通常供需双方必须处在同一区域，市场交易才能进行，很受局限。但上述案例说明，建设用地指标（在重庆称为"地票"）转让这个创造，打破了空间限制，使边远地区的农民也能将闲置的建设用地出让给需要土地进行建设的城市地区，因而使土地资源得到了有效利用。远离城市的农民同时也参与了城市化进程并分享了收益。这一创造意义重大。由于历史原因，中国广大农村地区的村庄占地普遍不经济。因此上述案例并非个案，完全有条件应用于广大地区。

四　市场配置土地资源将释放巨大潜能

中国自改革开放以来，数亿农村劳动者在市场引导下向城镇转移，实现了资源的有效配置，为第二、第三产业的发展提供了源源不断的劳动力资源。这是过去四十年经济高速增长的一个重要源泉。其中大部分时期，经济保持了 2—3 个百分点的全要素生产率提高，主要来自劳动力和资本的资源配置优化效应。

但与劳动力资源重新配置的情况不同，由于未形成城乡统一的建设用地市场，土地资源在重新配置过程中出现了大量的闲置浪费。在 1990—2016 年这 26 年间，全国人口增加了 2.4 亿，增长了 20%，而市、县、镇、村占地合计从 15 万平方公里扩大到 25 万平方公里，增加了 10 万平方公里，增幅为 64%。这说明当前土地资源配置严重不合理。城市发展一方面受到土地资源有限的制约；另一方面无效占地太多，土地资源大量浪费，城市化提高土地集约度的功能正在丧失。

我国城镇化还在发展过程中，2017 年城镇化率为 58.5%，而发达国家普遍在 70%—80%，高者达到 90%。如果未来 20 年城镇化率再提高 20 个百分点，如果一个时期以来这种城镇占地迅速扩张的趋势不改变，加上基础设施和厂矿、水利设施等建设用地的增加，估计将再多占 10 万平方公里土地，意味着耕地将再减少 1.5 亿亩，突破耕地保护红线是必然的。

目前在中国 960 万平方公里的国土面积中，城镇村庄及工矿已占地 32 万平方公里；交通运输和水利设施占地 7 万平方公里；耕地按新统计口径不到 135 万平方公里；山林、草场占地 472 万平方公里，未利用土地加水面约占 276 万平方公里。山林、草场主要分布在西部人烟稀少的地区，未利用土地基本上是荒漠和高山，都难以被城镇化利用；未来城镇化和基础设施建设只能占用已经为数有限的耕地。我国国土资源分布状况见图 4。

中国地少人多，全国人口人均不到 1.5 亩耕地，低于世界平均水平的一半（见世界银行：《世界发展指标》）。按照旧统计口径，1996 年全国耕地 130 万平方公里（19.5 亿亩），2006 年下降到 122 万平方公里（18.3 亿亩）。主要原因在于城镇化和工矿企业、基础设施占地不断增加，占用了大量耕地。从粮食安全的角度出发，我国需要保护现有耕地数量基本不再减少。此基础上，政府制定了 18 亿亩耕地保护红线。

自 2011 年起，耕地统计数调整为 135 万平方公里（20.3 亿亩）。这并不意味着耕地面积扩大了，而仅仅是统计的变化，耕地还在继续减少，只

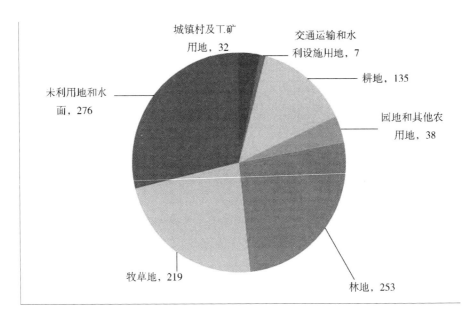

城镇村及工矿用地，32

交通运输和水利设施用地，7

耕地，135

园地和其他农用地，38

未利用地和水面，276

林地，253

牧草地，219

图 4　中国国土资源的分布（2016 年）

数据来源：国家统计局：《中国统计年鉴》2016 年、2017 年数据。

是统计显示下降速度趋缓。不过考虑到全国各地瞒报占地、未批先建等违法占地的情况层出不穷，统计显示的耕地减少趋缓现象可能不真实或要打很大的折扣。如果按原来的统计口径计算，目前的耕地面积非常可能已经低于 18 亿亩。

这种情况不仅对我国未来的粮食安全问题构成威胁，而且也由于土地资源配置不当，降低了经济效率和增长潜力。解决这个问题，必须改革现行土地制度。

当前，土地改革进展仍然缓慢，2013 年十八届三中全会提出要形成全国统一的城乡建设用地市场，但这项改革在近几年没有显著进展，始终停留在少数地区试点的阶段。最近有十几个城市允许农村集体建设用地建房出租，是个积极的突破。但还没有变成全国性的政策。

未来的改革应该如何推进？以下几个方面值得重点考虑。

第一，稳步开放土地市场，改变政府独家征地独家卖地的模式。允许农村集体建设用地入市，允许农民闲置宅基地使用权通过市场转让，在符合土地管理和规划的前提下实现市场配置土地资源。

第二，必须建设规范的土地交易市场，保证交易合法合规、公开透明，杜绝欺诈作弊，杜绝政府任意干预，特别要保护农民的合法权益不受侵犯。

第三，建设跨省的土地指标交易平台，允许和鼓励农民在充分自愿原则下进行村庄整治，对闲置非农业用地进行符合质量要求的复垦，并获得建设用地指标，入场进行交易。政府可以帮助农民组织村庄整治，但不得违背农民自愿原则，严禁侵犯农民利益。政府要推动交易平台的建设，但应委托中立的第三方管理；交易应按照市场原则进行，防止对交易进行行政干预。

第四，完善土地增值税制度，根据各地情况制定地价基准，对土地交易中超过基准大幅度溢价的土地征收适当幅度的土地增值税，以部分弥补政府土地出让收入的减少。但主要应用于公共服务和社会保障，重点保证城市户籍制度改革，促进新城镇居民安家落户、纳入城镇社会保障体系和享受公共服务。

第五，城市建设规划的制定要建立合理程序，经过多方专业评估和社会公众评价，杜绝长官个人说了算的现象，以保证规划的经济合理性，提高土地的利用效率。同时需要推进政府改革，改变政府激励机制，实现从GDP为中心向服务型政府的转型。

土地市场的开放将能够释放巨大的经济潜能。

第一，土地供应多元化有利于缓解城市土地短缺，抑制地价上涨，加速城市化发展。第二，农村闲置的非耕地进入市场，有利于土地资源有效利用，促进观光农业的发展，促进休闲度假村、特色小镇发展，促进乡村繁荣，增加农民收入。第三，通过村庄整治使农村的多余非耕地通过复垦和建设用地指标交易实现土地占补平衡，对于节约土地资源、保护耕地，将有重大的意义。

目前全国村庄占地14.6万平方公里。如果假定未来通过村庄整理能够逐步使村庄占地减少三分之一，并进行土地复垦和指标转让，应当能够节省约5万平方公里建设用地，加上纠正城市建设的资源错配和提高今后城市建设的集约度，基本上就可以满足未来二十年城市化的土地需求而不必占用更多耕地。这5万平方公里土地假定按每平方米200元来计算转让价格，可以创造10万亿元的土地收益。这是一笔巨大的财富，将对促进农村繁荣、缩小城乡差别作出巨大贡献。

城市化并不意味着一定要占用大量的耕地，也并不意味着农村必然凋敝。推进土地制度的市场化改革，能够优化资源配置，节约土地资源，避免耕地减少，创造巨大财富，促进乡村繁荣，还将有力支持未来城市化发展和长期经济增长。

第二篇　百乡工程

百乡工程的发展之路（2018—2019 年）

北京农禾之家咨询服务中心①

北京农禾之家咨询服务中心（简称农禾之家）是中国社科院社会学所研究员、社会政策研究中心顾问杨团率领研究团队发起的社会服务组织（民办非企业单位），矢志倡导农民合作组织走向集合作金融、供销、农技推广、社区服务为一体的综合农协方向，并通过多个县份的试点探索东亚综合农协模式的中国道路。自 2005 年至今，全国各地自愿参与农禾之家这个农民合作组织联盟的合作社超过 300 家，分布在 27 个省区市。

一 乡村振兴战略给予农禾之家重大发展机遇

2017 年 10 月，党的十九大召开，提出了乡村振兴的国家战略，首次提出要推进"小农户与现代农业发展有机衔接"，这让农禾之家认识到多年在边缘的坚持和坚守可能即将走向主流。

2018 年 2 月 4 日，《中共中央国务院关于实施乡村振兴战略的意见》（2018 年 1 号文件）刚一发布，农禾之家领导层立即发现这一次的"一号文件"与往年"一号文件"有很大的不同：首先，2018 年的一号文件是一个战略性的文件，提出了乡村振兴在 2020 年、2035 年和 2050 年三个时间节点的战略目标，而且这与国家在 21 世纪迈入世界强国行列的时间节点完全

---

① 此文执笔人为北京农禾之家咨询服务中心理事、北京农禾之家农村发展基金会秘书长范洵，以及北京农禾之家咨询服务中心理事长、中国社科院社会学所研究员杨团。

一致，这说明乡村振兴战略就是中国未来几十年解决国计民生的根本性问题，实现强国富民目标的重中之重，乡村振兴已经进入国家的顶层设计和长远规划。

其次，将党管农村工作提高到前所未有的高度，要"确保党在农村工作中始终总揽全局、协调各方，为乡村振兴提供坚强有力的政治保障"；要将"夯实基层基础作为固本之策"，建立现代乡村社会治理体制，还提出"党委农村工作部门统筹协调的农村工作领导体制"和"中央统筹省负总责市县抓落实的工作机制"，县市成为乡村振兴的前线，党政一把手是第一责任人，五级书记抓乡村振兴。县委书记要当好乡村振兴"一线总指挥"。

再次，突出强调农民的主体地位，明确提出把维护农民群众根本利益、促进农民共同富裕作为出发点和落脚点，促进农民持续增收，不断提升农民的"获得感、幸福感、安全感"，明确提出促进"小农户与现代农业有机衔接"，就要"推进农业生产全程社会化服务，帮助小农户节本增效。发展多样化的联合与合作，提升小农户组织化程度"。

最后，首次提出乡村振兴人才是制约瓶颈。要"汇聚全社会力量，强化乡村振兴人才支撑"。将人力资本开发放在首要位置，聚天下人才，造就更多乡土人才。并激励社会各界、群团组织、各党派、各类人才通过下乡担任志愿者、投身乡村建设的多种方式振兴乡村。培养一支懂农业、爱农村、爱农民的"三农"工作建设队伍。

这些重要理念和政策的提出，让农禾之家意识到中国的农业农村政策正在发生根本性变化，在乡村振兴国家战略引领下，中国的三农将迎来大发展的春天。这种将持续未来几十年的发展机遇前所未有，是重大利好。同时，也意识到，战略方向明确并不等于路径、方法明确，跨越几代人的重大战略不仅需要全方位的顶层规划和设计，还需要操作层面各层级的规划、设计，还必须依托实践中的不断创新、反馈来修改设计，这些都是很繁重的工作，尤其新的政策方向和焦点与以往的一些观念和做法是冲突的，如何拨乱反正，并非短期就能做到。在这种情况下，各部门尤其地方政府、基层组织对于乡村振兴干什么、怎么干、谁来干、如何评价等问题因缺乏认识以及操作性安排，落地实施时就会陷入迷茫。

农禾之家自 2005 年以来，长期从事乡村建设，尤其倡导日、韩、中国台湾综合农协模式为基础的农民合作组织建设，在农民组织建设的理论探索、组织技术、组织管理、人才培育等方面积累了大量经验，特别是培育乡土人才的"禾力计划"，8 年来已经在全国各地撒下了人才种子，培育了 500 多人的禾力乡村社区工作者，这些经验和做法都可能在乡村振兴战略实施上发挥作用。

二　响应乡村振兴战略　策划"百乡工程"

正是基于这样的认识，2018 年 2 月 5 日，农禾之家看到新发布的中央"一号文件"后，立即组织人力进行研究和开发，针对乡村振兴战略如何落地实施，进行定位和技术方法策划，并将这一系列策划命名为"百乡工程"。

百乡工程的初期设计基于以下逻辑而展开：

（1）在改革开放以来的经济发展过程中，农业、农村一直是中国经济社会版图中的短板和洼地，乡村振兴的目标是产业、人才、生态、文化、组织五个方面的全面振兴，产业排在第一，如果包含一、二、三产的大农业体量上不去，乡村的全面振兴就是无源之水，乡村就会变成长期依赖输血的包袱。而产业振兴如果没有与农民紧密相关的利益拉动没有其他四个方面振兴的配合，就缺乏长期可持续的动力。因此，产业振兴是龙头，要带动其他四个振兴并与其互促互推。

（2）中国现代农业的发展多年没有遵循生态可持续的道路，而是以破坏环境和土壤为代价。今天的乡村振兴一定要转换农业发展模式，以新的生态农业技术带动农业绿色发展，生产出高质量的绿色农产品，好产品才能卖好价，满足生产者和消费者的共同需要。

（3）农村人力资源匮乏，是阻碍乡村振兴的瓶颈，开发人力资源是乡村振兴战略实施的关键一环。农村不仅需要懂农村、爱农业、爱农民的干部队伍，更需要支持、培育在当地生产、生活的农民大众，扶助这些乡土人才提升素质和能力，组织起来为乡村的未来努力奋斗。培育乡土人才，需要城市的人才支持，而城市人才以志愿者或者半志愿者的身份长期下乡是很不容易的。

基于以上认识，我们一开始就以生产、流通、组织、人才为核心，设计了一套百乡工程的"四梁八柱"的框架体系：

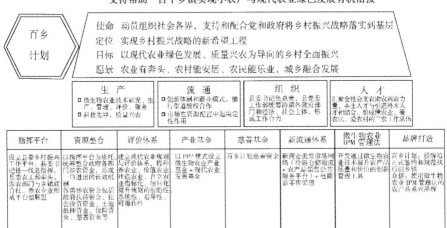

支持帮助一百个乡镇实现小农户与现代农业绿色发展有机衔接

这个初步设计的特点，是提出了以微生物技术（生态技术）为核心，以新流通体系（有别于传统的批发零售体系）为脉络，通过撬动社会各界资源，建立起一套可持续循环的生产、流通、组织、人才体系，支持和配合党和政府将乡村振兴战略落实到基层，打造一个为乡村带来新希望的系统工程。

其中，以微生物技术为主的农业生产技术体系的应用和推广，以外部高素质人才为主的人才体系，是乡村振兴·百乡工程落地方案实施中面临的首要问题，也是撬动百乡工程的切入点。农禾之家确定与北京平安福生物工程技术股份有限公司和四川达州黍苗公益作为百乡工程的共同发起单位，期望由平安福提供微生物技术和产品，由黍苗公益整合海外名校背景的留学生资源，从而以技术和人才两方面为百乡工程提供支撑。

三　百乡工程隆重发布，提出操作模式

2018年5月29日，在中国社会科学院社会学研究所大力支持和指导

下，"'百乡工程'新闻发布会暨乡村振兴供需对接大会"在中国社科院学术报告厅召开。会议现场聚集了政、产、学、研、社、农六界人士共 200 多人，既有来自农村农业部，国家发改委，中国科协和全国供销总社的政府代表，来自全国 10 个县乡的地方党政代表，还有 28 家企业，33 个社会组织代表及 30 多位科技和社科专家。农禾之家与内蒙古克什克腾旗经棚镇政府和四川省金堂县农业局在现场签订了百乡工程试点项目协议，百乡工程科技专家联盟也当场宣布成立。

这次大会提出：乡村振兴是中国今后 33 年规模最大、价值最大的公益事业，而且是政府公益和民间公益高度统一的大公益。百乡工程就是在做这样的大公益，发掘这样的新动能，为落实乡村振兴战略闯出一条基层探索的新路，打造大家为大家服务的公共品牌。百乡工程要将政产学研社农六界会聚成一个新型的社区集群，搭建成一个互帮互助的平台。

为了好懂好记，农禾之家将百乡工程的操作模式概括为以下相互有逻辑联系的六个词。

1. 做规划

根据当地自然地理条件、种植传统，以及周边市场环境和资源等要素，判断当地优势农产品品种，并进行产业价值评估和产业链评估，形成当地农业产业发展阶段和结构的基本判断，并进行当地产业规划；规划目标要对产业链的短板进行补充，同时建立产业配套及运营机制，提供产业基金投资的可行性方案。

2. 好产品

以微生物技术为主导技术支持农业生产体系的升级，提升农产品生产技术体系，从而达到"两减一增"、提质增效的目的。

3. 卖好价

构建功能完善的农产品流通体系，其中包括流通渠道的对接，公益性农产品交易市场建设、农产品仓储、预冷及冷链物流体系，以及供应链服务平台；

构建农产品分级标准和分拣分级中心体系，通过公益性交易市场拍卖交易方式实现分级定价；

构建当地农产品品牌体系和营销体系，通过流通拉动当地产业生态的完善。

4. 搭平台

设立县委乡村振兴工作平台，县委书记任一线总指挥，县委农工部牵头，涉农部门与乡镇联合社、涉农企业形成平台型联盟。以指挥平台为依托，统筹整合政府各部门涉农资金，形成一个进出的长效机制。

5. 建组织

建立区域性农业综合发展合作联合社（会）组织，联合社不仅是合作社的联合体，更是该乡镇所有拥有土地承包权的农户的联合体，农户覆盖面最终应达到90%。联合社负责农户（合作社）的信用、购销、农技推广和社区服务。

6. 推人才

青年工作队（百乡计划总部派出大学生）＋乡镇工作队（政府干部）＋联合社乡工（乡村社区工作者）。

四　百乡工程首个试点

（一）试点主要内容

2018 年 3 月，克什克腾旗经棚镇的百乡工程试点工作就已经开始，试点包括以下几方面内容。

1. 建立经棚镇乡村振兴工作平台

以经棚镇农村工作办公室（镇农工办）为工作机构，统筹镇内外各种力量，强化乡村振兴制度性供给，增强改革的系统性、整体性、协同性的体制机制创新。以镇工作平台统筹镇内外推进乡村振兴的各方面力量，落实百乡工程各阶段的具体目标。

2. 组建经棚镇农业发展合作联合会

这是一个按照合作制原则，与农牧民和相关涉农单位在组织上和经济上密切联结、全乡镇统一的以农牧民合作组织为主体的联合会，是经棚镇领导下的农牧民互助合作，促进乡村振兴、社区综合发展的新型合作组织实体，是创新乡镇治理结构、推进百乡工程试点、支持镇工作平台的政策抓手和得力助手。

3. 微生物农业试验

在 4 个村进行了两期微生物农业试验，试验作物包括蔬菜、果树、草莓、亚麻和燕麦等。2018 年 5—10 月，农禾之家在百乡工程·内蒙古经棚试点开展了第一期微生物技术服务农业实验。范围是 4 个村的 350 亩地，涵盖了蔬菜、水果、小杂粮（亚麻籽和燕麦等）。肥料投入固体肥 1.5 万公斤、液体肥 230 升。北京平安福生物工程技术股份有限公司为整个过程提供技术方案和指导，黍苗公益派驻的青年工作队跟踪调查并进行效果评价。同时，此次试验的产品送谱尼检测机构进行检测。2018 年 10 月—2019 年 3 月，在永胜合作社又进行了草莓的冬季示范实验，肥料为平安福肥料和中国农大潘教授提供的纳米硒。由北京农技推广站宗静老师提供技术指导，农禾员工和以黍苗公益为主组成的驻点青年工作队负责跟踪采集。根据两次的示范，总结出了《2018 年内蒙古微生物肥料提质增效评估报告》和《农禾之家有机肥施用标准》。

4. 组建青年工作队

由黍苗公益支持 2—3 名留学归国大学生进驻联合会，帮助联合会开展农村组织化和微生物农业试点试验等工作，并带动当地青年进入联合会。

5. 对经棚镇农业产业进行综合评估

研究和编制了《经棚镇农业产业发展规划》。

在百乡工程经棚镇试点期间，百乡工程团队先后五次组织人员到经棚镇调研和开展工作。其中三次组织中国社科院研究员刘建进、北京平安福生物工程技术股份有限公司工作人员、布瑞克农信集团技术和运营总监等人分别到经棚镇进行产业和农村调研，开展微生物农业实验项目的推进和指导。4 月 17—21 日，基金会秘书长范洵带领"百乡工程"团队赴内蒙古克旗经棚镇开展第二次考察，重在发掘本地未来的农业产业发展方向。团队成员有中国农业科技下乡专家团食用菌专家组组长、鲁东大学原副校长蔡德华，中国畜牧兽医学会养羊学分会副理事长，中国农科院羊资源与育种创新团队首席科学家杨博辉，内蒙古农科院杂粮专家、作物所研究员吴宝华等。8 月 14 日，基金会秘书长范洵带领农技专家北京市农业技术推广站宗静、中国农业大学潘灿平赴内蒙古经棚镇进行草莓冬季示范实验种植技术指导。

（二）试点中的组织建设及其成效

经棚镇的试点，组织建设是一个重要亮点。2018 年 3 月，农禾之家就为经棚镇提供了建立镇一级的农村综合发展合作联合会的具体方案。在经棚镇党委政府的支持下，2018 年 5 月 24 日，原经棚镇永胜合作社理事长曹国利牵头组建了经棚镇农业发展合作联合会。区别于以往合作社在市场监管部门注册为企业，联合会在民政部门登记为不以营利为目的社会团体。联合会的骨干会员是村"两委"和村集体经济组织，基础会员吸纳全体农户、合作社、龙头企业入会，坚持自愿入会但原则上应纳尽纳。联合会成立初期积极想办法整合当地资源，为各村合作社销售农产品，进行农资的统购服务，为部分农户和合作社带来了一定利益。但是，由于联合会前期设计中缺乏服务体系和商业模式设计，在前期联合会宣传和组织农户入会的过程中，缺少有效的服务内容和利益连接机制，同时也缺乏撬动农民组织化的利益杠杆和资源，因此联合会的发展在前期非常困难。

2019 年年初，赤峰市和克什克腾旗党委组织部在进行基层融合党建工作的讨论中发现了经棚镇的这个联合会，提出以该组织为平台进行基层融合党建试点，从而从党的组织部门获得了有效支持。这大大鼓励了联合会理事长和总干事团队，从 2019 年 2 月开始，联合会团队开始按照"三位一体"架构进行联合会的方案设计，并逐步实施。

首先，按照"五级书记"抓乡村振兴的要求，经棚镇党委在上级党委的支持下直接领办了实施"三位一体"综合合作的农业发展合作联合会，并重新调整了联合会的治理结构，联合会法人为理事长，理事长由镇党委推荐、会员推选产生；联合会实行总干事负责制，由镇党委聘任；同时建立联合会党支部，支部书记兼任总干事；联合会工作团队由理事长和总干事招聘管理，以本籍返乡创业青年和大学生为主体，实行固定薪酬制，由供销合作和信用合作产生的利润支出。

其次，创新建立党建引领的融合性对接平台。为了满足"三位一体"综合合作的实际需求，区别于以往部门分隔、信息封闭的工作局面，按照组织相加、工作相融的思路，由上级党委主导、组织部门协调、经棚镇党委发起，联合市级涉农部门 3 家党组织和旗直涉农部门 21 家党组织，建立了非建制性的"经棚镇农业发展区域联合党委"。联合党委制定了党组织联建工作规则，选任了书记、副书记和委员，主要负责协调联合党委成员单位涉农业务的对接工作。这样通过融合的方式搭建了不同党组织间的党建共建平台，相应成为了不同部门间职能与农村生产生活实际需求的对接平台，组织资源共享带动了行政资源共享，既为负责"三位一体"综合合作的联合会提供了更多更好服务，也通过联合会把部门职能创造性地释放出来，联合党委建立以来承接了部门职能 20 多项，且都较以往产生了放大效果。

再次，通过联合会创新培育"一懂两爱""三农"工作队伍。为了把"三位一体"综合合作做实，经棚镇党委按照从严治党和"一懂两爱"的标准抓好干事创业队伍建设。一是以加强政治能力建设为突破口，切实提高镇、村两级党员干部队伍的政治意识，增强"三农"工作本领；二是把党支部领办村集体经济合作社和村级"三位一体"工作有机融合，形成"一切工作到支部"的工作局面；三是培育一支落实"三位一体"综合合作的专业队，到 2019 年年底，联合会已经招聘工作人员 48 名，其中返乡大学生 26 名，他们已经逐渐成长为奔跑在经棚镇现代农业发展道路上的新青年。

最后，联合会积极参与经棚镇新时代乡村文明实践行动。经棚镇政府为全面推进乡村振兴，提升乡村治理能力和乡村文明水平，开展以创建"新时代文明家庭"为主要内容，以家庭自主认领"新时代文明家庭"荣誉称号为主要形式，实行积分制管理，通过这一活动的承办，联合会在农村开展工作有了有力的抓手，并在这一活动中迅速提高了农户对联合会的信任，扩大了联合社在农牧民中的影响力，积累了社会资本，从而为联合会在吸收农牧户的工作中打下了良好的基础。

经过一年多的发展，经棚镇农业发展合作联合会取得了一定的成效：

1. 生产合作

主要开展了机械代耕代收、土地托管、政策信息等生产社会化服务工作，今年为5600户农户代耕代收农作物10.4万亩，区域内统一调配机械手247名、农机具274台（套），调节劳动力2400多人次。最直接的效果是为群众降低生产成本425万元，复耕弃耕土地2.3万亩，机械化率提高到75%，节约农业劳动力26万人次，亩均综合收益增加95元，受服务家庭户均增收3800元。

2. 供销合作

主要开展了生产资料、生活用品统一采购、集中配送等供给下行服务和农产品统一销售上行服务，已累计为农户优质低价买进种子化肥农药等生产资料925吨，为农户采购配送生活用品100多个品类600余车次，为722户农户卖出农副产品2200余吨。按市场零售价格对比节约生产性支出260万元、节约生活性支出30万元，按农产品收购价（地头价）对比增加收入190万元。两项综合算账，受服务家庭户均增加收益2300元。

3. 信用合作

主要开展了社员内部金融互助业务，支持社员生产、生活消费资金需求，已完成全部农户信用调查和联保机制建立，到目前已吸纳入股农户703户，吸纳股金190万余元，发放内部社员互助金170万元，为83户种养专业户棚圈建设、机具购置提供了急需资金周转服务；同时，为下一步资金互助业务的全面开展积累了丰富经验。

（三）存在的问题与反省

2018年百乡工程经棚镇试点是在缺乏有效验证的落地方案的基础上实施的，试点方案中的不少内容起到了一定的作用，但也暴露出不少的问题。

第一，经棚镇政府设立的经棚镇乡村振兴工作平台在初期基本上没起到汇集政府资源的作用。主因在于镇级政府行政权力有限，也缺乏相应的财权，政策资源集中在市县两级政府手中，镇级政府缺乏撬动村级资源的政策杠杆。在联合会发展后期，由于市县党委的支持，经棚镇党委和政府才能更加深入地介入联合会的发展中。

第二，青年工作队以外来力量为主组建的方式不见得符合当地实际需要。经棚镇由留学归国大学生为骨干组成的青年工作队在当地工作中表现出较高的素质，这些大学生对当地农村现实状况和农民生存状况有很大兴趣，承担了日常联合会下村宣传、镇农业产业规划的基本调研以及为联合会制定管理规范等工作，还借各种机会在当地农村进行调研，并组织内部学习，表现出很强的自律性和素养。但与此同时，由于这些归国大学生对农村和农村工作的认识有偏差，在人际关系处理上也缺乏经验，加之联合会未能注重发挥外来年轻人的作用，只对本地大学生充分使用，而农禾之家项目管理人员由于忙于其他工作，虽然看到问题，却没有及时辅导外来大学生和致力于解决双方矛盾，致使由归国留学生为主组成的青年工作队在当地出现严重的水土不服现象，与当地大学生团队在文化融合上也有较大问题，距离越拉越大，导致实际情况与预期目标出现不小的偏差。

经棚镇的这次试点，给了农禾之家一个重要的经验教训。那就是乡村振兴不能单凭良好愿望，不能迷信外来力量。无论对于奉献技术的企业还是奉献青春和热情的毕业生，不是先要求他们做什么，而是要先支持和帮助他们和当地农民、农民组织以及政府建立良好关系。农禾之家在经棚镇试点中，本末倒置，没有对这些毫无农村经验的城里学生、以技术为目标的企业首先做好与当地的联系沟通，而是放任他们自己去做，并且要求没有技术经验的归国青年承担实验田工作，结果表明，原本希望微生物技术试验和青年工作队这两个试点突破口都没有达到预期目标，反而是农禾之家提出的建立乡镇级的农民综合性合作组织方案因符合当地需要，由当地自己实施，结果效果很好。

究其原因，是因为该地原本就有一个农禾之家联盟会员——永胜合作社，其领导人是禾力乡工学员，参与多次农禾活动，也到过台湾学习台湾农会，完全理解和赞同农禾之家要走向综合性农民合作组织的方向，所以在2018 年 5 月登记注册了经棚镇农业发展合作联合会，又不失时机地抓住机会，在党委政府的资源支持下，将这个联合会发展成为兼有生产、供销和金融、社区服务的综合性农民合作组织。

还有，试点拟以技术和人才引进作为突破口，认为当地资金缺乏，资金缺口无法突破，而最终提供资金支持的是县级党委组织部门。这正是赤峰市和克什克腾旗贯彻十九大精神和 2018 年 1 号文件的表现。农禾之家未能在试点早期及时找到上级党委，未能建立起与党和政府的密切联系，是重要教训。

农禾之家十多年来一直将人才培养的重点放在乡村本土人才，这次试点是第一次尝试由外来人才而且是海外留学生组成工作队下乡一年。这本是农禾之家从未有过具体经验的工作，必须下大力气培育和陪伴这些青年。但是农禾之家却用单纯的任务观点对待他们，交了任务就考核，对其关怀照顾很不够，让这些青年严重受挫，农禾之家应该对此负有责任。当然，这也说明，农禾之家原本的理念，培养和陪伴本土人才，提高他们的素质，推动他们成长是更符合农村实际的，外来人才进入乡村长期工作需要慎之又慎。

第三，微生物技术试验未达到预想效果。原因之一，是经棚镇技术试验没有依照原来的方案设计，由中小农户和合作社参与，基本由当地公司操作，而他们与农户的利益连接薄弱，导致试验并没有与当地农户发生关系。原因之二，技术试验前期没有提出有效的技术经济模式，致使试验完毕时无法度量微生物技术要素加入对农作物长短期经济效益的影响。账算不清，只凭眼观效果，是缺乏科学依据的，这很大程度上影响了支持者、参与者对技术试验的积极性。原因之三，试验过程没有按照试验规范和规程进行。出现这些问题首先是农禾之家团队缺乏技术实践和技术经验，不懂得科学规程，且与提供技术的北京平安福生物工程技术股份公司事先未能详细沟通、做好规划设计。技术试验科学性极强，不能作为一般引进项目甚至等同于采购生物肥料。微生物肥要在从未用过的地块使用，要先进行技术试验，投入、人力物力、财力和做结果分析，才能确定是否推广。所以，在这个问题上，农禾之家犯了认识上的错误。

经棚镇是百乡工程的第一个试点，通过这次试点，积累了大量的经验和教训，同时也因为这次试点，让我们对于组织、人才、技术、经济等要素在农村发生作用的机制有了较深入的了解。

在农禾之家尝试从自己最缺乏经验的技术试验和外来人员入手试点之后，更加认识到，乡村的事情要以农民为主体，让农民自己去做，农民的再组织化和骨干人才的培育是关键，同时也是乡村振兴的难点。要吸引和带动小农户参与现代农业大生产和现代农村的建设与治理，必须进行体制、机制的改革和创新，要培育动力，要有领军人才。

自农村包产和包干到户以来，农民陷入无组织化的单干状态已经 40 年、两代人了。要扶助农民再组织起来，组织系统中利益生成和分配机制是带动要素、也是让组织可持续运行的核心。而组织能够有效盈利才能有分配，只有从能否盈利出发，才能进一步研究产业组织的方式、内部合作和外部交易问题。

再有，党和政府在乡村振兴战略实施中起着引领、规划、组织、协调等主导作用，但是不同层级、不同部门到底发挥什么作用，如何衔接和整合，是需要深入讨论、研究和在实践中摸索的。例如，乡镇是乡村振兴的基层组织，但是镇级的政策资源不足，有时候县级也不足，需要考虑如何形成以基层为底，一层支持一层的有效的政策供给。

最后，党的领导融合汇入乡村农民组织系统，会发挥非常大的作用，尤其是县级党委主导以农民合作组织为载体的党建融合活动，一方面能够协调政府和社会各方面的资源，真正起到合力作用；另一方面对农民合作组织的健康发展和带动小农户的参与可提供背书和指导，增加农民合作组织在社员和农户群体中的信任，提高农民合作组织体系的社会资本。经棚镇试点中正是在赤峰市和克什克腾旗党委组织部参与后得到了快速发展。

五　百乡工程新阶段——蒲江会议

2018 年 5 月 29 日，百乡工程顺势启动，成为快速响应国家乡村振兴号召的社会先声。农禾之家因此受到不少基层县市政府、农业企业和合作社的热情邀请，五个月中，马不停蹄地考察和走访了 7 省 13 个县市。各地的需求多、资源少、要求高，这让农禾之家开始认识到做试点和做平台是不一样的。试点需要纵深开掘，平台需要横向服务。百乡工程要作服务品牌，就要为大家搭起供需对接的平台。

因此，百乡工程启动后半年，农禾之家对其定位、架构和内容做了一次重要调整，将"百乡工程"定位于整合乡村振兴中所需资源的一个项目对接平台。并与布瑞克农信集团讨论，如何依托农业大数据平台，开发线上线下项目对接的模式，打造百乡工程网这个工具，通过这个网站设计社区集群功能。这一倡议也得到了中国规模最大的公益集团——恩派公益的支持。于是三家共同发起设立了百乡工程论坛。其目的是，以论坛的组织化模式，实现政、产、学、研、社、民六界跨界合作的社区集群的落地，以公益中介服务连接供需双方，形成社会经济新业态。

2018 年 12 月 9—10 日，"乡村振兴·百乡工程首届论坛"在四川蒲江县召开，宣告百乡工程论坛设立。全国各地政、产、学、研、社、民的代表约 300 人到场参加。中国社科院社会学所作为百乡工程论坛的持续指导单位，所长到会祝贺并发表讲演。中国农业大学国家农业绿色发展研究院不仅参与论坛主办，该研究院院长、中国工程院院士张福锁教授还在论坛上欣然接受百乡工程首席科学家的特聘证书，并发表"中国农业绿色发展的现状和趋势"的重要讲演，得到与会代表的一致好评。农禾之家与灵山慈善基金会还在会上合作发起百乡工程人才计划及禾力春晖计划，为关注乡村、有志于服务乡村的海内外青年人才搭建交流与成长的平台。

此次论坛发布了百乡工程新的定位和功能。

百乡工程是为实现党的十九大提出的乡村振兴国家战略探索整套社区型、综合性方案的政、产、学、研、社、民六界跨界合作的社区集群，这一社区集群以线上平台和线下论坛为载体，目的是整合社会各界资源共同支持乡村振兴，使各地的乡村振兴战略实施中所需要的技术、产品、项目、服务等资源有效而准确地实现对接。

"乡村振兴百乡工程论坛"社群（简称论坛社群）旨在打造基于大数据和项目互联网的社会经济新业态。它以信息处理为核心，项目对接为目标，咨询业务为支撑，实现为乡村振兴的跨界融合，并通过管委会成员布瑞克农信科技集团，链接农业大数据应用平台。

凡以合同、合作、接受服务、参与活动等多种方式参加百乡工程社区集群（论坛）的农民专业合作社、综合性合作社、联合社、联合会、农业技术协会等各类农民合作组织以及未登记注册的农民专业组、活动组；村委会和县、乡行政部门；为乡村振兴提供生态、经济、社会服务的各类企业、人民团体和社会组织，愿意遵守本论坛社群管理办法的相关规定，均可自愿加入本论坛社群。

对各类农民合作组织及地方政府涉农部门，社区集群是一个寻找当地乡村振兴解决方案的社群入口，可以在社区集群平台并通过论坛组织上获得以下服务。

（一）项目合作对接

将当地的农业生产、社区服务、产业发展、生态环保等各类需求发送到社区集群线上平台，线上平台可根据当地的需求精准匹配相应的技术、产品、项目资源。

（二）设计与咨询类服务

（1）具地方差异性优势的生态农业产业规划；

（2）新型农民集体组织制度设计：农户与合作组织统分结合，生产与经营双层管理；

（3）整县推进合作社质量提升、强化指导扶持服务；

（4）种养业、环境治理和综合治理的生物科技技术推广；

（5）农作物绿色生态标准化过程质量管理；

（6）农产品营销策划和县乡一体化流通体系；

（7）一、二、三产业融合及城乡融合方案。

（三）百乡工程人才计划

（1）返乡大学生、返乡青年创就业孵化和人才培训；

（2）农村退役军人三农创就业孵化和培训；

（3）乡村合作组织带头人及其骨干培训；

（4）乡镇青年工作队培训及派出；

（5）留学生和城市大中学生乡村游学营；

（6）乡村通识知识网络普及。

（四）社区营造与社会治理

（1）县、乡、村社区营造和社会治理典型方式和经验交流；

（2）针对妇女、老人、儿童不同人群以及相互融合的活动、项目、组织提供；

（3）打造乡村公共空间的方案和文化创意设计。

（五）B2B 中介推荐服务

根据论坛成员的需求，通过网上网下各类方式为成员提供乡村振兴全领域的供需对接服务，并记录对接轨迹，为成功对接的项目提供文书、资源、资金、评估等项目执行全过程中所必须的持续性对接服务。

（六）链接布瑞克农信科技集团下辖"农业大数据、农产品集购网、农牧人商城、土银网"，优先获得其智慧农业县域生态圈签约服务

此次论坛不仅调整了百乡工程的定位，还收集了 50 多家参会的地方政府和农民合作组织的需求，在全国范围内精选了"驻村科技小院模式""村社、家居一站式环保工程"等 16 个涉及农业技术、社区服务、信息技术、农产品流通等方面操作性强的项目进行路演，支持现场咨询和供需洽谈。超过 200 人次表达了对项目的需求意向，供需达成项目意向的有 10 多项。会议之后，以农禾之家、布瑞克农信集团和恩派公益三家为主，组建了"百乡工程乡村振兴论坛管委会"，作为"百乡工程社区集群"的管理和运营主体。

这样形式的项目对接活动在中国的农村经常发生，但是多数都缺乏有效的组织，项目质量不能保证，这次由百乡工程进行的项目对接活动因为有农禾之家与百乡工程的专家和合作伙伴的筛选，项目质量比较高，因此受到参会者的欢迎。不过，后期项目跟踪过程中，农禾之家发现以会议方式对接项目的效果较差，项目最终达成合作的成功率较低，原因主要有以下几个方面。

（1）越是高质量的项目在落地时的条件和成本越高，这次会议中所组织的很多项目对参会地方政府和合作社都有很大吸引力，但是因为合作条件过高导致项目不能继续；

（2）项目本身与需求方的匹配程度不高，很多项目初期看很好，但是在和需求方积蓄洽谈的过程中发现项目与需求方当地情况存在很大差异，项目落地困难；

（3）这次组织的很多项目在推广上很少采用这样的对接方式，很多项

目在会议上完成宣传后没有后续跟进，有些项目更多要求与农业企业合作，而对与农民合作组织合作没有兴趣；

（4）项目的对接和落地实际上是一个比较复杂的过程，采用对接会和线上平台方式进行项目对接对供需双方来说信息沟通的成本还是比较高，信息不对称程度较高，影响项目对接的成功率。

六　对百乡工程操作方式的再思考

百乡工程自策划以来，进行了不少尝试，也取得了一些经验、教训，到底什么样的操作方式能够适合民间化且组织相对松散的百乡工程呢？还有，作为以社会组织为主体的百乡工程合作团队，如何找到自己在乡村振兴国家战略中的定位？这需要对于乡村振兴的路径和机制探索进行深入理解，也需要从自己的能力和资源限制出发，在比较中找到出路。

农禾之家通过持续学习国家不断发布的乡村振兴政策，以及一年多来与地方政府调研和沟通，各个方向的思考越来越相对集中，从而形成了对发展农村集体经济和集体经济组织的几点认识。

（1）"小农户与现代农业有机衔接"的提法从十九大报告中出现后，在2018年"一号文件"中形成明确的指导性政策，2019年2月21日中共中央国务院正式发布《关于促进小农户和现代农业发展有机衔接的意见》，明确指出："当今和今后很长一个时期，小农户家庭经营将是我国农业的主要经营方式。"这一文件解决了乡村振兴为了谁、谁受益的问题，一改中国改革开放以来以"资本下乡""公司农业"为主要导向的农业发展政策，而强调农民，尤其是小农户在乡村振兴中的主体地位和最终受益群体。2019年6月19日，中办、国办印发《关于加强和改进乡村治理的指导意见》，提出实现乡村有效治理是乡村振兴的重要内容。6月28日，国务院又正式印发《关于促进乡村产业振兴的指导意见》，提出"要把以农业农村资源为依托的二三产业尽量留在农村，把农业产业链的增值收益、就业岗位尽量留给农民"。这些政策的提出对长期以来中国农业产业政策的价值导向进行了纠正，突出了农业除了要发挥其经济功能，实现其经济价值外，更重要的是要发挥其社会功能，认识到农业产业是保障农村社会发展和民生发展的基础。

（2）农村集体经济的发展成为农村各级政府工作和研究的重要课题。党的十九大报告提出实施乡村振兴战略，并强调要"深化"农村集体产权制度改革，保障农民财产权益，壮大集体经济。中共中央、国务院印发的《乡村振兴战略规划（2018—2022 年）》中，把"发展新型农村集体经济"作为建立现代农业经营体系的重要环节，重视和强调"新型集体经济"，是党中央基于我国"三农"变化发展实际，着眼乡村振兴、推进农业农村现代化而作出的战略部署。这为补齐农村经济"短板"，发展壮大集体经济带来新的机遇。

乡村振兴的重要条件是有效发展农村经济，改革开放以来，农村经济发展的路径主要有三种：一是小农户分散种养殖；二是公司和大户通过土地流转的规模化种植；三是有小部分农村在改革开放后依旧沿用过去集体经济的做法，以村集体为主体进行生产和经营。这三种方式中小农户分散种养的效率和效益较低，抵御自然和市场的风险能力差，农产品商品化程度低，面对上下游市场的议价能力低，而这种方式在中国农村所占比例是最大的；公司和大户通过土地流转形成规模化种养殖，在面对上下游市场中的议价能力有所提高，通过土地等生产资料的规模化集中对生产的效率有所提高，同时有利于采用新的农业生产技术，农产品商品化程度有所提高，但是由于土地租金的产生和劳动力雇佣成本的增加，雇佣劳动力在劳动过程中的管理成本增加，实际上在生产环节上的效率和效益远远低于小农户在自己承包土地上的小规模分散生产，一般成功的公司农业多在流通环节获取利润，这些利益无法分配到当地农户，也基本不会在农村形成积累；经多年发展后，第三种形式显现，即继续沿用过去集体经济体制的农村经济的发展远远优于其他单纯实现土地承包的全国大部分农村，这些地区的农村土地资源相对集中，农村产业的集中规划和统一布局能力较高，产业配套较完善，容易形成一定的产业优势，因此在集体经济制度下农户收益与当地产业发展形成比较好的利益共享机制，当地的社区服务和治理能力也比较高。

农村集体经济的发展程度对农村经济发展乃至社区、生活、生态、文化等方面的发展起着关键性的促进作用，也只有发展壮大农村集体经济，才能通过农村产业的发展实现财富在农村的积累，也才有可能真正实现带动农户增收的目标，因此在乡村振兴的大背景下，我们在这一年多在各地农村考察和与地方政府接触过程中，基层政府谈到的最多的问题就是如何发展集体经济，如何建立集体经济组织和建立什么样的集体经济组织。

七　百乡工程再次落地——莱西试点和准格尔试点

2019 年 3 月始，应山东莱西市农业农村局要求，我们与中国农业大学张福锁院士对接"科技小院"项目在莱西落地，在这期间对莱西农业农村发展进行了进一步调研，了解到 1990 年，中央组织部、民政部等部门在莱西召开村级基层组织建设会议（史称"莱西会议"），会上提出的"以党支部建设为核心、以村民自治为基础、以集体经济为依托"的三条经验被记入党的历次文件，成为历史经典。会议主报告中曾这样写道："农村实行家庭联产承包责任制以后，如何在新的历史起点上重新组织农民，提高农民的组织化程度，是当代中国农村发展的基本课题之一。"

在改革开放的背景下，农村的组织化体系应该是中国农村基本经营体制中的重要组成部分，1999 年宪法修正案明确规定："农村集体经济组织实行家庭承包经营为基础、统分结合的双层经营体制。"然而 30 年过去了，农民再组织化问题依然是农村发展中的难题。乡村振兴战略提出后，农村面临发展集体经济的必要性和紧迫性，我们通过长期在农民组织化工作中总结出的经验发现，发展农村集体经济必须以一种适应集体经济目标的组织形态和组织机制为载体，而这种组织形态是能够覆盖农村集体中的小农户，实现农村集体经济中生产的组织、统一的供销、农村社区服务和治理功能，并以农村互助金融为集体组织自有资金来源和积累的社区型综合性农民合作组织。因此到目前为止，通过在山东莱西、内蒙古准格尔旗等地的试点，以及对 13 个地区的考察，农禾之家再次对百乡工程的内容和方法进行了调整。

百乡工程是为实现十九大提出的乡村振兴国家战略的实施，探索整套社区型、综合性方案的政、产、学、研、社、民六界跨界合作的社区集群和解决方案。百乡工程以实现农村集体经济的发展为优先目标，帮助农村搭建统分结合，双层经营的农民合作组织体系，有效实现农民的再组织化工作，从而形成以社区型综合性农民合作组织为主体，对内部公共性、公益性的社区型综合性服务功能和对外部强有力的市场交易地位和能力的集体经济组织，在集体经济组织建设基础上，构建农村区域农业产业化生态系统，有效实现小农户与现代农业有机衔接，并在有效的农民再组织化的基础上，实现农村社区的有效治理和服务。

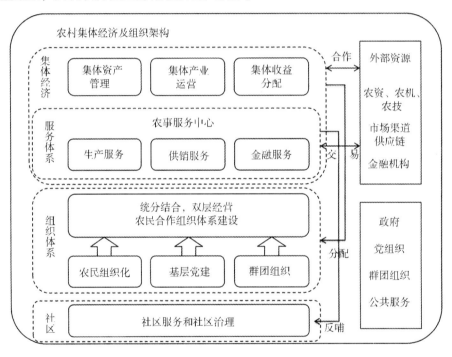

百乡工程所构建的农村集体经济及组织架构包括以集体组织为核心的集体经济功能体系和社区服务治理体系。

（1）集体组织体系以"统分结合，双层经营"的农民合作组织体系为组织模式，这一组织体系要将农村大多数农户纳入组织体系中来，实现对农村劳动力资源和土地资源的统一组织调配。

（2）以乡、村一体化的集体经济组织为载体，实现内外市场有别的平衡机制。"集体经济"组织对内部社员提供的农资产品、消费品、农技、农机、金融等服务是以公共性、公益性为原则；而以集体经济组织为主体面对外部资源和市场的交易则是以营利为目的的独立市场主体，目的是以集体组织为主体在市场中获得资源组织能力、农产品规模化溢价能力、农资产品议价能力，从而为组织内的农户获得更高的利益。

（3）通过乡、村一体化的农民组织体系为载体，建立农民合作组织内部的融合性党组织建设和与当地政府及群团组织高效结合的农村基层治理体系，从而通过农民合作组织真正将政府的政策落实到农户中，并实现政府和党委在农村基层的有效治理。

（4）农村集体经济体系以新型集体经济组织为载体，以集体资产管理、集体产业运营、集体收益分配为核心功能的经济运行系统，形成规模化市场主体，通过对外部资源的合作和交易，实现对农民合作组织内部社员的利益分配和生产及社区服务。

（5）农村集体经济系统通过对农村内部的公共性服务，从降低劳动力投入和提升生产性收益等方面吸引农户加入农民合作组织，从而实现农民的组织化目的。

（6）在农民的有效组织和农村集体经济的有效运行基础上，农村集体组织的经济能力将得到有效提高，并成为以农村集体组织为主体提供农村社区服务和社区治理的前提。

百乡工程的服务架构调整，目前正在山东莱西市和内蒙古准格尔旗实施，并在这一架构基础上逐步将各服务功能落地实现。在山东莱西市选择了三个乡镇、一个街道进行试点推进，并以"莱西经验再出发"为主题，组织农禾之家研究组的专家进行集体经济组织促进小农户与现代农业有机衔接、推动大田和经济作物农业社会化服务托管模式的设计和理论研究。在内蒙古准格尔旗，选择10个村合作社进行社区型综合性合作社的建设咨询。另外，在农民再组织化进程中，本土人才的培育是必不可少的，农禾之家正在将以往有8年经验的禾力计划按照当下的需要进行升级，并与莱西市委组织部门合作，拟参与当地提出的新农民学院建设，培育本土的综合性实用人才。农禾之家主动将自身已有资源、实践能力与地方政府的现实需要相结合，正是百乡工程逐渐进化的表现之一。

目前，莱西和准格尔试点项目的顺利展开，一方面说明"百乡工程"

的整体思路的调整逐步契合乡村振兴战略实施的有效路径；另一方面也为"百乡工程"的进化提供了探索的实验地和具体的项目载体。

自 2018 年年初以来，在一年零八个月时间内，百乡工程的设计思路和方案经历了三次较大的调整，其方向和操作方式越来越具体和贴近实际，现已聚焦于农民组织和人才培育上，同时将产业、销售等经济性要素作为带动性资源。

百乡工程的进化之路还在进行中。

从这一段进化史中，我们似乎可以看到，作为小型社会组织的农禾之家，并没有大资本支持和组织优势，做过多年的农民组织化和人才培育，30多人的社会科学专家型研究队伍，与政、产、学、研、社、农六界的良好关系（社会资本）是其三种优势，而以这样微薄的资源挑起百乡工程的重担，方向和路径选择就成为最重要的决策。只有将社会需求与自身特长、能力和限制性条件统筹考虑，集中优势资源，选好突破口，才能"小丫扛大旗"。目前看，百乡工程在乡村振兴的组织振兴和人才振兴上多使力，是比较适合的。

2018 年，乡村振兴拉开序幕；2019 年，振兴政策密集出台，序幕并未落下；而 2020 年，扶贫攻坚成功，乡村振兴必须与之衔接，那么，很可能就在 2021 年，乡村振兴的正幕才会真正拉开。2021 年，"百乡工程"为乡村振兴探路的社会先声将会持续，并在持续中继续进化。

百乡工程：为乡村振兴探路

杨　团[①]

我研究社会政策很多年，中国社会科学院社会政策研究中心是 1999 年在我手上创建的。自 2002 年起，我开始了对乡村社会政策的探索，这条路走到现在，已经 16 年了。

一　16 年的乡村服务：从 1.0 版本到 4.0 版本

16 年前，我在中国社科院带队做社会政策研究时，因工作原因去了延安，发现当地看病难、看病贵的问题特别严重。当时国家还没有新型农村合作医疗，我带领研究团队为洛川日县镇的农民建立医疗合作社，与镇卫生院合作设立专门治小病和做疾病预防的社区卫生服务中心，这就是洛川实验，它位于以大病统筹为主的新型农村合作医疗的前端。这其实就是从农民需要出发为乡村振兴服务的 1.0 版本。16 年来，我们已经从 1.0 版发展到了 4.0 版。

1.0 版的洛川实验做的是乡村社区卫生服务，这个服务是公共服务，所需资金应该由政府出，但是当时的政府拿不出钱，我们就用了社区发展的方式，向基金会筹资，还有农民自愿交服务费，我们研究组也拿出研究费支持试验。这个试验证明，不可能事事靠政府，政府还没有拿出政策时出

① 本文系根据讲演录音整理，作者为中国社会科学院社会学所研究员、社会政策研究中心顾问，北京农禾之家咨询服务中心理事长。

漏洞，兜不住时你靠谁？尤其在基层，要做事要成事还得靠农民自己。自己组织起来发展经济，挣了钱有盈余就可以用于公共服务。16 年前我们在洛川试验中就认识到了这一点。1.0 版我们做了农民组织、社区以预防为主的卫生服务，和政府、专业的卫生院还有慈善基金会相结合，但是，一是大环境不好，政策缺失，国家当时只有以大病统筹为主的新型合作医疗政策，小病和预防不管；二是卫生院的传统体制和机制缺乏为农民服务的动力；三是我们的试验是民间试验，只能向民间筹资，资金不足，难以可持续支持，所以这个试验后来被迫停止，我们将剩下的经费支持农民医疗合作转型为经济合作社了。

2.0 版本是在我母亲的家乡建始县做的。其实洛川试验中就孕育着建始试验，因为洛川试验让我认识到农民要按照自己的意愿做事，就一定要有自己可支配的资源。这个资源从哪里来？要从经营和生产上来。当时我们团队就向全球寻找可以解决这个问题的可借鉴经验，最后瞄准了日本、韩国和中国台湾的综合农协模式。我后来将这一套模式称为"法定机构、公法社团"，即在国家法律支持下，以乡镇为地域，建立全乡镇统一的农业和农民的联合性质的组织，叫农协或者农会。由他们聘用当地人为小农户提供所需的生产经营和社区福利性的综合服务。而这些服务经由市场产生了高于成本的价值，就成了他们的工资和做福利服务的资本。由此，2005 年，我们就在中国社科院社会政策研究中心支持 7 户合作社设立了"农禾之家"联盟，最初的"合"是合作的合，即农民要团结合作，后来改成了禾苗的"禾"。日、韩、台的综合农协模式，一是有专门的农协法或者农会法规制；二是每个乡镇只能有一个，每个农户只能参加一个乡镇的组织，保障了组织的合法性和有序性；三是法律规定这个组织是特定的社团：为农民提供生产、信用、供销、社区服务，自收自支，理事会要民选，四年换届，总干事需聘任，政府还要介入考核，提供监督；四是可以做法律允许的各类市场项目，形成规模经营。日、韩、台的这种模式使得小农户能够通过综合农协进入现代化农业和建构现代化农村，农民的总收入并不比城里人少多少，在 20 世纪 60 年代，台湾农民的平均收入一度还高过城市居民。

这种模式让我看到了希望，所以从 2005 年起，我们几个研究人员，在中国社科院社会政策研究中心，支持扶助农民合作社成立了农禾之家联盟。

这个联盟从 7 家农民合作社发起，发展到现在 300 多家，辐射 27 个省区市。

图 1　农禾之家 300 家合作社联盟的理事长单位，山西永济蒲韩有机种植合作社的农户正在自己的农民学校接受培训

为探索中国大陆自己的模式，我们还在社会政策中心成立了综合农协研究组，期望借鉴日本、韩国和中国台湾的经验，在大陆农村做综合农协试点。这个愿望在我母亲的家乡建始县实现了，所以我说这是 2.0 版本。自 2007 年开始，在建始县县委支持下，我们在三里乡河水坪地区设立了新农村综合发展协会的试点，当时，有七成农民都自愿加入了新农协，还交了 20 元钱的会费。新农协建立了理事会、监事会和总干事团队，组织农民做农业技术、小额贷款、农资统购、社区儿童和妇女服务，等等。但是，这个试验由于国家没有提出过新农协，我们太超前，而县乡现有体制下干部是不断更换的，要得到稳定的支持很难。还有，总干事是新农协的总经理，这样的人需要思想、组织力和经营能力都很强，而待遇又不高，尤其在初期，新农协没挣出钱来，总干事和工作人员的工资谁来偿付？我们又遇到了和 1.0 版本同样的问题。

2015 年 4 月，国家发布了深化供销社改革的 11 号文件，我们发现这个文件所讲的三位一体甚至四位一体的综合性合作社就是我们一直做的综合农协。而国家将这类组织的希望寄托在供销社体制改革上，要求乡镇供销社要改革成为"姓农为农务农"的紧密联系农民的综合性合作社。于是，我们通过与全国供销总社、河北省供销社的充分沟通，选择了邢台市内丘县做新农协的试点，这就是 3.0 版本。

供销社是共产党创造的模式，早期就是中国式的综合农协，只要是农民的需要，都提供服务。我曾看到河北涉县供销社的回忆文章，说是不仅做供销，运输、信用、医药卫生都做。1949 年以后，供销社成为执行国家农村统购统销政策的主要工具，给国家做了重大贡献。但是供销社首先适应农民需要为农民服务的功能大大减弱。这个问题在 1978 年农村改革之后完全暴露出来，供销社不得不进行体制改革。改革几起几落，并不成功，尤其是直接服务农民的乡镇供销社大部分被包租卖，已经不存在了。供销社的传统流通功能也禁不住市场竞争，大大萎缩。加之供销社的定位一直不清楚，从组织体制上县一级以上都进入公务员编制，但是产权属于谁？县以下一直是集体所有制，因为最早的资产是农民入股攒起来的。这导致在国家政策的辐射圈里，供销社处于最外围，得到的资源和信任都很稀缺。直到 2015 年，才有了 11 号文件。我们研究组就提出，依托供销社的体系，在党的领导下，尝试中国自己的新农协模式。这个尝试的基本思路在内丘得到了较为完整的体现。我们采取了北京农禾之家咨询服务中心（在 2012 年设立，为北京市民政局登记的民办非企业法人）和河北省供销总社签约的方式，在内丘县政府和县供销社的支持下，于金店镇成立了新农村综合发展合作协会，六成农民入会，县供销社副主任吴庆丰经县社推荐，农民会员代表选举产生的新农协理事会聘任为新农协总干事，组织了供销社员工与农民优秀骨干共同担纲的总干事团队。

这个试点在 2016 年中国社科院举办的高层研讨会上和全国供销总社领导的多次考察中获得认可，被邢台市委市政府列为向地区推广的模式之一。不过，我们综合农协研究组认为，试点需要提升质量，尤其在农民组织、产业兴旺方面有明显缺陷，这与政策环境、资源整合、人才培育、机制和组织建设未能到位有直接关系。

党的十九大以来，乡村振兴成为今后几十年要鼎力执行的国家战略，2019 年 1 号文件又诠释了乡村振兴的阶段目标和各项政策，特别提出要五级书记挂帅，县委书记一把手做前线总指挥，这让我们非常兴奋，党和国家发起乡村振兴战略，政策环境终于改变了。我们立即行动起来，推出了百乡工程，并且开始做新的试点，这一回的试点不是在同一地方，而是要

图 2　河北邢台内丘县金店镇新农协总干事吴庆丰（右一）正在召开总干事团队成员讨论会

图 3　内丘新农协在 2017 年春节举办联欢会，农禾之家禾趣计划指导下的当地儿童在会上表演节目

支持和扶助愿意做的县、乡、村，形成各界共同探索、相互交流的社区集群。这就是 4.0 版本。

二 乡村振兴：乡土中国大变局

什么是乡村振兴呢？为什么要做乡村振兴？乡村振兴就是以县域为范围，在中国广袤的国土上掀起的一场填平乡村洼地，消除城乡断裂，实现城乡融合的国家事业。乡村融合不但要让中国兴旺，而且要在未来的几十年，站在人类命运共同体的高度，成为中国支持世界发展的重要引擎。乡村振兴战略的提出，从国内看，是中国改革开放40年，甚至是从1949年以来中国发展中的经验教训的总结。从国际看，是在与以美国为首的世界霸凌主义、破坏世界平衡秩序的博弈中，必须强化自身，弥补弱项的基础性战略。中国弱项在哪里？毫无疑问，最弱在乡村，最弱在"三农"。所以乡村振兴不仅关系到国计民生，不仅影响到自然生态保护，还关系到世界的未来。中国这个大国的世界地位是遏制霸凌主义，促进世界秩序平衡的关键力量，是促进全球各国走向人类命运共同体的关键力量。尤其对于弱势的发展中国家更是这样，所以，乡村振兴的重大意义和作用是超乎我们的想象的，是全球性甚至可能是跨时代的。

统计资料显示，中国城镇化的数据目前是58.52%，可实际上这是不准确的，因为户籍人口的城镇化率是42.35%，还有大约16%主要是农民工，他们是在城乡流动的人口，是不能算在城镇化率里面的。因此我们的城镇化率没有达到58.52%，而是42%左右，农村人口还超过一半多。另有数据表明，目前在乡村实际居住的是5.7亿人。这没有包括在城市居住，城乡游动的农民工。加上他们的数量，至少还有将近一个亿。改革开放前，乡村的户籍人口超过9亿人，现在大约有7亿人，这差不多相当于欧洲的人口总和。所以，中国的乡村强起来、站起来、富起来，对世界的意义太大了。

这当然是一个长期的过程。党的十九大提出从2018年到2050年，33年要经过2020年、2035年的两个时间节点，将中国建成为富强、民主、文明、和谐、美丽的社会主义现代化强国，同时成为联合全球各国走向人类命运共同体的支撑力量。总之，只有乡村振兴，中国才有未来。一定意义上，中国有未来，世界才有未来。我们要从中国的后天看今天，而不是从今天看过去。

三　乡村振兴走什么路？

乡村振兴走什么路，要走自己探索的最适合自己的道路。中国的国情一是人多地少，二是农业人口占总人口比重很大。这与人少地多、农业人口占比很小的美国、加拿大不同，也与人少地多、农业人口占比较大的俄罗斯不同，与人多地少、农业人口占比较小的西欧也不同。从这两个指标比较，中国和谁最接近？是印度、日韩还有中国台湾地区。从资源禀赋的角度，人多地少、农业人口比重高，是最难发展的。而中国人口总量巨大，任何需求乘上 13 亿人就不得了了。所以，中国发展的难度最大，乡村振兴的难度最大（印度的难度也很大）。所以效仿欧美国家，走大规模标准化的农业发展之路，排挤甚至丢弃小农户，让他们全部进城不是中国可选之路，那样造成的后果，是大量小农户需要国家负担其就业和生活保障的成本。我是从 2005 年开始考虑这个问题和学习思考国际经验的，很早就认识到中国自身的国情决定了小农户不能丢弃而是要提升，要让城乡人口平衡，生活平衡、产业平衡，所以，乡村就地现代化是必然选择。广大的乡村如果就地现代化，建立起费老倡导的不分等级而是按照资源禀赋发展产业的小城镇，那么，它们聚合起来，就会变成中国大地上星罗棋布的组群式城市，即土地和城市是交叉存在而不是分离的景象。

十二三年前，我就提出过乡村就地现代化应该成为政策目标，还正式发表了。当时我讲的是乡村就地现代化就是要维系乡村生态、自然和人文资源保护，促进专业农和兼业农在生存底线之上的有序发展，与城市相接相融，生活方便、组织自治、综合服务生活质量达到社会平均水准。现在，十九大提出乡村振兴的基本目标就是"产业兴旺、生态宜居、乡风文明、治理有效、生活富裕"，这 20 个字是高度概括的、非常全面的。我自己用八个字概括我今天的想法，即乡村振兴要走"生态人文、自立发展"之路。

历史上，中国的农耕文化就是生态与人文相结合的文化，将生态学与人文科学分开不是中国的传统，而是我们从国外引进的。曾有人讲，学科划分是上个时代为科学的专业化分工而提出的，为什么今天到处是交叉学科，就是因为过去的划分太细碎了。乡村振兴需要多学科的共同作用，而生态人文统合，是在中国的实践中产生的，是一体同构的中国基体和原理的反映。所以我倡导的是乡村振兴在这个思想下的多学科融合，至于自立发展，意思是每个乡村振兴的地域单位，尤其是县域和乡镇地域，不依靠政府补贴生存的就是自立发展。银行贷款、各方投资等等资源当然要，但是要按照市场的规则订合同借贷还钱、按股分红。自立发展还有一层意思就是农民要组织起来做产业、做信用、推广先进技术和照顾社区的老人儿童，这就是综合农协。今天做综合农协和20世纪日本、韩国、中国台湾的做法有不同，各地根据自己的资源禀赋，调整融合一、二、三产业结构，让多元经济的发展能够支持当地的生态、社会、文化，才是全面的自立发展。

四　百乡工程为乡村振兴探路

百乡工程是为了乡村振兴探路的社区集群。2018年5月29号，在中国社科院，农禾之家和平安福公司、黍苗公益共同发起。这次与以往的综合农协试验的最大不同是联合了企业界。虽然我的工作涉及面相当广，但是以往与企业的接触还是很少。从党的十九大报告和2018年中央1号文件中，我认识到我自己的思路和以往试验的最大弱点，是对于产业兴旺是乡村振兴的重点和基础认识不足，对于5.7亿的农村人口而言，没有产业兴旺，就无法解决就业问题，就无法主要依靠自己的努力，给家乡父老一个长期可持续的富裕生活。而实现产业兴旺不能只靠社会学家的头脑和努力，一定需要企业的加盟。我们要彻底扭转企业加盟就是做慈善的概念，而是企业也要为乡村振兴承担应尽的社会责任，乡村振兴是全党全国全社会的责任，是从2018年开始的中国最大的公益。

所以，我们邀集政、产、学、研、社、农六界共同做百乡工程的社区集群，大家一起努力，当然这要有规划、有组织、有目标、有试点、有交流、有推广。这就是走过 16 年的我们所做的 4.0 版本。这个版本的试点与过去最大的不同，就是清晰明确地以产业兴旺为第一目标，然后在六个方面进行推动，即"做规划、好产品、卖好价、搭平台、建组织、推人才"。

图 4　2018 年 5 月 29 日，作者在百乡工程启动会上发言

概括地说，百乡工程是按照"产业兴旺、生态宜居、乡风文明、治理有效、生活富裕"的总体要求，以质量兴农、现代农业绿色发展为目标，以县乡党委领导推动各部门、各机构形成合力为资源平台，以农业发展合作联合会为执行组织，以培养"懂农业、爱农村、爱农民"的人才为工作队伍，联合产学研社各界力量，支持县乡党和政府，制定符合当地自然条件、资源禀赋和人文传统的现代农业发展规划并设立产业基金予以实施。百乡工程不仅在全国选择有代表性的县乡做试点，还努力探索以互联网大数据为工具、供方和需方共创社区集群的新方式、新路径。

百乡工程作为社区集群，即参加方不仅有农民合作组织，更有县政府、各类企业、各类社会组织，还有学校、研究界和多学科的专家。他们都在以大数据为工具的线上线下的平台上相互对接，进行交流和项目或活动的洽商，共同想办法，以各种形式推进目标的实现。

我们在内蒙古自治区克什克腾旗经棚镇做了"百乡工程"的第一个试点。这个镇是农禾之家的农民合作社会员单位。从 2005 年开始，我们在中国社科院社会学所发起设立了农禾之家（联盟），当时参与的农民合作组织只有 7 家，截至目前成员超过 300 家，分布在全国 27 个省自区市。我们所走的是集合作金融、供销、农技推广、社区服务为一体的综合农协之路，也就是在乡镇设立协会，组织团队，为农户提供综合性服务。这条路走了很多年，得到社科院的一贯支持。这次做百乡工程，也有社会学所的领导支持我们，为我们站台。

图 5　百乡工程启动会上发起单位：农禾之家、平安福公司、黍苗公益和试点单位，内蒙克什克腾旗经棚镇党委书记一起探讨试点工作

五　乡村产业兴旺之路

我们目前是从以下几个方向探索乡村产业兴旺之路的。

第一，产业兴旺需要突出当地优势的农村产业规划。

农村的产业当然不止于农业，但是农业是其他产业的基础，这一条不能放。我曾经和台湾的生态技术专家一起探讨，如何从大农业出发将在农村的加工业、服务业融进来，用分阶农业的大框架来诠释。

第一阶梯是种养农业，种养农业提供农业的初级产品，它是所有农村产业的先导；第二阶梯是价值农业，它融入了农产品加工业，包括粗加工和精加工，是种养农业价值链的延伸，比如物流和农产品保鲜与包装等都在其内；第三阶梯是社造农业，就是社区营造、环境整治、乡村治理，意思是不离开土地，不离开乡村的自然环境的各类业态，为老为小的社区福利服务还有卫生教育的公共服务都纳入社造农业，它其实是农村产业的全方位的纵横延伸；第四阶梯是自立农业，前面说过，就是不要政府补贴也能维系本社区的可持续发展。总之，我希望是用这四个台阶层层递进的大农业框架来整合乡村所有业态。那么，我们做乡村振兴规划就要在这四个台阶上着力，而首先要找到当地生态人文融合的产业优势。例如从当地农民经年累月（几十年、上百年）种养的本土农畜产品中筛选，并且从经纬度、地形地貌、土质三方面的生态指标中找到科学依据，从而选定产业和产品的规划方向。

图6　百乡工程试点专家组考察试点地内蒙克什克腾旗
　　　经棚镇合作社的蔬菜大棚

第二，产业兴旺需要微生物技术为核心的科技改造。产业兴旺最重要的是技术突破，农业技术涉及多个方面，为什么要特别强调微生物技术？其一，自1949年以来，近70年间我们使用了各种农业技术，化肥与农药几乎处于独霸地位；其二，今天的中国更需要食品安全和土地修复技术；其三，以往的任何农业技术均不具备微生物技术的安全、广普、长效和低成本。我在经棚镇拜访了当地的农民，他们虽然也在使用农药化肥，但比过去减少了，如何用大自然的方式改变大自然，我们对于这一点缺乏真正符合生态人文理念的认识，再加上农药化肥长期盛行，其生产和销售机构已经形成利益集团，致使农业绿色生产模式的研发和推广十分困难。对于农业科技改造的大问题，只有政府提议和倡导是远远不够的，开展以微生物技术为核心的科技改造可能是突破口。

第三，产业兴旺需要新流通体系架起桥梁。要用与公益联盟的商业模式，将弱势的农民组织起来，也就是说，企业要抛弃传统的以做慈善的方式承担社会责任的理念，要做社会影响力投资，按照全党全社会共同推动乡村振兴的思路矫正固有观念。企业与农民合作组织交叉持股是探索的方向之一。

第四，产业兴旺需要形成拉动农民合作组织的政府平台。这主要是县乡两级党和政府的平台。要按照一号文件所指出的，县委书记一把手，做前线总指挥，整合各部门的资源，合力推进各项规划各类政策落地执行。

第五，产业振兴需要建立农民合作组织的联合会，我们在内蒙古试验的时候将这个综合农协组织称为农业综合发展合作联合会，意思是要用现有的组织名词联合会，去做以往试点中新农协要做的工作。联合会不仅有合作社、涉农公司等团体会员，也要有个体农户的会员，是一个乡镇一级的农民和农民团体的社团。

第六，产业兴旺必须有一大批懂农业、爱农民、爱农村的本地人才。推人才就是要发现乡村中的积极分子，当代农民返乡农民工、退伍兵，还有大学生，以培养本地人才为主，以发现和培育其中的领军人物为纲，将外来的大学生与本地人才组成青年工作队，使之成为乡镇农业综合发展合作联合会的工作人员，担当推动乡村振兴的各项工作。

总而言之，乡村振兴的第一步是要把产业兴旺做起来，并且要找到当地与其他地域具有差异性的优势产业，以领导保障、组织保障、人才保障的方式让符合生态人文理念的产业兴旺做起来，而且逐步形成上台阶的大农业全面发展的格局。

莱西试点的主要思路（试点基础方案要点）

北京农禾之家咨询服务中心[①]

莱西试点是在莱西市委、政府领导下，借力北京农禾之家咨询服务中心和以中国社科院为主的研究团队的力量，为在乡村振兴实践中创新莱西经验，强化党在新时期对基层的领导力，以新型集体经济组织方式和机制为载体，实现农民的再组织化和走向共同富裕道路的一种探索性试验。

一　为什么要做莱西试点？

莱西试点针对的焦点问题是，小农户分散经营方式与高质量发展的现代农业集约化经营相冲突。现代农业科技、设备越是高速发展，分散小农户脱离现代科技生产力的状况就越是严重，对现代农业生产力发展形成了明显阻碍。而以往克服这种阻碍，解决生产关系与生产力矛盾冲突的方式主要依靠龙头企业，以公司＋农户的方式连接小农户与大市场，但公司的内在行为机制受到营利目的的左右，无法与小农户共担风险共享利益，往往负盈不负亏；小农户由于缺资本、缺技术，土地小、产量低、质量难保证，常常达不到公司产品销售的标准。两个市场地位极不平等的主体之间即便缔结合约也难以实现，如何能达到互信？这样的问题延至今日未能解

[①]　本文由北京农禾之家咨询服务中心理事长、中国社科院社会学所研究员杨团执笔。

决且愈演愈烈。国家提出乡村振兴，就是针对城乡差距①、贫富差距、发达地区与后进地区差距越拉越大，不平等、不公平引发种种的社会和经济的问题。只有找到解决这类问题的根本途径，才能谋求国家长治久安，人民幸福安康。

早在 1990 年，莱西经验就提出要发展集体经济。而且在当时创造了史称"莱西会议"的三条经验推向全国，即"以党支部建设为核心、以村民自治为基础、以集体经济为依托"。1999 年，国家将"统分结合，双层经营"的集体经济组织写入宪法。党的十八大以来，更是高举加强集体经济组织的旗帜，希冀以集体经济组织作为获得小农户信任、将小农户再组织起来应对大市场的中间经营主体。可是，当年以人民公社为蓝本的集体经济回不去了也不应当回去，市场体制下如何重建小农户的集体经济组织？如何以社会性合作的集体经营主体应对弱肉强食的市场？这成了困扰多年的重大难题。尤其客观环境改变，原属集体的物质资产大都分光吃净，土地分给农户也难以集中，加上因集体经济长期缺位致使小农户已经习惯于只分不统。在这样的现实下，我们还有可能创造某种新型集体经济组织，既能在竞争性的外部市场上集合发力，又能维护小农内部市场的合作与公平吗？需要怎样的机制和制度创新才有可能让这个理想变成现实呢？

二　莱西试点的目标

即是以乡村振兴为导向，乡镇治理为枢纽，乡、村一体化的新型集体经济组织为载体，党对基层的全面领导为核心，探索具备复制推广价值的现代农业、现代农村、现代农民高质量发展的新路子。

---

① 莱西 2018 年全市常住人口 76.29 万，常住人口城市化率 51.97%，乡村人口平均年收入 20441 元，城镇人口平均年收入 43079 元，乡村人口平均收入是城市的 48%。摘自莱西市统计局 2018 年统计公报。

三 莱西试点的主要思路

（一）以乡镇治理为枢纽，大力推进乡村治理体系和治理能力现代化

乡镇上联县下贯村，是县域这个乡村振兴的范围单元的中间枢纽。无论地理、生态、人口还是产业、文化、行政，乡镇的历史稳定性都比较强，具有自足社区的基本特质。改革开放以后，我国的村庄从89万个撤并为50多万个，乡镇也有撤并，但是比例小很多①。乡镇地域在乡村工作中的重要性，在计划体制下是不言而喻的，人民公社建在乡镇，奠定了农业支持工业的体制基础。改革开放以后，乡镇的作用更多体现在贯彻上级政策上，自主性减弱。经济工作的重心更多放在县级，但社会治理问题的凸显致使责任主体不能不下移。2018年6月10日，在浙江宁波召开的全国加强乡村治理体系建设会议上，中央政治局委员、中央农村工作领导小组组长胡春华首次明确指出，要全面加强和改进乡村治理，夯实乡村振兴根基，就"要强化乡镇管理服务能力，切实把乡镇建成乡村治理中心、农村服务中心和乡村经济中心，使乡镇成为带动乡村的龙头。要建立完善保障机制，落实工作责任，形成工作合力，加强人才支撑和投入保障，因地制宜探索乡村治理有效实现形式"。这个指示精神蕴含着党和国家要进一步开发乡镇功能、增强乡镇在农村工作中地位作用的重大意义。如何通过因地制宜的探索，实现乡镇中间枢纽作用，使之成为带动乡村的龙头，权责统一的主体，成为新时期深化农村改革的一大主题。

鉴于莱西试点将在院上、南墅、马连庄以及沽河街道四个乡镇（街道）进行，所以，强化乡镇党和政府的综合治理能力、让乡镇以构建新型农村集体经济组织为改革的突破口，带动本区域产业、生态、人才、文化、组织的全面振兴，形成以乡镇为基本单位的乡村长效振兴机制，是很有希望的。

具体做法上，建议莱西市委和政府领导牵头，农禾工作组参与，组织

---

① 目前全国有乡镇4.1万个。

四个乡镇（街道）的书记、镇长先一起谈再分别谈。从实际出发，讨论本乡镇的集体经济组织的组织方式和实验步骤。最终探索的结果，可能是形成乡镇为枢纽、县乡村一体化的新型农村工作体系。即，县要放权给乡镇，乡镇要形成自己相对独立的经营体系，产业优先、两手发力（党的领导力和乡镇农民组织力），再造乡镇集体经济组织，形成行政组织与经济组织相互支撑、乡和村逐渐走向经营一体化、治理一体化，更加扁平式的乡村治理体系。这也是党领导下的新型农村工作体系。

（二）以乡、村一体化的新集体经济组织为载体，形成内外市场有别的平衡机制

目前中国大多数村庄都是老人种大田，中年人种果蔬，基本上是小块土地家庭经营。职业农民或家庭农场主种大田几十亩到 200 亩，种果蔬十几亩到几十亩。

大田超过 200 亩、果蔬超过二三十亩，就都是农业公司性质的农场。据不完全统计（希望莱西做一次全县的统计），全国大多数地区，即便东部发达地区，无论户数还是土地面积，中小农户仍然占八九成。

2018 年 9 月，习近平主席在党中央政治局集体学习会上讲道："在中国，不管工业化、城镇化进展到哪一步，农业都要发展，乡村都不会消亡，城乡将长期共生并存，这也是客观规律。即便我国城镇化率达到 70%，农村仍将有 4 亿多人口。如果在现代化进程中把农村 4 亿多人落下，到头来一边是繁荣的城市、一边是凋敝的农村，这不符合我们党的执政宗旨，也不符合社会主义的本质要求。这样的现代化是不可能取得成功的！实现乡村振兴是前无古人、后无来者的伟大创举，没有现成的、可照抄照搬的经验。我国乡村振兴道路怎么走，只能靠我们自己去探索。"

莱西属于东部发达地区，经济发展水平在全国属于上乘，但是城乡差距仍然很明显，莱西农村中农业公司不少，全国知名品牌也有一些，但他们与小农户的合作一直很困难。他们自建的合作社隶属公司，用公司的牌子，无论生产经营还是分配都沿用公司机制。在这一点上莱西和全国一律，没有特殊性。只有院上镇丽斌合作社自 2018 年 3 月以来似乎出现一种新气象：以单环节大田托管为契机，整村、整镇的农户都积极加入合作社，不

足半年，入社达上万户。

从目前看，丽斌合作社所做的是不是就是集体经济？集体经济包括哪些功能？新型集体经济组织在运行机制上、与各类主体尤其领导者和农户关系上与以往有什么本质区别？农户之间的合作互信如何建立和维系？内部分配如何做到公正、公平？这些问题都未能得到明确解答。况且丽斌合作社内部的组织、机制和制度正在建设中，尤其农户大规模入社后让大有大的难处更为凸显。不过，当我们看到从普通农户到村、镇两级合作社带头人，从院上镇党委到市委的党政领导，都对这个自发产生、自下而上成长的新事物满怀热情，就感到这是个很有潜能的新事物。一个大规模的合作社是农户们自己要做而并非别人要他们做，可见内生动力充沛。或许正是这个合作社将内外市场分别对待，内部市场以服务农户而非营利为目的的机制起了导向作用。

院上丽斌合作社纳入试点的思路，我们是这样考虑的：院上是典型农业区，以大田耕作玉米、小麦为主，在老人种不动地以后，只要合作社能解决好信任问题，保护小农户利益，完全可能通过土地托管方式让大田经营规模化、连片化、长期化、全产业链化。这方面政府需要出台鼓励政策和支持其做好统筹经营。另外，土地集中以托管方式而非土地流转（出租）为主，并非不可以考虑在撤村并区的行政体制改革中，以农户接受为前提，政府用较小的成本为代价创新土地制度，让一部分空出来的土地主要向合作社集中、少量也可集中于大户和企业，从而形成农户合作、多主体联合、乡镇集群出海，应对外部竞争性市场的态势。还有，通过机制和制度设计，丽斌合作社可能向着乡、村一体的新型集体经济组织方向发展。集体经济组织可以轻资产但一定要有资产。做实镇社资产的方式之一，是以银行为资金和管理支撑，在镇合作社设立信用部做小额贷款。至于大田作物如何以订单为主形成长期稳定的销售机制，可为合作社谋求内部市场与外部市场平衡探索路径。丽斌内部组织机制也要探索从事生产经营的综合农事服务中心，与组织农民的社员部之间如何紧密衔接。鉴于院上党群关系的基础较好，似可考虑在镇、村（社区大村）、组（小村）的生产经营与生活福利、文体活动都由乡、村一体化的丽斌（镇总社、村分社、组生产）担当，发挥这个合作社潜在的综合体特征，让统领农民的镇社助力镇党委政府，也让党政领导通过镇社融入基层的生产、生活，共创自主发展、自主治理的乡镇社区，让 1990 年莱西经验中村民自治和民主参与在新时期的新体制中开出新的花朵。

沽河街道是莱西市委组织部的试点地，也是市供销社、广大果蔬所在地，目前市供销社的农事服务中心已在当地组织果蔬生产农户做小规模的生产组试点。可考虑以市供销社为依托，从若干专业生产组起步，在实践中帮助生产组解决种子、肥料、技术指导和产品销售四个环节的统一经营，建立若干品种的标准化规范，从而连接各生产组，组建沽河街道农业（专业）协会，或者以沽河街道为地域范围，建立供销社领办的乡镇综合合作社。具体可按照 2015 年党中央国务院发布的深化供销社改革的 11 号文件的方向探索。

马连庄镇和南墅镇的产业主要是瓜果蔬菜，果蔬及畜牧业与大田作物生产经营的规律不同，是托管服务的薄弱环节，目前丰诺与东鲁公司都在尝试公司托管大户的果蔬，但是要形成真正够规模的服务带动型的生产经营实体，还需要探索能带动普通农户的方式。这可能需要在实践中创新，培育大户带小户的生产组，并且推动这些生产组的进一步合作与联合。

生产组与生产组的联合体相当于在市场与小农户之间构建了中间经营体。生产组无须注册，生产组的联合体即中间经营体可考虑注册为镇级农业协会（专业协会）或者镇级合作社。其形式是集体经济组织，性质是社会企业，要坚持自负盈亏原则。这类组织通过公司直接联系市场，越过了中间商即经纪人。它所需要的种子、肥料、技术指导主要依靠农业公司提供，产品要依靠这些公司的销售渠道出售，利润分配双方协商，以求得平衡。那么，公司与（专业）协会（合作社）可以用相互参股的方式形成一个新型的股份合作式的农业生产经营主体。这个主体的主干是覆盖乡镇的大小农户，两翼是农业集成科技和农业社会化集成服务。

这将推动马连庄和南墅试点探索新型集体经济组织的创新形式。丰诺与东鲁作为与镇级协会或合作社相互参股的公司，就不再是一般的领办性质，而是担当小农户与现代农业发展有机衔接的责任主体，是试图以新的方式基本解决农业社会化服务中重大轻小、服务主体实力弱，托管领域限于大田等难题。若能再加上政府的政策支持，在农业社会化托管服务业中的行业管理导向，推进服务质量标准化、服务价格合理化、服务主体信用化等制度建设和规范引导，那么，实现"以农户家庭经营为基础、合作与联合为纽带、社会化服务为支撑的立体式复合型现代农业经营体系"① 的目标就不远了。

还要注意的是，由于我国目前登记注册合作社或协会法人各有不同限制，所以，莱西试点在法律上可能需要冲破一些现行障碍。例如，协会不是一般的社团，可以像合作社一样经营，因此注册的经营范围需要扩大。再如，合作社也不是一般的专业社，具有公益性，应该可以接受政府和社会组织的物质与资金支持，合作社和协会应该允许在许可的经营范围内免税或者减税，以及在特许条件下从事信用合作，经一定程序可以用集体土地抵押贷款，等等。同时，这类中间经营体由于内部市场的性质是非营利性的，在管理上不同于企业，可能发生管理松散、无序的困难，因此尤为需要的，一是经营管理培训，二是建立政府监管制度，坚决防范内部管理混乱甚至腐败现象。党委政府可指定有关部门长期监管，一旦发现隐患及时处理，以保护集体经济组织的健康成长。

目前，莱西的这四个试点镇都在进行撤村并区的社区治理体制改革。这牵涉到乡村人口、土地、管理的相对集中，也与进一步走向城乡融合的县域社区治理体制有关，很有可能由此形成人口集聚的非建制的小镇社区，并可能节余部分土地。莱西研究性试点中，要利用好这次改革产生的经济成果，为乡镇集体经济组织未来的发展奠定一定的物质基础。

（三）以加强党对基层的全面领导为核心，把农村和农民组织起来

30 年前的莱西会议报告曾提出："重新组织农民的前提是改善同农民的政治关系。农村党支部是重新组织农民的核心。支部建设的状况，直接关系到农民组织状况的优劣。莱西的实践告诉人们，党支部建设的关键，就在于从党在基层居于领导地位的实际出发，摒弃自我封闭倾向，在生机勃勃的农村改革事业中，重新构造党与农民群众的坚实联系纽带……从已经变动的农村社会结构出发，全面调整党的组织结构，使之具有广泛的社会

---

① 参见习近平在中央农村工作会议上的讲话，2013。

覆盖面；立足于农民最迫切的社会需要。"

今天，农民最需要的就是重新组织起来，改变单打独斗的分散经营状态，依托集体获取个体经营做不了和做不好的产业链经营和社区服务、乡村发展的利益。因此，党支部不但要进入基层社区还要进入集体经济组织，要通过融入经济的、社会的、文化的各类活动引领群众走向正确的政治方向和提升思想认识。

这就要求基层党支部在上级乡镇党委和市党委的领导下，积极研究新情况、新需求、新矛盾、新问题，创新活动方式，发展党内民主，扩大基层党组织的工作覆盖。

乡村振兴战略中，党中央之所以提出五级书记挂帅，县委书记一把手做前线总指挥，就是囿于现行体制下乡村振兴各类项目由各部门分管，政策难于协调，缺乏统一性、整体性和综合性，导致政策有的因叠加而部分失效，有的因未都覆盖而出现死角，有的是空架子，并未针对目标，解决实际问题。其实，部门政策检验效果与总体的实际效果之间的偏差，就是部门化的行政体系与整体性的乡村振兴农村工作体系的偏差。纠正这个偏差，就要依靠党的组织来协调。莱西试点势必关联四个试点乡镇和农业农村局等市委与政府多个部门，没有党组织的协调，可能连起步都做不到，更不要说取得成效了。

还有一个问题，原本党的工作覆盖面比较窄，现在要不要扩展，向哪里扩展？战争年代，党的组织体制的运作基础是支部建在连上，和平时期，是建在企事业和国家机关单位，而城乡社区的党组织薄弱，遑论进入民企、社会组织、合作社、协会了。这其实是党对基层的领导和党的建设尚未实现完全社会化的一种表现，也是传统体制下，人属于单位人而非社会人，机关、企、事业三个大网就将几乎所有的人都兜起来而导致的。

中国各类治理体制的转变都源于改革开放以来的社会结构变迁。无论城乡，越来越多的人成为必须自谋职业、自食其力的分散个体，那么支持社会的再组织及其对其治理就成了党为人民（农民）服务的主要方式。独立于传统组织之外，运作于各类社区（群）之中应该是实现党在基层建设上的社会化、全覆盖的主要策略。正式与非正式的社会组织、社区组织、社群组织的重要性因而凸显。

新时期的这种新需求、新问题，必然推动党的建设转变思路和拓宽方向。尤其农村的生产与生活联系直接而紧密，一切都是活的、不断生长和变动着的，而不是机器般僵死的。即便大田作物可以全产业链机械化操作，操作机械的还是人，同样的地块、机械、肥料，甚至农机手，最后的产成品的产量和质量还是不同。党在农村尤其在基层的领导，以活的思想和活的方法融入社区的生产和生活十分必要。而融入和借重的方式，除组织之外，就是生生不息、一代又一代传承的乡土人才。造就一大批懂得农村、农业，能和农民打成一片，从农民中来，到农民中去、在正式编制之外、活跃于组织内外的乡村社区工作者，就能为党培养基层工作中的拥护群，形成党在群众中可依靠的力量。北京农禾之家咨询服务中心历经八年，开发出禾力乡工系统化的体系，并提出为莱西培育一批乡村社区工作者，正是基于这个考虑。

这批乡村社区工作者的培养对象是村支两委、合作社与协会的理事长和授薪骨干、退役军人、农村妇女和返乡中青年、农民工，等等。通过对他们的培养还可以强化和形成新型合作组织，还可以协助共青团、妇联等群团组织向乡、村延伸，培育一批乡村妇女产销小组、手工艺小组、老人活动队、文体小队等群众性社群小组，让他们成为活跃乡村生产、生活的新的生长点。

培养这批本地土生土长的人才，就是党的领导、党的基层建设走向社会化、带领浩浩荡荡的群众共创全面小康的关键，也是新时期扩大党的工作范围，更加重视以人力资源创造创新乡村公共产品的举措。改革开放以来，中国的公益慈善在党和政府的支持下有了很大的发展，为社会带来了活力，扩大党的活动方式完全可能在这个方向上发力。

培养一批乡土人才，支持他们做好为农的各类活动，以活动进一步带组织、育人才，很有可能成为莱西创新党的基层领导力的重要突破口。活动可以是多种多样的。譬如在集体经济组织中发展党的积极分子，请他们参与党内针对集体经济发展问题的讨论，以党团支部牵头，组织群众参与的各类集体公益活动，等等。

乡镇的党组织还可分析本地农户需求出发，将弘扬传统文化与县内外专家、社会服务机构相结合，链接内外资源，以文化创意、社区公益等形式新颖的多样化活动，包括为高龄老人的服务等，激发社区活力，消除党与农民群众之间的隔膜，让党为民服务的政治理念、谋求公正公平的思想观念透过群众喜闻乐见和迫切需要的活动，春风化雨般地融入人心。

毛泽东主席曾经说过，"政策和策略是党的生命"，党的高层组织要选择和制定好党的政策，党的基层组织要团结党员和群众，执行好政策。好的政策制定和好的落地执行合起来，才能体现党的正确的政治方向。从现在起到 2050 年，乡村振兴就是中国共产党在农村工作中最重要的政治方向。莱西党委政府为寻求这一方向落地基层，以新型集体经济组织试点探索新路，就是最大的政治。

山东莱西丽斌合作社整村
推进大田托管，创新组织模式①

杨团

  莱西市是山东省青岛市代管的县级市，也是全国综合实力百强县市之一。当地气候适宜、农业发达，耕地面积107万亩，其中大田作物小麦、玉米、花生轮作的土地有60多万亩。因土地平整，机械化程度高，20世纪80年代，机器耕作的大田就达六成。联产承包责任制之后，土地归一家一户经营，难以连片，人为抬高了农机使用费用，降低了农机使用效率。莱西市创新农业服务方式和组织方式，出台了《关于扶持培育新型经营主体发展壮大的实施意见》，引进培育了包括金丰公社、丽斌合作社、丰诺植保在内的500余家优秀的新型农业经营主体。其中，院上镇的丽斌合作社通过几年的摸索，基本形成了合作社＋综合农事服务中心整村推进大田土地托管的模式，缓解了因土地不连片农业机械难以发挥高效率的老大难问题，在小农户与现代农业发展相衔接以及如何抱团发展新型集体经济组织方面有新的探索。

  2019年3月中旬到7月底，丽斌合作社已在莱西市院上镇103个村的41个村发展了合作社分社，7000多农户入社，各村平均入社率达85%，入社率最高的王家院村达到百分之百。合作社大田托管的土地达3万余亩。农田植保即无人机撒药这个环节尤受欢迎，截至2019年8月下旬，已经在院

---

  ① 本报告为北京农禾之家咨询服务中心发起的乡村振兴、百乡工程在山东莱西市调研报告之一。莱西市和院上镇领导与各部门的干部，莱西大数据公司、丽斌合作社及被访农户均予以了大力支持。报告撰写中，中国社科院农发所、数经所、社会学所的研究员刘建进、郑易生、孙炳耀提供了重要修改意见，在此一并致谢。

上镇内外为农户服务了 20 万亩。

2019 年 7 月 27 日，莱西市市委书记庄增大一行专程考察院上镇丽斌合作社，赞扬院上镇和丽斌合作社创新农业合作组织，整村推进土地托管，形成广覆盖、高效率的农业社会化服务体系。院上镇党委、政府不失时机地作出发展规划，正在考虑改建丽斌合作社为覆盖全镇农户的院上镇农民合作社，推进镇一级新型集体经济组织领导下的大田托管。若这一目标实现，将有 5 万户农户、8 万亩大田进入丽斌合作社现代化农业托管服务系统。

一　丽斌合作社以增信为本，推进村民的再组织化

创始于 2011 年的丽斌玉米专业合作社，最初注册的 5 人中只有创办人、时年 29 岁的孙成波是莱西市院上镇武备五村村民。初中毕业，放过羊、卖过货，爱学习、肯钻研，一直想自己创业，但是又苦于找不到合适的门路，合作社注册后一度只是个空牌子。销售农药、化肥为农民提供农资服务，是几乎所有农业经营者起步的做法，孙成波也不例外。2013 年冬，他在院上镇边缘的一所临建场地搭起简易房做起了化肥农药销售，开始酝酿有规模的农资经营。2014 年，农村淘宝公司找到他，让他做县级代理商一年多，这段经历让他学习了市场营销的观念，更学到了一套组织网络的操作方式，增强了自我创业的信心。2016 年夏天，孙成波初步形成了丽斌合作社在镇、村两级的组织网络，以农资销售带动其他农业服务的想法。他发挥自己在电商经营中学到的讲演能力，在组织农民培训中讲给各村农民朋友们听，当场就有 20 个农民表示愿意跟着他干。这些人就是丽斌合作社村级分社理事长的来源。尽管 2016 年、2017 年建立了二十几个村级分社，也与当地农村淘宝合作，卖农资加服务，不过入社成员仅有三成，活动也不连贯，基本上热闹一阵就无声无息了。

2017 年年底，党的十九大召开，提出乡村振兴国家战略，小农户要与现代农业发展有机衔接。这让孙成波察觉到时机到了。

2018 年年初，孙成波成立了丽斌综合农事服务中心，希望用这个中心

集合受聘人员，形成专业团队提供农业综合服务。但由于资源不足、思路和方案不成熟、没有经验，尤其不会做专业经营和管理，中心团队不足一年就被迫解散了。

2019年年初，丽斌合作社再度启动。这次，在三个方向上发生了变化。

（一）重建村级分社，选择分社理事长

孙成波总结经验教训，以往村社没做好的主因是没有选对领导人。分社理事长是农户与总社紧密衔接的枢纽，要经常上门为农户服务。这些服务不仅仅销售肥料、农药，还要指导农户的生产技术，做农户工作。所以，要选择农民信任、忠厚老实又有一定能力的人。一开始，选择村社领导人主要在村支书和农机手的范围，后发现各村村会计大都在村民中享有较高声誉，还有一定的管理经验和核算技能，就基本上以村会计为主了。设分社时，原本想只隔一条街的邻近村是否建一个社，但是村民之间存在以村划界的习惯，村社带头人也更乐意以村划界，就改为按村设社。效果很明显，两个邻近村设一个分社时只有两成人入社，分开设立，一个村入社率百分之百，另一个村也有八成多人入社。

（二）重建丽斌综合农事服务中心，针对农户需要对接农业服务项目

孙成波动用自己在莱西做电商代理期间建立的与政府各部门的关系，为综合农事服务中心造势。他找了共青团莱西市委、莱西市妇联、莱西市农业农村局、莱西市院上镇人民政府、莱西市供销合作社联合社、莱西市广播电视台、莱西市一块帮青年志愿者互助中心、中国太平洋保险公司莱西分公司、中国联合网络通信有限公司莱西分公司9个部门或机构共同作为中心的支持单位，还设立了莱西市农村青年创业者协会做合作社协办单位。

新建的综合农事服务中心详细列出了准备给农户提供的各项服务清单：土地托管、农业机械、农资配送、土壤化验、药残检测、飞机植保、秸秆回收、农技指导、农业咨询、农品购销、农业电商、农产加工、金融互助、保险服务、农民培训、观光旅游、公益组织。这些服务中有多项还未能实施，但孙成波认为这些都是农户的需要，也都是自己想做的事情，还是把它们都列上了。

（三）开展以增进信任为本的村民社会动员工作

孙成波从自身经历中认识到，为农民做事，最重要的是满足农民的需要，获得农民的信任。但是小农户单干了这么久，不要说对组织机构，连对身边人都不太信任了。重建农民的信任，不但要拿出为农户服务的实际行动，还要做好增进互信、众信的动员工作。所以，他在动员农户上采取现代做法，注重大场面、大传播与入户动员相结合。

他们的传播工具有两个：综合农事服务中心整套 CI 设计、村社开业现场会的完整程序。事实证明这两个工具让丽斌合作社标识、表达一律，项目一律，加上实务操作标准化、制度化，对于增进农户的信任感很有实效。

综合农事服务中心 CI 设计是专业机构做的，统一印制、统一张贴：有丽斌合作社 Logo；丽斌综合农事服务中心主办、协办、支持单位；中心服务项目清单；丽斌自建农业废弃物收储中心、农药残留检测中心；村社理事长名片；合作社获得荣誉；各级政府领导参观调研图片；新闻媒体报道等。还有入社宣传页，将村社开业的时间、地点、礼品、入社条件等尽载其上。

村社开业现场会的大型传播活动，有完整的成套程序，从主持人到场，政府、企业、社会嘉宾，到大会程序、传播语言、有奖问答，丽斌合作社设备摆放、村民礼品发放、社员缴费、登记，社员证发放，形成首尾相接、多样式统合的工作链。而事先选好的分社理事长是现场会的第一主角，孙成波是协助配合者。这让分社理事长非常重视这个亮相的机会。开业前三天做预热，村社理事长挨家挨户发放入社宣传页，讲解合作社能给村民提供哪些服务。开业当日，村社理事长现场组织，乡镇领导到场祝贺；丽斌总社将自己的设备如：无人机、农机、汽车都摆放在现场，以实物资产证明自己为农户服务的诚意，阶段性有奖问答吸引农户全程参与，这种活动气氛让村民感觉到久违的亲切，纷纷说几十年都没这么热闹过。合作社展示的设备也让村民明白这不是空壳，证实了村社理事长入户动员所述的真实性。开业当日，当场缴纳会费入社、填写社员证的农户小村有七八成，大村有四五成。

现场会后，村社理事长都到社员家上门服务，具体说明合作社为社员提供的服务如何能做到投入成本低、收入能增加、风险可控、农户不用干活，再加上实操环节丽斌综合农事服务中心的服务，让农户起初基于对村社理事长个人信任发展到对丽斌合作社的机构信任。不出半年，各村入社农户快速增长，据 2019 年 7 月底对 35 个丽斌村级分社的统计，农民入社率平均每村达 85%。

二 以满足社员需求为本，推进现代农业服务专业化

要农户入社，关键是让农户看到可见的自己最在意的利益。莱西市院上镇种地农户大都六七十岁了，大田耕作最感困难的就是喷洒农药，要自己背着几十公斤重的背负式喷雾器，在田里行走喷药，不但体力难以支撑，而且农药对身体健康损害很大。植保环节的农药喷洒是老年农民的痛点。孙成波认识到这一点，就下决心用仅有的资源购进了一批喷药的无人小飞机，在 2019 年村分社启动时将小飞机喷药作为社员大田托管服务的第一步。

丽斌给农户算了一笔账：大田托管中的小飞机喷药每亩收取打药费 10 元，农药是政府支持社会化服务的，不花钱，而农户自己单户操作，不仅农药每亩需要 15 元，还要加上购买农业公司小飞机喷药费 10 元，总共 25 元。可见，仅打药这个单项服务，农户就获得了降低成本 15 元和免除劳动的双重利益①。

订单农业是服务中心追求的目标之一，尽管目前规模不大，不过已经看出效果。清风种业订单 500 亩小麦，收购价每斤涨了一角钱，利润就采用五五分成方式给农户和合作社。农民销售难是普遍问题，丽斌就努力通过

---

① 莱西大田耕作制度为小麦、玉米或花生两季每年轮作。丽斌合作社实现小麦、玉米从种到收的全产业链托管，小麦和玉米的每亩成本分别为 460 元和 340 元，比起农户单独耕作成本 520 元和 395 元可分别节省 60 元和 55 元，那么，农户将大田托管给丽斌，每亩可少投入 60 + 55 = 115 元。再加上丽斌规定土地托管之后的收益以测产 + 实产的平均产量为准，净利润八成归社员，二成给合作社团队。那么，若每亩小麦和玉米共收入 2000 元，托管员用为 460 + 340 = 800 元，2000 - 800 = 1200 元，则农户托管的土地每亩至少收入 115 + 960 = 1075 元，而且由保险公司承包小麦、玉米各 600 斤最低产量托底，自己不用遭受耕、种、收、植保等农活的劳累。

市场谈判保障农民收入，由于丽斌已经颇具规模，不少需要农产品原料的厂家会找上门来。丽斌每每与这些厂家签订收购保障价格订单，为农户增加了收入。由于农作物受自然灾害影响大，风险可控是农业和农民的重要目标，丽斌就统一向保险公司投保，每亩地10元，保小麦或者玉米每亩600斤产量，这部分的资金所费不多，但是解决了风险控制的机制性问题。

以农户利益为本，搭建乡镇与村庄两级合作社结构，选好村社带头人，设立综合农事服务中心专事农业专业服务，精心策划和操作，所有这些努力汇聚到一起，成为丽斌合作社自2019年3月起重新起步，快速扩展，半年内从1个村社扩展到35个村社的主要因素。

三　丽斌合作社的创新含义

（一）提供了以大田农业服务统合村社小农的另类统分结合样式

统分结合的双层经营体制，是党和国家针对1978年以来以包产到户、农户联产承包制的改革冲击了三级所有、队为基础的人民公社集体经济体制，需要建立新的合作经济的集体经营体制而提出的纲领。1991年党的十三届八中全会上要求将其作为一项基本制度长期稳定下来，1999年被写入宪法。

但是，及至今日，统分结合的双层经营体制也未建立起来。究其原因，主要是"统"的层次统一经营的主体即"集体"发生了变迁。原主体建在人民公社"政社合一"和"三级所有"的旧体制基础上，改革初期这个"集体"在农户承包土地时发挥了生产经营中"统"的作用，那时的包产到户还可称为联产承包责任制。但是当国家以法律形式为农户土地经营赋权使之长期化甚至永久化之后，联产承包的性质发生了重大变化，个体农户"承包"土地的产权对应的实质上不再是传统的"集体"而是国家，"集体"对土地承包合同的管理权和统分结合进行生产管理的职能基本消失。其次，人民公社时期遗留下来的集体经济组织演化为村民委员会，按照《村民委员会组织法》，这是"村民自我管理、自我教育、自我服务的基层群众性自治组织"，主要负责"办理本村的公共事务和公益事业"，并没有经营资产和经济功能。定位为兴办公共事业却无经济来源的村委会只能采取羊毛出在羊身上的办法，以加收土地承包费等各类名目向村民派款、收费。在国家免除所有农业税费包括土地承包费之后，村庄公共事业资源连同村党支部、村委会两委主要人员工资由政府直接拨付。原本统合在一个乡村"集体"主体里的经济功能和生活功能至此完全分离，村委会这个新集体对村庄事务管理权的经济意义虚化，传统"集体"统一经营的制度基础不再，"统"的功能消失。集体所有和集体统一经营在绝大多数村庄变得有名无实。统分结合的双层经营体制已经"名存实亡"。

2013 年全国"两会"上，习近平总书记谈及统分结合时说："分"的积极性充分体现了，但"统"怎么适应市场经济、规模经济，始终没有得到很好解决。改革开放 40 年后，党中央、国务院强调要创新农村经营体制，赋予双层经营体制新的内涵。

统分结合的关键在"统"，"政社分开"的关键在"社"，赋予双层经营体制新的内涵，关键是找到市场经济体制下如何科学、合理、可持续的"统"的"社"的实现形式，即市场条件下能让农民真心信赖的合作经济的组织形式。这种组织的重大意义在乡村空虚、家庭空巢、劳动力老化、农产品销售难等多极难题会聚的当下，尤为凸显，而首当其冲的，是能够填补家庭经营的功能缺陷，市场条件下最大限度为农户节本增效的农业生产服务和农产品销售服务。

丽斌合作社提供了一个以镇社的大田农业服务统合村社小农的另类统分结合样式。即在乡镇和村的两级层面，以家庭承包经营为基础，专业服务机构与集体合作组织实现统一经营。

丽斌合作社设立之初，创办人并非要做生产合作社，而是希望设立一个为农户提供社会化服务的机构，即一个从事"统"的功能的机构。只是，这类机构在市场上广泛存在，且大都以农资公司或农业服务公司的面目出现，莱西市已有多家。

这些在农业社会化服务中担当"统"的功能的农业公司，遇到的最大难题就是无法与小农户打交道，他们服务的对象都是农业大户。大户与中小农户共生，土地相连和混杂。这让为大户服务的农业公司不得不经常与小农户打交道。这些交道自然不是专业和规范的农业公司擅长的，面临的困窘可想而知，只能找村委会一事一议，结果三方都要花费相当的时间甚至财力。这就是农业公司宁可多花租金做土地流转，最好整村土地流转，与小农户绝缘，也不愿意做成本低廉的土地托管的主要原因。

由于 40 年前土地承包时为了公平分配，将不同等级的土地都切碎分割给所有农户，所以，每个家庭都有不同等级的几块甚至十几块小块土地。这样零散细碎的地块很不利于现代农业的规模化服务。即便土地集中到一些大农户手里，即便在平原地区、发达地域，中小农户土地混杂的格局仍大量存在。不过，与我国人地资源相近而农业发展水平优先于我们二三十年的日本、韩国和中国台湾地区，也长期存在这类土地格局，而且由于土地私有，今后也不可能发生重大变动。这也许从事实的角度印证了一个原理，曾经是小农户为主的农业区域，农业随经济和科技发展自然发育成长，可能出现大农户，但是不可能形成颠覆性的农户结构的改变，即中、小农户大幅度减少，现代农业演变为农业公司统领、大农户为主体的单一农业形式。何况，农业并非只有适合于规模化、机械化操作的大田农业，还有高技术、个性化、差异化十足的果蔬类的高值经济农业，无疑是永远需要中小农户精细化管理的。

为何农业社会化服务做了几十年，统一经营还只停留在"统"技术、"统"大户的层面，而无法形成统分结合、双层经营呢？是因为农业公司不会也不屑于与中小农户打交道，这不仅不是他们的专业，不是技术、经济工作，而是社会工作，还因为这些工作不符合企业以营利为目的的定位。

小农户与现代农业发展有机衔接，必须有一个中间体：要能够将小农户组织成共同体，衔接小农户共同体与现代农业服务机构的供求关系的中间体。

丽斌合作社恰恰在这个焦点上破了题，它很有可能为统分结合的双层经营体制为标志的新型集体经济组织探索一条新路。

这个探索要面对的矛盾主要方面，显然不是如何提供农业社会化服务，早在 20 世纪 90 年代，山东平原上大田农业的机械化程度就达到大田面积的六成左右，现在跃升到八成；而是日趋老化的小农户如何组织起来，以减少劳作、提升效率和效益为原则，将产前、产中、产后的家庭户的生产经营委托给现代农业服务组织提供。

所以，推进小农户再度合作，形成与现代农业服务相适应的合作组织，才是针对矛盾主要方面的有效举措。

丽斌合作社以大田土地托管服务为诱因，整村推进农户加入合作社，不仅大大提升了农民再组织化的程度和效率，而且通过整村入社，将农户承包的大田全部连片，从而实现了耕地全覆盖的农业机械服务。在将小农户大田生产统一起来的基础上，进而延伸产业链，提供农产品销售等服务。可见，组织与服务都是统一经营的要件，而组织是服务的基础。

以服务诱导组织，以组织推进服务，以镇社启动村社，以村社促推镇社，形成了丽斌统合 7000 小农户大田农业的功能。

无论小农户组织还是现代农业服务，村分社都居于"分"的层级，镇社居于"统"的层级，分社直面小农户做好组织和服务，镇社针对村分社，实现统一管理和统一经营。

（二）组织经营以服务而不是营利为中心

与其他农业公司类似的是，镇社内设的综合农事服务中心专事农业社会化服务，服务项目与其他公司大同小异；不同点是，这个内设中心不以营利为第一目的和唯一目的，而是以为农服务、损益平衡为目的。目的、目标正确，才有可能以服务诱导组织，且服务只有嵌入组织才能让合作可持续。镇级中心以及在各村分社的网点，将专业服务与经营嵌入镇级和村级的农民合作组织，形成了镇、村两级对农户的统一组织和对农业的统一服务和统一经营，而传统的大田生产家庭分散经营已经被丽斌的统一经营替代，统一经营的效益由村社核算后分配给各个家庭。当然，农户家庭还有除大田生产之外的其他收益：果蔬种植、打工、做生意等等，所以，农户家庭的分散经营永远存在，只是，不同专业有不同的合作和经营方式可供农户家庭选择。双层经营，丽斌合作社以镇、村两级组织和服务两大功能互嵌与协同形成的紧密合作的农业服务合作体，确实给大田农业赋予了统分结合的双层经营体制新的内涵。其中的要点，是将合作组织与服务经营两大功能由同一个体系完成。

在这个体系中，村社理事长承担着承上启下、连接小农户与专业服务机构的核心功能。他们既是合作社的组织者，又是各类信息的传播者、农业技术的推广者，还是农业生产服务的安排者和成本的核算者。他们要落实镇总社综合农事服务中心为每户社员提供的大田托管中每个环节的服务，要挨家挨户讲解服务、收取服务费、统计上报，还要负责安排和监管综合农事服务中心委派的农机手的服务。此外，综合农事服务中心为农户提供的保险、农技指导等，也靠他们落实到每个农户。

在这个体系中，镇级综合农事服务中心是经营者。该中心是丽斌合作社内设的非法人机构，在村社设有网点，为社员提供专业服务。中心设置土壤检测化验、无人机飞防植保、农机服务、农资配送、秸秆储运、农业保险、农产品购销、农技指导、农民培训等项目，根据村社的需要设计方案和支持村社实施。而丽斌合作社镇级总社与内设中心，是一套班子、两块牌子。

（三）镇社不是联合社，而是镇村一体、全体农户入社的集体经济性质合作社

镇总社与一般乡镇级的合作社联合社的不同点在于，它不是只有合作社理事长的头头的联合社，而是全体村分社社员的总社。镇总社的 7000 多户社员分布在院上镇的 41 个村，村社社员都是镇社这个大共同体的一员。这样的镇社是全体农户入社的镇一级集体经济组织性质的合作社。由于村社大部分没有登记为合作社法人，所以，其合法地位要由镇总社来保障。所以，在一定意义上，这些村社只是不同的农户专业合作组。

目前，总社有全职人员 12 人，主要功能有植保服务、机械服务、秸秆收储、物资服务、农保服务、农技服务等。分社理事长在人事制度上算作兼职人员，各个分社独立核算经营，需按照总社要求为社员做好土地托管的各环节的农机、农技服务。总社与分社理事长签订合伙协议，承担各自的责任，财务结算后的分配各占一半。

丽斌合作社和综合农事服务中心作为一体两面，分别担当组织农户和服务农户的职责。无论镇还是村，两个名称、一套组织，一个品牌，只在法人注册上，镇级为一个法人，村级 35 个分社当中，早期的十几个社独立注册，后面的都没有注册。而丽斌合作社在实践中形成的村级合作社分散经营和镇级合作社统一经营，农事服务与合作组织一体化、规模化、标准

化的做法，借助大田土地托管、农事服务实现了农户再组织化，还将其组织化程度提升到整村、整镇推进的新阶段、新水平，这很可能为市场经济条件下拓展中国农民合作经济的空间带来希望。

丽斌合作社发展过程中，莱西市委、市政府和院上镇党委、镇政府均给予重点支持。今年 4 月，院上镇将政府管辖的一处公共房产连同地块以低价租赁给丽斌做办公场所，又帮助协调堆放农资的临建保存下来，还以政府项目购买方式支持丽斌建设。2019 年 7 月，镇党委支持丽斌合作社建立了党支部。12 月，镇党委与农禾之家百乡工程莱西试点研究组共同组成院上镇农民合作社筹备组，拟通过层级选拔，将丽斌合作社改建为党领导下以农民自治为基础，统分结合双层经营的镇村一体的新型集体经济组织。

四　莱西经验与丽斌探索

中国改革历史上，莱西曾以创造莱西村级组织建设经验而闻名全国。1990 年 8 月，全国村级基层组织建设座谈会在莱西召开。自此，莱西的三条经验：党支部、村民自治、集体经济被写进了党中央、国务院的文件，成为全国各地农村基层组织贯彻执行的重要政策。

30 年前，国家莱西村级组织建设经验考察组的莱西报告中曾这样说："农村实行家庭联产承包责任制以后，如何在新的历史起点上重新组织农民，提高农民的组织化程度，是当代中国农村发展的基本课题之一。"在集体经济方向上，莱西报告提出：一要"村委会以巩固和扩大农民利益为归宿，开展合作与服务活动，扎扎实实地在经济上实现对农民的重新组织，形成农村社会资源新的配置体制"。二要"对土地规模经营和集体经济有明确的政策界限和具体的政策内容，不能失之空泛"①。

自 1990 年至今快 30 年了，国家整体发展突飞猛进，经济进入新阶段，但农业农村发展明显滞后。自 2019 年以来国际形势面临百年未有之大变局，

---

① 国家莱西村级建设经验考察组：《当代农村发展基本问题的系统解答——山东莱西村级组织建设考察报告》（王振耀执笔），1990 年 4 月。

世界乱象频出，对人类社会的共同威胁和挑战上升。就在这样的大形势、大格局下，党中央提出乡村振兴国家战略，以及面对国际社会的一带一路倡议。

乡村振兴针对乡村明显滞后于城镇发展的难点和痛点，要在产业、人才、生态、文化、组织五方面实现全面振兴，最终目标是实现城乡融合，一、二、三产业融合发展。同时，中央提出了乡村振兴的固本之策，即加强农村基层基础工作，构建乡村治理新体系。这让 30 年前的莱西经验与当下需要交汇。今天思考 30 年前莱西会议总结的三条经验，最大的困惑莫过于集体经济。

当年莱西的村庄还有人民公社时期生产大队遗存的部分生产资料，例如拖拉机——这是在当年报告中提及的六成农田机械化耕作的物质基础，还有村委会收取农户承包地的租金。而现在的村庄，除村委会办公用房外，几乎丧失了所有生产性物质资产，也没有了生产性资金的来源。全国 58 万多个村庄，除华西村等一批当年没有包产到户、后凭借乡镇企业兴起实现村庄工业化的 1000 多个村，以及依靠土地出租、盖房收租和土地包给公司经营二、三产业的少数村之外，都基本丧失了农业经济集体经营的功能，自治性的"村委会"成为政社分开改革承接行政职能的基层组织形式，那么，政社分开的"社"即集体经济组织的功能由谁来承担呢？

集体与集体经济组织是中国特有概念，农村改革前由于政社合一，所以集体组织就是集体经济组织，从未分立。它发轫于 1955 年的初级社，后扩展到高级社、人民公社。1962 年中央发布农业 60 条后，"三级所有、队为基础"① 成为人民公社集体经济制度的经典表述。1978 年开始的包产到户的农村土地改革催生了政社分立的组织制度改革。1984 年，全国各地的人民公社按照国家文件要求，废除公社，将原公社组织架构拆分为乡党委、乡政府，其中很少部分地区成立了乡农工商联合总公司，让其承担原来"社"的功能，但是大部分地区没有这样做，少数这样做的地区在市场化大潮中也未能持续坚持。乡镇一级以"社"为代表的集体和集体

---

① 人民公社、生产大队和生产队三级所有，以生产队（相当于原来的初级社）为基本核算单位的农地制度模式。

经济组织基本上消亡了。在村一级，政社分立的改革一直很难实现，据有关统计，分立的村庄只有不足 10%。即便分立，担当"社"的功能的村集体经济组织无论经济联合社、股份经济联合社，乃至称谓不同的"公司"（有的村社称村农工商公司），基本上都与村委会两块牌子一套班子。只是，村集体虽然存在，"社"的名称更换，却大都失去了做生产经营的条件和手段，成了有集体没经济的空壳村。几十年过去了，村民们对于"成员资格""有份""股份"等改革之后兴起的新名词至今还很陌生，却常把"大队""生产队"挂在嘴边。为什么三级所有、队为基础、政社合一的乡村组织制度实行不到 20 年（1962—1984 年），却让村民几代人念念不忘？很可能因为当时的集体就是生产经营的组织者，而共同劳动共享分配的组织化记忆是很难磨灭的。

在乡村，到底什么是集体？集体有什么特性？集体和集体经济组织能一刀两断、截然分开吗？村委会行政、合作社经济就是村集体和集体经济组织吗？新时期的集体经济到底需要怎样的组织形式做载体？村民怎样才能真心认可这个集体，自愿为这个集体共担义务、共享利益？

就在这一点上，丽斌的探索给了我们一些特别的启示。

丽斌并非从正面切入政社分立的改革要求，而是另辟蹊径，形成村、镇两级几乎全体农民加入的合作社。它既不同于中国目前绝大多数要么小微要么公司型合作社，也不是抛弃小户、穷户和边角地承包户，跨村跨乡的大户合作社，而是村、镇地域边界清晰且有紧密联系的村、镇两级社。就几乎全体农民入社这一点而言，它的确具备了集体的外壳，而且还是村、镇两级集体，就合作社为社员提供大田农业服务而言，它的确具有经济功能，那么，它是不是新型集体和新型集体经济组织呢？还有待观察。

丽斌合作社是以为社员提供机械化、标准化、社会化的大田服务为利益诱导建立起来的。这类大田服务在莱西乃至中国绝大多数农村地区都由农业公司承担，丽斌却是以合作社附设的非法人性质的镇村两级综合农事服务中心担当，而且中心以满足内部的社员需要而不是以外部的市场营利为目的，事实证明，这的确成为吸引农户踊跃入社、快速增强对合作社信任度的基础。

丽斌合作社组建过程中，选准村民最信任者担当分社理事长；入户动员与召开全村动员大会相结合；挨家挨户算细账、发放明白纸，不厌其烦地反复宣传；在会场上摆放合作社的设备资产；各环节的农业服务力求达到农户满意……这些都感动了村民，提升了他们对合作社的信任。这说明，针对性的社会工作、求真务实的工作作风，坚持不懈的工作精神，能够改变村民单打独斗的习惯，将曾经的集体记忆重新召唤回来。

丽斌的探索似乎揭示了乡村集体和集体经济组织的某些要素：

一是地域边界清晰，村与村、乡镇与乡镇不能混淆，否则就难以建立集体和维护集体利益的稳定。

二是社员归属清楚，是这个村的社员就不能同时又是那个村的，集体的人员属性清楚。

三是村、镇两级合作社是经济联系密切的组织和制度统一的合作社。镇社根据村社需要做服务规划，村社按照镇社部署做服务实施。在联动服务中，村、镇合作社共享利益、共担义务、紧密合作。

这可能揭示了某些原理性的概念。现代农业产业市场条件下，村级合作组织往往经济规模不足，资源匮乏，整合市场资源的能力更是缺乏，难以提供让社员满意的生产经营服务。按照社区基层化原则①，凡下级组织（村社）提供不了的服务或者制度，需要上级组织（镇社）提供。如果镇社还提供不了，就需要县一级组织提供服务。目前，中国的村庄除少数明星村和薄弱村外，同质性很高，而现代农业服务难以依靠村级组织的大田耕地达到合理规模，对乡镇一级合作组织的需要由此而生。生产经营的规模化需求，为村、镇两级合作组织形成联动网络的新结构提供了现实基础。乡镇一级只要与村级组织形成紧密合作关系，无论在人口规模还是土地规模上都会产生强大的地域性力量。例如莱西院上镇103个村就有5万个农户8万亩大田，有足够规模的农民合作组织就能形成经济和社会势能，在市场中获取与交易方对等的地位，让任何市场主体不敢忽视农民的声音。

---

① 这是来自欧洲的辅助原则，大意是上层要辅助下层而不是干预。凡下层提供不了的，才需要上层提供，上层再提供不了，向再上一层提出要求。

四是村、镇两级社都要自足。这个自足，不是指自给自足，而是自觉满意，不侈求的自足。① 而这个自足，一方面来自丽斌综合农事服务中心的农业服务不以营利为目的，而是为了给社员提供更好的服务，因为丽斌合作社发起人和骨干统统"姓农"，统统是本村本镇人，家乡和父老都在看着他们；另一方面也来自中国农民淳朴的农耕文化和传统理念。这与消费主义、过度消费是背道而驰的。

丽斌合作社虽然登记注册时是个玉米专业合作社，但现在已经发展成为拥有连片整村入社农户的组织基础，服务覆盖广泛的综合性乡镇级合作社。② 它突破了现行农业合作社法的某些相关规定，而且用实践证明，这些新的突破能够满足农民需求和符合经营管理学的规律。尤其是镇、村两级设立组织，村级合作社为不登记注册的专业合作组，镇社不是现行联合社性质，而是下辖紧密合作的村社的统一组织，以及将市场公司提供的全方位农业专业服务纳入合作社功能，以服务引领合作社的生产经营，等等，这些，都有明显的制度性突破。这种突破需要得到党和政府的政策认可，乃至对这类突破性创新予以必要的保护。

丽斌合作社再向前发展，走向整村推进、覆盖全镇的合作社时，就遇到了很大的困难。

第一，2万多农户入户，让合作社组织化程度和管理跨度大幅提升。

第二，要实现丽斌功能清单上的信用、供销、社区服务等，已经不是专业合作社或单一功能的农业协会的组织架构能容纳的，这类大规模的综合性农民合作组织属于对小农户大规模的集体经济性质组织化尝试，自人民公社解体以来，在中国还没有先例，无论专业合作社法和社团法都无法提供法律依据。

第三，无论市场开发、营销渠道、资金筹措、财务核算、分配机制还

---

① "虽趣舍万殊，静躁不同，当其欣于所遇，暂得于己，快然自足，不知老之将至。"摘自王羲之的《兰亭序》。《后汉书·荀悦传》："故在上者先丰人财以定其志，帝耕籍田，后桑蚕宫，国无游人，野无荒业，财不贾用，力不妄加，以周人事。"李贤注："言自足也。"

② 从乡镇构建、服务为本、专业团队、经营理念等多方面考察，丽斌合作社已经很接近日本、韩国、中国台湾地区半个多世纪以来成功建设的综合农协。也很接近2015年中央11号文件提出的要建设"姓农、为农、务农"的综合性合作社。

是政府支持与监管、市场协作、社会组织陪伴，所有的工作因规模升级而凸显前所未有的难题。

第四，院上镇由于大田作物面积大又比较容易实现规模化、标准化、机械化经营，所以萌生建立新型集体经济组织提高农业生产效率的需求，而院上也有相当规模的果蔬等高值经济作物，就不一定适合大规模生产，更需要精细化技术为本的适宜规模，而且更适合家庭生产经营。如何服务于果蔬农户的需求，是对这个从大田经营效率出发的制度设计的重要挑战。当多种作物、多样服务都集中到覆盖全镇、统一经营的丽斌乡镇合作社时，很可能会产生专业化分工的市场需求，将那些由市场提供比自己提供更有效率的服务分解出去，购买市场公司的服务，而将自己的主要精力，放在满足社员获得感的多样化需求的开发、组织，以及提升社员幸福感的各项社区服务上。这就是说新的组织形式一定要和市场衔接，要与多元市场主体尤其是企业处理好以合作为主的关系。

第五，当下丽斌综合农事服务中心的业务服务范围已超过院上镇边界。未来这个中心是继续附设在合作社内还是成立县域公司或两边都有？业务经营是市场导向、社员导向还是居中导向？合作社组织如何建立民主决策程序？如何提升社员参与合作社决策和服务工作的兴趣和能力？如何让乡村两级充满勃勃生机？等等，这些都有待理论上的探索和实践中的开发。

在理论层面丽斌探索促使我们思考非市场化的社会组织机制的必要性问题。

科斯论证企业的性质时曾提出革命性论断——企业内部因存在交易成本所以是反市场化的，与此类同，小农与现代农业存在的巨大差异导致无法在市场上形成对等的公平交易，市场理论解决不了这类问题。

处于社会底层的中国 2 亿多小农户，是地位、知识、能力最弱的社会群体，要实现与其他主体在市场上的公平交易，就必须找到可以提升其地位、知识、能力，大幅度降低交易成本的方式，也就是降低差异性的方式。个体做到容易，例如教育改变命运，但是微观效能代替不了宏观机制。解决这个问题的宏观机制需要从非市场化的社会机制中寻找。那么，融入经济的社会合作组织及其相关制度就成了备选方向。只是，这类社会合作组织并非简单的三五户、十来户的专业合作社，似乎也不是以村划界的集体合作社，更不是大规模土地流转、托管、入股的公司性质的挂牌合作社。由于公司本质上一定要以营利为目的，以市场交易方式获取交易地位，因此只能在市场博弈中逼迫自己必须做大做强，否则就得让位于更强的跨业甚至跨国集团。而丽斌合作社的探索，恰恰是用社会组织化机制把村、镇、合作、边界、非营利、自足等社会概念集为一束，为小农户集体赢得市场上的对等交易地位出力。

我们期待，院上镇乡镇一级的集体经济组织能够走出一条新路，既不同于大队、人民公社那类计划体制下的传统集体，又不同于当下村庄工业化的公司性集体，而是填补小农户之间、村与村之间差异性的村、镇两级合作社的连接体。它的本质是非市场化的社会经济合作体，它以整体提升小农户社会地位和市场经营能力为目标，深度融入市场经济，以为小农户提供不以营利为目的的成本性的农业社会化服务为枢纽，衔接小农户与现代农业，促进小农户集体以社会化机制实现市场上的公平交易。

江苏东海金泰农业农村综合合作体考察报告①

杨团

江苏东海县是沿海对外开放县，全国农村综合实力百强县之一。也是江苏省政府批准设立的外向型农业综合开发区、国家科委批准的"星火技术密集区"。东海还是新亚欧大陆桥东桥头堡西行第一县，闻名中外的"水晶之都"。行政区域面积 2040.9 平方公里，人口 120 万人，辖 13 个镇、8 个乡。2014 年地区生产总值 358 亿元。三次产业结构调整为 17.5∶45.8∶36.7。

东海建县已逾两千年，人文荟萃，古迹繁盛，交通发达，物产众多，资源丰富，属温带湿润季风气候，常年温和湿润，日照充足。耕地面积逾 15 万公顷，粮食、花生总产量位居全国前列，是江苏省重要的农副产品生产基地。2017 年划定的永久基本农田 162.17 万亩，种植水稻约 120 万亩。

东海县有一个响亮的品牌——金泰农牧集团。历经十余年开发，金泰集团麾下不仅有合作社、农技协、供销社，还有公司、信用部和农耕文化馆，成为国内罕见的有一定规模、集农业服务、金融服务和教育文化功能于一体的农业农村综合合作体，也是东海种养一体的农牧业龙头综合服务商。金泰品牌下的各类组织分别在不同部门获得嘉奖：农业部兽药 GSP 验

---

① 2019 年 7 月 6 日，江苏省农技协考察团来到连云港市东海县。此行由省农技协副理事长袁灿生博士带队，中国农业大学前副校长、中国农技协副理事长张建华教授、南京农业大学李群教授及研究生李开奇，江苏省农技协秘书长张海珍和我参团考察。东海农业主管副县长章荣刚、东海科协主席朱荣、东海农技协理事长杨金明等参与。本文是笔者经此次考察和后续跟踪调查撰写的。

收通过企业、全国测土十佳品牌、江苏省新农合示范社、东海商会副会长单位、东海农技协副会长单位。在科普示范方面更是一举囊括连云港市科普示范单位、东海县科协金泰农业发展合作社科普示范基地、东海县农技协科普服务站和江苏省农技协科普惠农全程服务 e 站中心站等。

一　金泰发展历程和主要事业

金泰创始人张法春 1994 年兽药专业中专毕业，2003 年设立金泰兽药公司，2005 年创办信用合作社，2008 年，他在全国供销总社与北京大学光华管理学院合办的经济师培训班受训 2 年，获农业经济师合格证。这次学习奠定了他对金泰发展方向的认识，那就是带领农民走向合作。

张法春曾到台湾地区考察台湾农会，他发现台湾农会不仅做信用合作，生产合作也有特色。尤其大有启发的是，台湾农会在农业生产上将重点放在测土配肥和技术指导上，是真心为农民做农业技术推广服务，而不是卖肥料赚差价。回到东海后他就下定决心开始学习测土配方，2014 年成立了金泰测土站，一边实践一边寻找合作者。2015 年年初，北京傲禾公司刚设立，虽然有一套测土配方配肥的理论思考，但是缺乏实践印证，张法春就率领金泰测土以入股方式加入北京傲禾，成为其理论落地的主要试验场。为了求真知，他还找到中国科学院土壤研究中心，共同研发落地的测土技术，推举该中心成为北京傲禾公司的顾问单位，这是推动北京傲禾成为专事测土、拥有国家认可测土品牌的全国连锁公司的关键举措。有高端技术实力加持，金泰测土站成了东海县农业产业化、社会化服务第一品牌。2016 年，张法春以金泰测土站、金泰兽药公司为基础，成立了金泰农牧集团。该集团有四个部门：金泰测土站、金泰合作社、金泰农牧业（兽药公司 + 土地托管）和金泰农产品馆。

（一）测土配肥

在农村，一般的小农户测土很简单，肥料厂推销员带个测土仪器到田里测一下，就告知农户用什么肥，可实际上他们的肥料配方是固定好的，测土只是做个样子而已。种田大户往往会带上土样在县里农技部门办的土壤实验室里测一次，提取土样中氮磷钾比例。仅此而已，配肥还是做不到，更无法按土地面积不多不少地得到满足土样的配肥。农业部为了推广测土技术花费不少资金研发技术，成批生产测土配方机器，以补贴方式向全国推广。这让测土告别手动操作，简单多了。可是，配肥还是做不到。这让农民觉得测土没用，渐渐失去对测土配方技术的兴趣。结果，国家政策落不了地，制造测土机的厂家发了财，土地和农作物还是老样子。

只测土不配肥，测土等于白忙活。地块不一、作物不一、养分需要不一，所用的肥料也不一样。江苏省农技协副理事长袁灿生告诉我们，目前市场上的肥料都是复混肥料，氮磷钾的成分被固定化，测土配方没有用，不管什么配方，都得统一施一种复合肥。结果不是氮浪费，就是钾浪费，或者是磷浪费，不仅对土壤的污染很大，成本还增加。可见能不能按照测土去配置肥料，是农业生产服务能否实现两减一增（减少农药、化肥，增产）的关键问题。我国农业部门努力了几十年都没能解决的这个问题，让金泰测土站彻底解决了。金泰测土称得上是江苏省第一家，也是这方面做得最好的一家。

金泰测土站解决问题的关键在于增加精准配肥环节。他们按照农户送来的土样进行测土，再将每一块土壤所缺的氮磷钾等多种元素按数量、质量要求与采购来的有机肥掺和混配，需要多少量现场配出来，各种元素需要多少补多少，实现了政府部门一直提出的有机无机相结合的科学施肥新理念。为此，他们专门设有智能配肥厂房和仓库。还对配肥原料——有机肥和氮磷钾元素严格把好进料关，同时关注配肥效果，跟踪用户体验，并重点测量记录千粒重、亩产等指标，以获得对测土配方肥实效的科学印证。

农户使用金泰测土配方肥，其效果显著主要是因为真材实料、科学配比。例如，房山镇林瞳村的徐丙洲示范田 20 亩测土配方肥每亩 136 元，比普通复合肥 105 元高出 21 元，春节前严寒，测土示范田营养均衡、根系发达保住了苗，收后称重亩均 1100 斤，而施普通复合肥的地块因苗冻死了亩均只有 670 斤。再如，安峰镇石灰埠村的樊大旺，330 亩稻田，每亩都用了110 元的测土配方肥，亩产多收 170 斤，带来效益 56100 元，他看用得好，就介绍亲友在 1000 多亩水稻田里全部施用金泰配方肥。马圩村的周国余，先是在 30 亩小麦田作示范，亩增产 180 斤，夏季 300 亩稻田全用配方肥，还在全村推广使用。安峰镇山南村农场主张主占，通过几季的试验，施普通肥要每亩 100 斤，金泰测土配方肥每亩只要 65 斤，产量还并不减少，可见，金泰配肥技术节约了肥料成本，让地力回升。

由于"一户一测土，缺啥把啥补"，各种养分平衡供应。这既满足了作物生长需要，又提高了肥料利用率，还实现了减量化肥、保护土壤养分不被过度利用。不仅如此，由于金泰直接向厂商购买原料，一举打破了农资流通环节层层加价的传统模式，为农户节约了购买肥料的资金。

金泰将测土配肥，一个小小不言的生产服务环节做到了极致，持续不断地坚持小块试验—成块推开—规模推广的过程，不但提高了产量，改善作物品质，又节约了投资，还能保护土壤，提升地力，实现了节本增效的多重目标。若能大规模推广，对国家和农民都将功德无量。

可是研发测土配方肥技术不容易，推广就更难。不仅开始做时由于批量小，不够成本，测土站要自己垫支，而且，配肥要用好肥料，才能出好效果，所以，金泰进的有机肥和氮磷钾元素都是知名厂家，往往比市场上的一般价格要贵些。这自然会引起小农户是否物有所值的怀疑。

金泰经常讲："我的配方肥是给地用的，不像市场上的普通肥是卖给人的，不一样就是不一样。"为了建立农户对配肥的信任，金泰鼓励农户先做试验，小地块做对比，看到效果再放大。农户信任了金泰就帮你定位——在农技协平台定位为农技协科技示范户、再用示范户带小户。金泰工作人员下户指导，要求大户带领小户过来看。每带一个小户，金泰给大户一定的奖励。

为将配肥环节做到精准无误，金泰还自建了测土实验室、测土留样间、培训室。测土留样间留下土样证据，以防产生误会，引起交易纠纷。

目前，金泰配肥站通过对测土配方肥料的研发、生产和销售服务，让科学配肥的理念和实践在东海站稳了脚跟。全县两万多亩稻麦轮作的 4 万多亩大田，再加上经济作物合计 5 万多亩土地，全年使用的 3000 多吨配肥都是金泰配肥站提供的。早期的固定成本 20 万元，已经平摊，实现了配肥站财务核算的平衡有余。

（二）信用合作

2009 年，张法春在自己的村做了第一家村级信用合作社，由于做得比较成功，引起周边村纷纷要求帮助设立信用合作社。张法春就在金泰专门成立了信用部管理中心，两名会计、一名管理员负责全程代办业务，向其他村推广信用社并收取一定的代办费。代办业务包括出方案、章程、注册、培训人员、动员入社、代收资金、支持运营、帮助注册。在金泰的帮助下，有 23 个村成立了以信用服务为主的独立运作的合作社，运营正常，每家社都有盈余。这是因为金泰信用部管理中心对这些社实行统一管理，要求每个社每年交 1 万元的系统维护费，由金泰统一委托第三方进行网上服务。同时金泰的工作人员经常下社指导、座谈交流、扬长避短，定期给建议。2014 年金泰农业发展合作社正式登记注册，每年召开一次合作社年会，直至 2017 年。

当时全国各地农民自建的信用合作社纷纷出问题，经营混乱，有的甚至卷款跑路，政府出台政策取缔这些信用社，殃及池鱼，张法春带头做的这些较好信用社也受到政策影响。县政府从保护张法春出发，告知他最好不要再做，张法春就于 2017 年停止与二十几个村级信用社的联系，只保留了在自己的村最早做的那家润土社。

润土信用合作社也经过一段曲折。早期，张法春和别人合股，自己投入的本钱最多，但交给别人经营。结果发生 100 多万元的亏损，其中有人卷钱跑路。张法春向法院起诉，追回了大部分。还有大几十万没能追回，是依靠自己后期的经营逐渐补亏的。张法春自己经营后，将这个社更名为润土社。现在，不仅本村 900 多户农户统统入社，周围村的 2000 多农户也加入了润土社。信用入股资金已经达 3000 多万元。每年发放以 3 万元为最高限额的小额贷款，贷款平均月息 1.35%，贷款用途主要是农业流动资金。开始由于资金规模小，只有二三百万元，所收利息不够成本，现在规模大了，经营有效，每年的收益可达到 100 万—150 万元，除去分红外，还有盈余。

润土信用社的入股形式有多种。最基础的是一户 2 元，这等于身份股，并不是分红股。然后是入股一年期的长期股和 3 个月的短期股。股金有最高限制，3 万元，为的是不让资金都集中在大户手上。小额入股有 500 元的。每年按股份分红。曾经也出现过借款不还现象，后建立了一整套的管理方式，现在还款率几乎百分之百。

目前，金泰农业发展合作社体系中只留下润土和金泰两家合作社。张法春仍然坚持自己的理念和理想，在这两家社中努力试验包括信用、生产、销售、推广等综合性功能的培育，为社员统一采购肥料、农药、种子，统一销售可追溯的农产品，还定期组织种植和养殖农户外出参观学习、交流培训。

（三）资源平台

2017 年，在东海县委、政府的支持下，东海科协组建了东海农技协。自东海县农技协成立之日起，金泰农牧集团作为农技协副理事长单位，就积极发挥重要作用。金泰农牧将自己的厂房拿出来免费做农技协活动场所，让各类培训交流活动有了去处。2018 年春，在金泰农牧集团提议下，东海各乡镇的农业服务公司集中建立了种养农业的六个专业委员会。六个专委会中，种植业有稻麦、果、经济作物三个，畜牧业有养殖、饲料和动物保护三个，还建立了一个农机联合社。

东海农技协将每个行业的能人都吸纳进来，无论大田、种菜还是养猪、养鸡，各行各业的能手或者成了农技协副理事长，或者是专业委员会主任、副主任，还有专家队伍。人才加场地、电脑等设备设施，东海农业的资源平台就搭建起来了。

农技协的平台建立后，好处接踵而至。

一是信息沟通通畅多了，各个专委会都建立自己的微信群，向成员定期、不定期地发送种养农业的生产信息和销售信息。

二是培训走向专业化、精细化。有了各个专业委员会主任、副主任做领头人，专项培训就顺理成章，大拨轰、一勺烩的粗放培训时代结束了。随着专业、专项培训的建立，种植、养殖的专业队伍形成了。

三是得到相关部门的重视，纷纷加强对平台的利用。2018 年国家拨给苏北专项项目 40 多万个，东海县没有报满，2019 年县通过农技协平台向科技局推荐，全县 10 个名额，40 多家申报。2019 年 7 月，江苏省农技协将科普惠农全程服务 e 站的首个中心站建在了县农技协所在地——金泰农牧公司。在现场，我们看到了 e 站网络的运营，现在主要是各类信息的提供，未来将加入各类互动，可以在网上进行各类资源供需对接的直接调配。目前，金泰农牧正在以测土站业务为基础，将农业社会化服务向乡镇延伸，将在乡镇建设若干归属于县农技协的种植和养殖服务站点，逐渐联成农技协上下左右贯通型的基层农业服务体系。

四是为东海农业带来了更加广阔的发展前景。

成为东海农技协主心骨的金泰农牧，一方面为平台提供大量的信息沟通、培训组织、会议讨论等免费服务；一方面也因平台整合资源，大大减轻金泰在县域范围内生产营销沟通成本，让金泰的生产和营销能力充分展现出来。2018 年，金泰协助东海农户出售 3 万多头猪。还将 8 所养殖场集中起来向连云港饲料厂统一采购饲料，减少中间环节，简化包装，让每包饲料的售价节省 11 元。一头猪要用六七包饲料，所以仅一头猪的饲料就能节省六七十元，3 万头猪就可节省 180 万—210 万元。为尝试订单农业，2019 年，金泰与大农户合作，按照订单种植了 1000 亩辣椒和 800 亩芋头，今年芋头行情喜人，一亩芋头超十亩大田的收入，从 2018 年的几家农户到现在已经有三四十家报名参加合作。今后，金泰拟从选种、备种、粗加工到冷藏、运输，形成一条龙的产品链，并推广到合作社和农场主中去。

在金泰的努力下，农技协平台对接了邮政储蓄银行的农协贷。其中一种叫补息贷。例如，购买饲料，只要按时、按量按合同履行，贷款利息就可通过农协贷由饲料厂支付。还有一种是正常贷款。银行通过农技协平台的信息寻找养殖和种植大户，从而给银行和大户之间搭起了桥梁。为获得对农技协金融、保险以及各类所缺失的能力支持，东海农技协还与江苏盐城工学院建立了产学研基地，今后，这类与院校、企业对接的产学研基地还会持续建设，以增强为农户服务的能力。

（四）农产品馆和农耕文化馆

金泰农牧兴办农产品馆和农耕文化馆，就是想给当地尤其是孩子们创造一个能汲取农耕文化养分的教育场所，做这个项目完全是出于公益的目的。我们在现场看到收集的部分农具和展图，也看到农产品馆内存放的有包装的各色小杂粮。这是准备送到县城的各个社区，开辟农产品进城市社区的新途径。东海的县城人口有二三十万。就近提供城市居民需要的农产品，走城乡融合之路，是金泰未来要开拓的重点方向。

二 金泰探索的特殊意义和启示

始于 2003 年的金泰探索，到现在 16 年了，已经初步形成了集合农业生产服务、技术推广服务、农民信用服务、农产品经营销售和农耕文化教育的农业农村综合体。最具启发意义的是，这个综合体不是政府要求的，也不是从国内其他典型经验中学来的，而是在十多年的地方实践中自我生长出来的。

这个生长的大环境，是改革开放以来思想解放、知识生产活跃，农业政策辈出。而以什么样的理念选择前行的方向，的确是对每一个思想活跃、行动积极的农村领军人的考验。

张法春中专毕业后拿了电大大专文凭，又上过两年农村经济师培训班，属农村不可多得的知识分子。而他始终牢记自己来自农村，出身农民，总是以感恩的心态，为农民诚信服务。他最看重的，是农户对自己服务的反映。周围的同事都认为他爱学习、肯钻研，而他学习和钻研的动力，就来自做好工作，服务好农民。正是他领导金泰团队，在测土配肥、建立农技协、开办信用社、推动土地托管、设立农耕文化馆等多样化的活动中，开辟了独具特色的金泰组织形式。

金泰农牧集团中既有企业、又有合作社，还有农技协、文化馆，这些组织横跨公司、合作社、社团、社会组织（民办非企业单位—社会服务机构）四类法人。不同法律形式的机构都用金泰冠名，表明其目的和目标具有一致性，这就是以服务东海农户而不是以营利为第一目的。

其实，不仅兽药产业，已成著名品牌的金泰测土配肥机构也具备了向外扩张的市场能力，外省市各地区也频频招手，但是张法春不为所动。他的目标就是自己的家乡。他常说，东海很大，金泰的服务并没有覆盖多少，我要为家乡父老做好服务，要为东海农民下一代、下下一代建立农业农耕意识服务。

张法春带领的金泰集团给予我们的启示是多方面的，此处仅简要小结如下：

农村农业是体现生态、生活、生命三生紧密相融并以多样化形态呈现的最佳场域，是人类走向历史深处，融入自然，回顾和发展生态人文历史的场域。我们不能囿于一时的经济增长需求而无视它本身具有的历史密码。真正的需要，是给予它自我发展的时间和空间，用协力、助力、合作，融合、引导而非强制的方式，支持其走向经济性、社会性与文化性互融。而这类促进互融的合作体，在当今的体制和法律制度下，势必是非驴非马的各类组织形式的综合体。不过，正是这类综合合作体，能够连接历史、现在和未来的走向。

这样的综合体是多元合作体，政府、企业、社团、社会服务机构都在其间合纵连横。而综合体的核心思想是要以三生（生态、生活、生命）为本，因而其基本性质是社会经济而非纯粹市场经济。社会经济的主导思想，是不以营利为第一目的和唯一目的。

社会经济合作综合体从核心思想出发，一定是范围经济而不是无界经济。因此，综合体的社区边界即一定的地域范围是非常必要的，正是这一点基本厘清了与企业的区别。企业为了赢利可跨界到世界任何角落。

社会经济综合体需要的领军人不是政府官员或企业家，也不是一般社会组织领袖，而是兼有这三类人才的见识和能力的新型人才。培育这类领军人物，价值观和在此之上的综合能力要比单纯的市场经营能力更为重要。

总之，金泰集团从理念到实践，从组织到人才的 16 年探索，似乎让我们看到了在大雾中穿行的航船的桅杆。只是，如何扫清迷雾，开通航道，明确方向，让更多的航船集群远航，我们还面临太多的挑战。最大的挑战，就是能否破除思想观念上的因循守旧。只有解放思想、登高望远、勇于变革，勇于创新，只有集合力量、集中能量，集群出海，合作共举，才能为中国农业农村的未来，走出一条小农户与大市场有机衔接且长期稳定的道路。

吉林世杰公司与长春云凤农牧业合作社调研报告

北京农禾之家咨询服务中心①

2019年3月14日至3月17日，农禾之家杨团、范洵、李宝东与香港在内地投资生态农业的企业家李道德先生、汤发民先生一行到吉林世杰农牧业公司与长春云凤农牧业合作社调研。走访了两家机构在郭家村设立的养猪基地、吉林农业大学教授姜海龙、在双阳和长春的合作伙伴长春市宏顺汽车配件有限公司刘恩宏董事长，并与双阳镇镇政府举行了座谈。

一　基本概况

吉林省长春市双阳区齐家镇郭家村村民李云凤，自2001年就开始养猪，为学习生态养殖技术自2005年起赴北京、韩国等地向韩国生态农业专家赵汉珪学习，还结识了解放军兽医大学毕业的李仕杰技术员。2009年，李云凤出任郭家村村支书期间，与李仕杰合作，共同投资建立了吉林世杰农牧技术开发有限公司，随后，又以公司注入主体资金的方式，注册了长春市云凤农牧业合作社，在郭家村村口先后购地150亩，建立了生态养猪基地。

基地现有13栋猪舍（其中种猪猪舍6栋，出栏约2000头），3栋鸡舍、56公顷饲料种植地及10公顷蔬菜地，共生产180多种产品。

近10年来，该基地以独立研发的发酵床养猪、种养循环的整套生态农业

---

① 本文为百乡工程项目调研组的调研报告，杨团执笔，范洵提供了重要意见和补充。

技术为支撑，培育出瘦肉型、口感好、且具超强免疫力、经受了 2018 年非洲猪瘟考验的生态猪品种。该项技术已经在安徽、河北等 8 个省的十多地推广。2010 年，国家科技部为该项目颁发了《国家级星火计划项目证书》，2009 年，李云凤获得全国妇联颁发的"全国三八红旗手"称号，2012 年，云凤合作社获得省畜牧局颁发的"畜牧业农民专业合作社示范社"称号。

同时，世杰公司与云凤合作社形成了一套独特的组织模式和运营方式。即技术公司＋服务公司＋合作社＋世和联盟（公司）四支队伍统一运营、分别做账，李云凤作为运营管理者统一指挥。

这支四合一的团队以合作社为中心进行经营，合作社目前有 100 名生产者社员（村民）及 200 名消费者社员（市民），2018 年年营业额达 1166 万元。

归乡服务公司是 2015 年 5 月 28 日年注册的，由归乡大学生组成，负责基地传播、培训招生和省、县会员服务结算。世和联盟（公司）是世杰公司发起组织的全国各地推广其技术的生产会员的联盟，目前做到了技术统一，在销售上互相支持，尚未统一销售。

世和联盟是世杰公司发起成立，由外地学习郭家村生态养猪技术的公司、合作社和农户加盟形成的一家公司。截至 2018 年年底，联盟成员有来自东北、河北、安徽等地共 8 家。

这支四合一的团队在技术上创出了新路，还以生态技术为导向，探索了基地养种猪＋小农户育肥猪的养猪产业新结构，这对于基地和小农户都能扬优去劣，风险小、投出产出效率高，不仅具有可持续发展的产业价值，还具有带动小农户与现代生态农业技术紧密衔接的经济社会价值。截至 2018 年年末，以培训、指导、联盟等方式服务了全国近 400 家养殖户，年出栏量达四万头猪。

本实例证明，通过组织合作社的方式，以乡村内生力量整合外部资源，使其内化到合作社，用较少的投资获得生态技术研发与推广的技术效益，带动小农户发展乡村产业的社会经济效益，是乡村振兴中实现产业、人才、生态、文化、组织全面振兴的一种重要方式。

本调研意在总结该实例的经验，探寻其成功的原因，同时指出行进至中期的这支团队面临的主要挑战和未来的调整方向。

为阐释方便，下将这支四合一的团队称为"仕杰—云凤"集团。

二 "仕杰—云凤"集团的运营方式

这是一个在多年实践中逐步形成的综合性运营方式。

（一）资金筹集方式

基地运作资金主要依靠以下方式筹集：

（1）股权投入。合作社的617.5万元启动资金中600万元来自世杰公司的投资，17.5万来自社员的股金。启动资金大都用于购买基地土地和建设猪舍。

（2）吸收个人入股公司（20万元1股）①

（3）发展生产者进入世和联盟（加盟费20万元)②

（4）发展各层级服务站加盟世和联盟（加盟费20万元）

（5）兽药站（独立法人）全部收益纳入投资

（6）合作社成员养老保障一次性投入（每人5万元）

（7）合作社消费者会员（3年1.2万元个人会员＋投入350万元的企业会员)③，其中，350万元的投入是长春汽配企业以借款的方式投入，承诺每年回报价值10%的猪肉和农产品。

吸纳资金的方式，表面看是生产和消费两线并举、公司和合作社两体并举，本质上反映了公司与合作社合二为一，一个主体两块牌子，各类投资均系于合作社一身，投资内部化、交易内部化。

截至目前，所有投资合计为2000多万元（其中李仕杰450万元，李云凤270万元），负债1000多万元，评估资产3000多万元。

---

① 目前未看到有个人入股的实现，需要确认。

② 世和联盟成员分生产端和省、县级服务站成员。目前每家投入加盟费20万元，可获"仕杰—云凤"集团培训、辅导、激活液等价值10万元，另10万元作为经营费用。

③ 消费者每人投入1.2万元，3年内可获得每年一头猪的回报（实际可养5头猪，即每头成本0.24万元，养两头猪的成本进入合作社作为经营费用）

（二）实物期权的消费者方式

消费者投资 1.2 万元取得在三年内每年获得一头猪的实物资产（或企业投资 350 万元每年获得 10% 的实物回报），实际上是消费者的一种实物期权①。它体现了机构管理者（云凤合作社）对自己所拥有实物资产（猪）进行决策时的柔性投资策略。

较少的消费会员（要有平衡点）的实物期权可用郭家村养猪基地满足，当发展更多消费会员，实物期权模式扩张时，满足消费会员对实物（猪）的需要就可能出现问题。机构管理者（云凤合作社）在实践中采取在世和联盟成员养的猪只中进行调配，方向正确，体现了管理者经营灵活性的能力。不过，规模扩大后，不仅经营调配，还要考虑定价乃至整体模式如何规避风险。

（三）关于省（市）县乡三级服务站方式

无论兽医站还是长春刘恩宏董事长的企业（已经挂牌归乡服务站）都已经发生了以实物期权发展消费会员的实际业务，也开始吸引生产成员加入世和联盟，不过，从目前的实践看，概念大于实际，不仅没有看到三级服务站体系化的制度设计，在长春市（省）和双阳县的服务点也没有看到合规的实践。准确地说，我们看到的是合作社在省（市）县设立的实物期权售卖网点，实际提供给消费者的服务并不多。

归乡服务站尽管已经注册为一家独立公司，但是并没有形成以服务性营销为主导的业务内容和业务体系，其主要业务是合作社与市县两级服务网点的交易往来记账，其主要负责人还担当整个基地的办公与传播事务，这也是除了投资和交易内部化外，人事内部化的一种表现。

（四）小结

交易内部化是"仕杰—云凤"集团经营方式的基本特征。

---

① 实物期权是一般期权在实物资产领域的延伸，是在不确定性条件下与金融期权类似的对实物资产的选择权。

交易内部化是将进行交易的不同市场主体转为同一组织内的共同主体，用以消弭因不同主体之间难以产生信任而不得不支付的交易（取得信任）成本。这就是将外人变成自己人。

世杰公司投资云凤合作社，这本是两个不同的市场主体，通过李云凤这个具有双重身份者（合作社理事长、世杰公司投资者）做两家统一的运营，就将公司主体统一于合作社主体，公司利益也变为以合作社利益为重了。

不仅投资是这样，消费会员和生产会员也是这样。拓展合作边界，扩大到所有类型的会员，形成合作体。市场即在合作体的内部，会员越多，合作体的边界越拓展，合作体内部市场越大，越可能通过内部转移价格和实物期权等方式实现内部市场的自我管理。

从这个实例看，交易市场内部化，其作用一是筹资，降低资金使用成本，提升资金使用效率，解除资金匮乏的压力；二是资源配置，以自己人的内生动力加强团结以调剂和配置资源，提高经营效率；三是抵御外部风险；四是造就向心力强的组织文化。

交易内部化对于组织经营管理者的能力提出挑战，组织弱小的时候，很多机构都不自觉地采用这种方式，但是当机构扩大到一定程度，仍旧采取这种方式一把抓，就孕育了相当的风险。

尤其是集团目前筹资的主要手段是通过省、县、乡三级服务站招徕消费者会员以及加入世和联盟的生产者会员，而消费者会员缴纳的 1.2 万元的会员费和生产者会员 20 万元的加盟费都形成了一个成规模的资金池。资金池的设立是类似消费分期和股权营销模式的主要风险来源，目前没有看到集团对这一资金池的管理办法，包括资金的投资、贷款、风险控制及财务平衡的具体方案，这里孕育着较大的风险。

另外，交易内部化在经营管理上很难实现功能分区，功能专业化，目前，集团已经出现技术、生产、营销、融投资、财务五大功能，非常需要按照五大功能进行专业化的管理和考虑它们之间的相互联结关系。一把抓的运营和管理模式顾此失彼，使得该发展的功能得不到发展，集团的成长格局就要受阻。

例如，市场营销无论对于合作社还是公司都是极为重要的功能，目前总体上看，集团的生猪生产能力不足，市场需求大于供给，目前的实物期权方式，让营销市场内部化，形成消费者微小订单生产，固然对于掌控目前的生产与经营管理有利，不过，难以形成规模化的营销模式。而要走后者的道路，营销功能、组织和运营需要独立出来。

三　"仕杰—云凤"集团的生态技术

李仕杰是公司董事长，也是生态养殖技术研发的领军人。他与李云凤合作，改造了传统的发酵床养猪技术，重点是通过秸秆发酵技术实现了猪舍垫料和饲料的革新。

在技术研发上，他们在提取土著微生物和扩繁技术、适应不同需求复合微生物合理配比技术、植物细胞液萃取技术、反哺防疫技术上都有所创新。尤其后两项技术更具独创性。

反哺防疫技术经过多年试验，已经形成猪舍四周环境、猪舍秸秆垫料中菌体蛋白、猪粪种菜、种果制作酵素等反哺防疫的三道防线，其效果显著，可以实现养猪不打消毒药、不用抗生素、不打细菌疫苗，明显减少了疫病和兽药投入，没有药残，质量安全，提升了基地猪只的免疫能力。2018年非洲猪瘟兴起，周边的猪大面积死亡，基地猪只一头未死。经新型发酵床养猪技术饲养的猪，肉质鲜美，口感良好。

新型发酵床技术不仅以特别发酵的玉米秸秆作为猪饲料，有效代替了部分精料，还能作为猪舍的垫料在微生物的作用下分解猪的粪便消除臭味，增加猪舍热能，猪在自行拱翻垫料寻找有甜味的酵素时就能取暖。这让东北严寒时节户外的猪舍也很温暖，无须供暖，从而减少了清理粪便和供暖的投入，实现了简便易行的生态保护。猪舍环境清洁、动物健康也让猪肉的质量更好，这些都提升了投入产出效率。

"仕杰—云凤"集团的生态养猪技术还有一个特点，就是探索了一条养猪基地养母猪，发给合作社社员即小农户养育肥猪，猪粪经发酵给小农户的玉米地种上肥的养猪产业自循环与种养两产业循环的生态链。他们将发酵床养猪技术标准化，并且通过培训传授给小农户，从而扶持了小农户和贫困户的农业生产，增加了他们的家庭收入。① 基地养母猪，农户育肥猪，不仅可以更多利用农户家庭的人力资源，扩展种养结合的产业资源，降低规模化养殖成本，还能避免大规模猪场带来的疾病防疫风险。他们的经验对于中国这个养猪大国，如何走通小农户与现代养猪业发展的道路有着不可忽视的重要启示。

公司投资云凤合作社，在郭家村设基地，设立种猪场、育肥猪场、微生物发酵场，还为生态技术研发设置了养鸡场和养牛场，进行种养一体化的研发，基本上完备了生态养殖技术的实验场，而且，李仕杰本人还在2015年和2017年分获实用新型专利和发明专利。

不过，公司还缺乏研发用的基本设备和设施，现场实验因陋就简，缺乏起码的检测仪器。最近，公司已经在和吉林农业大学动物研究所姜海龙副教授、中国军事医学科学院军事兽医研究所扈荣良研究员商讨合作，使用他们的检测技术，将公司的研发工作提升到新的高度。2019年3月，公司与吉林农大校企合作，向吉林省畜牧业管理局申报了畜牧业新技术推广项目"基于生态养猪的种养结合模式构建与示范"。

四 对"仕杰—云凤"集团的基本评价

李仕杰与李云凤为推动发酵床生态养猪技术，公司与合作社融为一体，建立了双阳区郭家村生态养猪基地，携手艰苦奋斗十多年，将生产者和消费者发展为组织内部成员，以交易内部化方式自我消化融资和销售难题，不仅带动本村、本县农户养猪，还推进了省内外十多个养猪基地的生态技术发展，获得明显成效，他们两位都是名副其实的东北生态养猪产业领军人。

在运作模式上，"仕杰—云凤"集团采取的是以社带企的方式，即公司给合作社投资和投技术，合作社负责运营管理，收益也由合作社为主进行分配。这种方式的长处是，社企完全捆绑，两个机构合为一处，为了一个目标而奋斗，由于一荣俱荣、一损皆损，大大降低了两个经营实体合作的交易成本，

---

① 郭家村小农户每户养育肥猪四头，育肥期4个月，可得净收入6000元。

这在机构创始期从经济角度分析是有益的。此外，社会效益也不可能忽视。当我们看到李仕杰一家老少四口人均成为郭家村村民，经年累月为生态养猪事业打拼，真正实现了"姓农、务农、为农"，从外来人变成自家人，从而得到村里村外群众和政府的完全信任，就感到这是他们的组织经营方式获得的重要社会资本。"仕杰—云凤"集团在当地享有很高的社会信誉，这是在当地进一步发展生态农业和以此为基础推动农民组织化进程的重要条件。

这种方式的短处是，公司无偿支持合作社和村庄发展，致使技术的科学性不能得到进一步研发和提升，交易内部化阻碍了营销技术和营销市场的发展，而且所形成的资金池孕育着相当的风险，同时，现有组织方式和分配机制也可能压抑了集团内部的发展动力，致使很有前景的生态养猪发酵床再造技术不能在更大的范围内得到推广。

在乡村振兴成为国家战略，产业振兴成为乡村振兴首要目标的当下，国家需要能够带领小农户发展生态养猪循环技术的好模式，而以"仕杰—云凤"集团现在的实力和能力，完全有可能走在全国小农户养猪业的前列，不仅在东北、还在全国成为小农户生态养猪循环产业的领军者。

所以，"仕杰—云凤"集团需要站在更高的视角，总结过去、展望未来，厘清问题，重新设计运作模式。

为此目的，下面提出一些不成熟的看法，供参考。

五　"仕杰—云凤"集团商业模式探究

商业模式简言之就是通过什么途径或方式来赚钱（或维持生存与发展）。它包含满足消费者需求的一系列要素及其关系，主要包括客户价值、企业资源和能力、盈利方式三部分内容。

只有三部分综合起来形成了市场独特价值，凭此占据一定的市场优势并且可持续，才算成功。

财务是商业模式的重要表现，看机构的资源来源、运作成本、销售收入从哪里来，到哪里去？

目前看，"仕杰—云凤"集团通过省、县、乡三级服务站将消费者会员和生产者会员组织起来，形成筹资与销售的内部循环，似乎是个成型的模式。不过，运作过于粗放，对于这一模式孕育的设立资金池的风险，集团似尚未看到，也没有提出明确的抵御风险的管理措施。

关于公司与合作社的关系，由于运营方式的完全一体化，致使难以分清各自主体和难于构建不同性质主体之间的关系，因而未能形成有效的商业模式。的确，农禾之家发起百乡工程，希望推进的方向是公司能够将经济价值融入社会价值，合作组织、社团、事业机构能够将社会价值用经济价值来体现，构建新型商业模式，不过，厘清主体和主体关系，是构建模式的第一步。

由于"仕杰—云凤"集团成立之初没有想得很清楚和做好规划，而是在发展过程中根据资源和条件逐步建设，形成的多组织的定位、分工和业务关系具有相当的随意性，这在颇具规模的今天，显然需要重新规划和进行制度设计。

这主要是公司—合作社—归乡—联盟四者的定位、连接、交易和其间的逻辑关系，以及合作社与社员之间的交易关系。需要从厘清现状开始，逐步进入商业模式各个要素的设计。

下面梳理各个组织和相互关系。

（一）公司

从现实看，公司表面上是股权投资，实际上是给合作社一直输血的一般投资人。表面看是公司与合作社两个独立法人搭伙过日子，实际是两个投资者（仕杰、云凤）对合作社矢志支持的个人投资行为。

可以理解为公司成立之初就是为了支持合作社，所以这种投资在投入时就没有明确要有与股权相符的回报，另两位投资人的投资意愿和目的是为了技术研发推广与村庄振兴的社会目的，因而这类投资实质为公益投资。

作为技术研发公司，公司目前的技术投入主要是人力投入，缺乏基本的设备设施，难以应裕进一步发展的需要。

（二）合作社

合作社实行股份制。2009 年，公司投入原始股 600 万元，占总股金的

97%，占股权30%，合作社原始股东15 人，投入股金为17.5 万元，占总股金的3%，占股权 70%。后增资扩股，截至目前的情况需在清产核资后提供。

为维护合作社社员权益，设立之初确定了股份与股权不对等的制度，不仅致使公司权益不能得到保护，而且导致合作社的权益实现缺乏应有的监督，这个制度需要进行合理调整。

合作社运营方式：以世杰公司研发的生态养猪技术为核心，以郭家村为科技示范基地，向外省养猪（企业）户推广并收取世和联盟加盟费维系运营作为主要方式。同时，也在社员中发展小农户养育肥猪。

合作社与农户（含社员）的关系：合作社卖猪崽给农户，同时进行技术辅导，育肥了的猪，农户可自卖也可卖给合作社。小农户养猪本村有 8 户，外地（村）400 户。合作社与在合作社上班的社员更为关系密切。合作社目前入股社员的 300 多户，每年进行股份分红，2018 年股份分红总额达211.046 万元，每户都不一样。

合作社的主要经济来源：是售卖种猪场母猪下的小猪，每头 500—1000 元。2018 年销售种猪、小猪、育肥猪总金额达 900 万元（因销售时未具体分开，无法提供小猪销售额），扣除成本，单项收益约 243 万元。

合作社技术推广方式：基地培训 + 世和联盟指导。所有外部学习者，均需在基地培训一个月，包吃住和教会技术，收费 5000 元/人。参加世和联盟者，除了人员培训外，合作社派人现场巡回辅导，并负责解决所有生态养殖的技术问题。

合作社的生态旅游：主要是本地的消费会员，企业职工和城市居民，到郭家村基地来参观猪舍和吃生态餐，2018 年，有 266 万元用于培训及旅游费用，预计每年有三千至四千人到基地参观学习。

合作社的内置金融：合作社将一部分社员入股资金以生产资料贷款方式放给农户，如种猪、菌液、饲料等，自 2015 年至今，已经贷出 100 多笔，共 1500 万元，还款率百分之百。每个服务站需缴纳 20 万元加盟费，合作社可出借 20 万元以内生产资料，每年从服务站回收产品，再结算账目。而小农户可从合作社贷款生产资料，合作社收取 15% 利息（贫困户不收利息），回收产品时结算账目。

合作社的社会服务事业：合作社设立了社员养老基金，社员投入5万元，隔一个月后，60岁以后每月可领取1000元，直到身故。身后这笔基金可以由儿女继承。目前参加的社员已经有11人，每月发给社员的养老金达1.1万元。在精准扶贫中，合作社还接受政府的转项贷款，投入养猪生产，按照政府要求，将贷款产生利润的30%用于贫困户提供生活补助及照护服务。合作社组成了妇女协会、老年协会、儿童团及文艺队，成为郭家村社区建设的骨干力量。

（三）归乡服务公司

归乡服务公司的前身是北京梁漱溟乡村建设中心的支农大学生及返乡大学生创业团队，后以本乡归乡大学生为主体，于2015年5月28日注册了归乡服务公司。该公司负责基地传播、培训招生和省、县会员服务结算。

六 总结与建议

四合一团队的运营方式是历史形成的，有其合理内核，也有受当时环境、条件制约而不得不为之的无奈。在当今乡村振兴的新时期，需要在现有基础上更进一步，真正实现长期可持续经营，就需要重新考虑商业模式。

我们建议，对现有组织进行重新定位，构建好集团的技术、生产、营销功能，整顿好财务，提炼集团可持续的盈利模式，实现公司与合作社既相互独立又相互促进的目标。

为此，建议从财务入手，做以下几项工作。

（一）历史梳理

分别从公司和合作社两个主体入手，进行事实和账目一一对应的清理，尊重历史事实，厘清为度。

公司股金　投入时间、金额、份额

公司投资　（是否都是投入合作社了）……投在哪里？每一笔的时间、金额、现状

公司负债 （公司有没有负债是否都体现在合作社负债上？）时间、金额、现状

公司资产 （公司有否资产，是否除了无形资产—专利，都体现在合作社资产上）资产原值

公司的股权结构如何？公司各股东的实际投资是多少？

公司的实际资产是什么？有多少？

公司的投资收益有多少？投资收益率是多少？

合作社物质资产（种类、形成来源、运作情况）

金融资产（种类、形成来源、运作情况）

流动资金（形成来源、运作情况）

合作社负债 每一笔的时间、金额、来源、现状

（二）会员账户清理

消费会员 户头，投入，回报，盈余

加盟会员 户头，投入，使用分项核算，盈余

（三）合作社账目

总账和分年账目，成本、费用与利润（亏损）

在梳理清晰之后，需要对集团的商业模式重新作出规划并依此对四个组织进行定位调整。我们的建议是：

第一，厘清商业模式，防范和化解风险。可围绕资金池的资金流向对于风险控制体系作出详细设计，分析风险因子及风控方案，同时考虑在法律层面进行该业务的合法合规性审查。

第二，明晰组织定位，调整业务逻辑的设计。

公司是产业主导还是单纯研发、输出技术？如果是后者（这不但需要且因李仕杰本人的志向和能力，有实现独特技术研发的可能），就要考虑谁来担当商业模式的领跑者，谁来做市场营销？

合作社显然是不合适的。合作社与公司不分彼此，是历史原因造成的，目前，国家乡村振兴战略中，合作社作为农民自发自建的地域性互助合作组织，要在本社区做好专业乃至综合发展，而不是走向全国。建议合作社

在继续作为公司生态养殖基地的同时，进一步厘清长远发展目标，更多思考与村委会、村集体（经济）的关系，进行制度设计和运作方式探索，厘清自己的定位，力争以生态养猪产业为支点，将本村乃至本乡镇的小农户组织起来，带动起来，探索社区化、综合性、互助合作的三农发展之路。

世和联盟可否作为商业模式的领跑者？

世和联盟有几种前途。一是作为行业社团，以郭家村基地为龙头，制定生态养猪产业的生产技术和质量检验标准，通过各地设立的服务示范中心进行指导、培训和技术咨询，推动整个行业发展；二是作为公司，建立生产成员与大市场连接的平台，重在以流通为本的农资和农产品销售上为成员多做服务；三是重组世杰公司，通过世和核心成员入股建成以世杰公司为核心的集团公司，世杰作为领跑公司做好产业规划，不仅在技术上，还有购销、金融、加工、支持合作社等服务。

关于归乡团队，目前的角色不清晰，功能游离。如果走互联、物联的科技商业道路，打造生态养猪、种养循环移动互联平台，是一个面向未来的高端构想，需要独立考虑。

第三，融资是目前集团发展的需要，公司、世和联盟在资金池之外，可考虑直接向市场融资，分立的合作社应主要向政府和农户融资。

第四，关于乡村社区教育，是兼有生产生活、城乡共建共融共享，连接小农户与大市场、老幼妇孺与壮年人等不同人群、不同场域、不同行业的重要领域，也是连接过去、现在、未来的人的教育。目前集团开发的生态养猪培训已经成型，成为向全国进行技术推广的重要平台，可以继续完善。另外合作社拟举办的生产生活学校可考虑以现有生态养猪技术培训为基础，增加若干乡村社区发展课程，并与北京农禾之家咨询服务中心的百乡工程·禾力培训相结合，朝向建立相对完备的乡村社区教育体系的方向发展。

仪陇专题调研

百乡工程仪陇项目调研主报告①

杨团

2019 年 3 月上旬，北京农禾之家咨询服务中心与深圳市辉腾金控公益基金会以及辉腾科技金融一行 9 人，组成百乡工程仪陇项目联合调研组，为总结仪陇乡村发展协会的经验、探索小农户与现代农业农村发展有机衔接的路径，进行了为期 3 天半的调研。之后，整理和补充资料，形成本报告。

仪陇县乡村发展协会（以下简称协会）是 1995 年联合国开发计划署（UNDP）"扶贫与乡村可持续发展项目"② 支持下建立起来的一个非营利性民间组织，1996 年在县民政局注册为社团。其主要工作活动领域包括农民互助合作组织建设、扶贫小额信贷服务、产业服务与公益服务、乡村扶弱济困与妇女参与、社区能力建设与推进乡村可持续发展。协会成立 23 年来，在当地乡村振兴实践中做出了显著成绩。他们以孵化陪伴小农户为主体的合作社和培育回乡创业大户规范成长培育为核心，以社区内置互助金融、产业培育过程中的产业金融和公司化的技术服务为抓手，以合作社、回乡创业大户带动小户形成产业协同与链接，初步探索出小农户与现代农业发展有机衔接的组织体系、技术服务方式、金融支持方式和学习制度，在乡村振兴中创造出了新经验、新业绩。

---

① 本文系百乡工程项目联合调研组的综合性报告。作者系调研组组长，中国社科院社会学研究所研究员，北京农禾之家咨询服务中心理事长。

② 截至 2018 年年末，13 家进入托管平台的合作社，有农户出资建立的互助金融资本金 171.73 万元；5 年来共计分别为本村农户发放贷款 2112 笔，累计滚动发放小额信贷资金 3014.87 万元，在平台托管平台的监管支持推动下，各合作社的互助贷款到期还款率达 80% 以上；5 年来 13 家合作社共计回收利息 242.03 万元；共提取三金 59.38 万元（其中公积金 10.53 万元，公益金 10.53 万元，风险金 38.32 万元）；各合作社成员分红 60.61 万元。

一 协会推动乡村振兴的主要工作

协会在推动乡村振兴中，主要做了下面几项工作。

（一）针对低收入家庭持续开展无须担保抵押扶贫小额贷款

扶贫小贷服务是协会的传统业务，协会的小额贷款资金来自 1996 年联合国开发计划署（UNDP）等多个公益基金会的公益项目赠款，目前有 480 多万元，每年为 1000 多个中低收入家庭通过家庭经营理财与放贷服务，本息等比例偿还，名义利率为 12%。仪陇县的 7 个片区都设立分会，做小贷服务，贷款户能无门坎借贷的同时还能按时偿还，无贷款存淀。自 2014 年以来，不包括合作社内置互助基金和产业滚动基金，仅仅 7 个片区的小额信贷每年贷款资金周转率达到 2.2—2.33 倍，2018 年的放贷总额在 1200 万元左右，在服务乡村中低收入家庭的同时实现了盈亏平衡。

历经 20 多年，协会的小贷对象和用途已经发生较大变化。早中期贷款以扶贫为目标用于农业生产流动资金，现在转化为给经商农户提供周转资金和孩子上学、家庭消费等非农服务了。不过，协会还是坚持小额和无须担保抵押的原则，服务对象转为乡镇中低收入家庭。例如，2018 年全年为 1000 多个家庭提供信贷服务，发放贷款 1022 万元。根据协会的评估资料，2018 年服务的贷款户实现家庭成长性发展的占 40%；实现平稳发展的家庭占 50%；家庭经营活动难以维系与家庭经济特别困难的客户占 10%。这在客观上反映了仪陇县的经济成长。

（二）探索扶持村级集体经济性质的合作社发展之路

自 2005 年始，在县政府的直接支持下，在全县内 16 个贫困村进行建立村级集体性质的农民合作组织建设试验，从资金互助入手，农户自愿出资的政府按 1∶1 配股，特困家庭由政府全额出资，以这样的优惠政策，搭建村级资金互助合作社。入社农户的股金和政府配股资金构成合作社内置互助基金，互助基金以小额信贷的方式运营，以盈余支撑合作社服务村庄的成本。原在民政注册，2014 年全部转为工商登记。

2014 年协会针对合作社在财务、资产经营管理中的问题，对协会孵化创办的 21 家合作社进行清理整顿，开始创建合作社托管服务平台。21 家中的 13 家自愿参加托管平台。从而进入可持续发展轨道，从资金互助的单项业务发展为生产、教育、社区服务的多项并举，合作社成长为支持村庄综合发展的基本力量。其间，村社互助基金持续为村民提供金融支持和生产服务，持续实现社员分红和提取三金，成为维系村庄集体经济和村民凝聚力的主要纽带。

这 13 家村级合作社，社员户 1407 户，占总户数 1/3，占从事农业生产的 8 成。他们建立的社内置基金原始股本金总额为 148 万元，截至 2018 年年底累计发放贷款 5605 笔，累计贷款总额 5136.46 万元；合作社历年累计提取公积金、公益金和风险金总额达 68.30 万元；历年累计给农户分红总额达 99.30 万元，农户自行出资部分已经全部收回。

13 家合作社每年在村内滚动放贷额在 300 万—400 万元。合作社互助基金的贷款利息为 12%，除了提取日常管理人员补贴外，全部用于股份分红、公积金、公益金和风险准备金积累，合作社管理人员每人月领取津贴约为 150—1200 元不等，基于合作社经营收入而确定。自协会设立托管平台，对互助基金实现统一规范管理后，还在完善组织制度，合作社开发了月度评估等工具，推动 13 家合作社走向综合性、社区型的规范化管理。

（三）探索支持回乡创业养牛大户等新型经营主体成长路径

2014 年，协会又争取到支持产业发展的海惠助农中心的公益项目，产业滚动资金 600 万元，推动各合作社动员农户加入养殖母牛的产业项目。协会对参加农户进行培训后，为农户提供每购买 1 头母牛 6000 元无息滚动基金。由村社每月回收不低于 200 元的还款。这种管理方式，帮助合作社逐步建立产业滚动基金。目前 13 家中的 9 家合作社，基金已经累计了 30 万—70 万元不等。这笔产业滚动基金与合作社自有的互助基金成为两个资产轮子，分类管理，持续滚动服务于村庄的生产与生活。让协会的托管平台有了帮扶合作社上更大的空间。协会可以针对不同合作社、不同产业选定产业基金支持的重点。协会拟定了产业滚动基金分期逐月偿还原则，期限针对不同产业的周期而定。产业滚动基金由村社使用管理，协会托管平台主要起到服务和监管两个基金，保障可持续运行。

由于协会不仅有小额贷款，还有产业发展滚动基金和合作社内置互助基金两个工具，致使为农的贷款服务有了较为坚实的基础，预估 2020 年发放贷款将在 2500 万元以上。

（四）乡村社区公益服务

协会作为公益社团，长期在一线做扶贫和农村发展工作，从而深入了解乡村的各类问题。在乡村教育领域，针对事实孤儿和小学教育质量低问题，在慈善公益组织常年的支持下，历经 8—10 年，开发了乡村公平教育项目：一是乡村小学事实孤儿关爱陪伴项目，常年陪伴事实孤儿 350 名左右；二是乡村小学建立学生自由学习活动空间和学生志愿者团队；三是乡村对接城市优质教育资源开发互联网教育，这些针对农村教育问题开展的项目活动，不仅支持了乡村儿童和学校发展，也让协会成长出一支优秀团队，服务于乡村教育，协会服务乡村的综合能力获得长足发展。

二 协会推动乡村振兴的主要经验

（一）构建托管平台，推动产业发展

2005 年，在政府支持下建设了 16 个村级资金互助社。在 2014 年之前，各个合作社自行管理财务，协会予以技术指导。随着时间的推移，合作社的互助资金总量和资产种类不断增加，原有的现金管理方式显然不适应了，所收现金不记账、不能及时入库，造成大量资金体外循环，时间一久，导致整盘经营账务虚假，合作社财务做假账普遍化。当时协会只能做人才培训支持，没有核对合作社账目收支的权力和银行对账的手段，无法介入监管，合作社财务管理混乱局面愈演愈烈。协会监督形同虚设。财务管理这一核心问题解决不好，再有潜力的合作社也可能毁于一旦。

2013 年，协会对自己领办的 21 个村级合作社进行了为期一年的全面细致的清产核资，下决心探索一条能真正帮助合作社规范成长的路径。2014 年，协会对合作社的管委会成员进行普遍的引导教育，动员说服大家与协

会一道进行合作社财务托管的探索试验。最终 16 家合作社中有 13 家自愿接受托管，与协会签订了托管协议。协会首先要求这 13 家合作社在工商都登记了农业专业合作社，并采用农业部合作社财务系统重新建立了标准财务系统，托管协议中规定了合作社现金由协会全托管，各社互助基金经营过程也由协会全程监管。托管和监管的主要内容有：①协会托管平台每月对合作社财务凭证进行回收稽核；②与合作社一道到银行进行月度对账；③协会为合作社月度做账和月度财务核算；④对合作社月度互助基金、产业滚动基金所有发放进行月度监管；⑤对互助基金、产业滚动基金的所有回收经过银行月度对账进行监管；等等。这些托管和监管的方式，规范了合作社财务核算管理，使合作社的财务、现金、核算、资产经营管理过程监管等等，统统走上了规范化、标准化管理的道路。

在合作社托管的基础上，协会针对当地老人种养殖，农业后继乏人的问题，开始重视对回乡创业青年的培育。在当地养牛业发育期，就开始借鉴合作社托管的经验，开展托管养牛家庭农场和生产组的新的尝试。在协会的引导支持下，现有 30 户大户成长为专事养牛的家庭农场，30 户又带动周边近 500 户小农户形成众多养牛小组集结的养牛产业集群。

协会对全县 100 多户养牛大户首先进行一对一的家庭农场商业计划梳理，建立家庭农场财务体系，引导养殖大户自愿加入托管平台。截至 2018 年年底，70 多户还在孵化培育阶段的养牛大户基本进入盈亏平衡阶段，30 多户已经成长为规范的家庭农场，这次的托管之所以称为孵化，是因为针对的大都是返乡青年养牛户。孵化从买牛开始，经历饲料、粪便处理、母牛配种、犊牛育肥、销售的全过程，协会手把手教他们计算家庭财务收支，引导他们带动小农户组成养牛互助组。这笔养牛产业滚动基金不仅用于回乡创业养牛大户，还发放给 13 家合作社，促推合作社下设养牛生产互助组。目前，协会托管平台从孵化组织、培育人才已经发展到服务引导、财务监管，成为陪伴家庭农场和合作社成长的全过程全功能平台。

托管平台孵化和陪伴支持的 13 家合作社及养牛大户和带动周边小农户的受益范围已覆盖全县。协会领办的合作社和家庭农场 2018 年投入 2200 多万元，购进育肥牛 2800 头；年末存栏育肥牛 3160 头，全年销售育肥牛 2512 头，销售总额 3500 多万元；净收入 750 多万元。

（二）形成对村（社）、农户的组织化服务学习机制

改革开放以来，农村社会发生巨变，乡村原来的传统体制服务几乎全部解体，计划体制的农业生产技术服务体系因不适应市场体系，几近解体，严重阻碍了农业的高质量发展。

农业生产体系已经改变，当下农业生产大部分由分散的小农户完成。由于换代效应，小农户们已经不懂得如何种地和养殖，所有的农业技术都需要从头学起。而学习的过程不仅要与实践相连，还必须通过相互交流来去伪存真，加深认知。如何让新一代的小农户能够学好本领，同时又能在实践与学习过程中建立相互信任，组织起来，形成凝聚社区的新生的内生动力，形成在生产和生活中互帮互助的组织化机制，这不仅是农业生产的需要，更是培育新一代农民的需要。

在今天的村庄，建立相互信任已经不再可能自然而然、自发形成，而是需要有目标、有方式、有工具去培育。协会在多年实践中对此有深刻认识，所以开发出一套培育新型农民和农民组织的方法和工具，即以建立互信的财务体系为手段，针对需求组织和引导农民，在基本互信基础上共同学习，全面提升素质和能力。学习内容主要包括：合作社、家庭农场的组织建设，现代农业的基本要素，推以市场为导向的联合引导，金融能力与家庭经营的财务分析等。

这套方法的要点有三：

一是顶层规划。托管工作以月度为节奏，以财务核算为核心，以参与式讨论为方法，形成了县、村、户三级之间横纵交错、紧密结合的一整套活动设计，称为"服务学习制度"。每个月在协会托管平台上，有两场雷打不动的集中活动，这就是 13 家合作社全体管委会成员百多人，以及养牛大户 50 多人分别到县上的集中学习。这类活动已经持续了 5 年，形成了惯例。

二是组织方式。县托管平台上的合作社网络就是协会带领十多年的 13 家合作社，养牛大户的网络是按照以地理片区为单位组成养牛户小组，以小组为单位进入托管平台的。

三是操作统计。以每月合作社的集中活动为例。活动开始，县托管平台要报告每月托管情况，将每月底到银行核查的 13 家受托合作社的银行对

账单公之于众。包括各社互助基金财务收支情况；各社月度产业滚动基金回收情况。然后按照托管平台设计的工作量计量表的规定，将协会考核的各社社区服务工作量计量和前两项进行统一考评，公布分数，接着按照业绩考评发放津贴。津贴一部分来自各合作社互助基金经营利润（有相关制度规定），一部分来自协会向公益机构申请的产业基金项目管理费。这样每月一次按制度约定的考核和津贴发放，有标准、有规范、动态化，让合作社形成了稳定的激励预期，激励他们按计划放款和回收，做好社区服务。经过几年周而复始的操作细节的完善，这项工作已经行之有效。

这样的学习机制也被用于回乡创业的养牛大户，与合作社不同点在于，养牛大户要以家庭理财的财务核算为核心。协会托管平台教给他们的不仅有与合作社类似的产业滚动基金的借贷与还贷，还有以家庭为核算单位的全面的家庭记账和家庭资产核算。有养牛大户告知调研组："要不是协会帮助，我只知道花钱如流水，不知道钱花在哪里了，是不是合算，也不知道是盈是亏，只能硬着头皮闯。现在好了，每个月协会教我算账，心中有数了，也知道怎样生产和经营了。"

四是意识引导。协会将合作社、养牛大户每月一次到县上的集中活动，视为对其进行教育引导的主要机会，将教育引导渗入到业务活动中。帮助合作社骨干建立服务意识，让他们理解自己的角色不仅是基金管理更是适应社员需求的服务，不仅做金融服务，还要做生产服务、生活服务。每个合作社不仅在县托管平台上要自检、他检，更是按照县托管平台的要求，根据月度行动计划，每个月都要组织本社全体社员（13 社合计有 3000 多人）集中学习，分享本社的月度行动计划的完成情况、经营情况、进行社区清洁卫生评比、结合社区发展需求进行知识和技术培训、防疫指导，等等。这就是在县例会基础上的 13 个社的月例会，县例会在前，社例会在后，社例会就模仿县托管平台召开例会的方法，充分利用县托管平台提供的本社和其他社的月度数据，表彰先进、刺激后进，勉励大家在 13 个社的横向对比中走在前列。

在意识引导上，协会着眼于放大合作社和养牛户这两个网络的效应。不仅传播农民互助合作理念、经营意识、科技推广等知识、技术和经验，还结合党和政府政策下达，农村突发问题处理，生态环保知识和社区服务等进行培训。这些工作和业务结合起来讨论，激发了管委会一班人的主体意识和负责精神。他们用民主的讨论方式，面对问题自己找到解决的方案，对于养成民主自治和自律的习惯是很有益的。

五是服务活动。每个社都设有管委会，其成员分片区对本社贷款农户进行审核审批，动员农户参加产业基金计划，支持农户分专业成立生产互助组等。对于本村社留守老人和儿童也有一套社区月度服务计划。这些工作统统都要按照托管平台规定的工作流程。在县例会之前进行计量、考核、自评，将结果带入县例会，进入托管平台对全部托管对象的横向考核与比较，形成月度绩效评分，与津贴和奖励挂钩。

协会带领管委会成员、村社管委会成员带领社员，共同参与以生产经营为核心的业务活动计划、财务收支讨论和工作绩效评估，这种活动不断重复的结果，就让普通农户逐渐形成对管理规则的共同认知，也逐渐习惯了公开透明、平等商讨场景下的公共讨论。农户之间、骨干之间、协会与农民之间的相互信任，就在情感和理性相辅相成的基础上生发和增长，以自治为基础村庄乡村治理就在这样的公共生活基础上逐渐成形。

2014 年以来，托管平台上已经连续 5 年 60 个月，进行了协会—村社之间往复不断的工作流程循环，大大强化了以果（评估结果）为因（计划），以因（计划）促果（评估结果）的正反馈过程，形成了县—（村）社—户有机衔接的网络型组织的制度化连接机制。这对于培育合作社内部的共同治理和民主管理起到了重要的作用，也为合作社管委会成为村社新型集体经济组织核心做出了有益探索。

这种针对问题、每月一次、循环往复的社（组）与农户，协会与社（组）之间横纵交错的网络活动，培育了协会、合作社和农户三个主体之间的信任，还形成了同地域、同产业的生产者之间的互信。

协会与村社，村社与社员，月复一月，年复一年如此持续进行的目标明确、规范和标准清晰、全员参与的社区生产经营活动的大讨论、大核算、大检查、大评比，甚至成为工作机制，这在全国各地尚不曾见。这其中可发掘的不仅是经济价值，更有社区价值、民主治理和可持续生计的多元价值。

（三）以财务核算为基础培育合作社和农户

在协会的探索中，无论合作社还是养牛大户（家庭农场），都已经不再是传统农业的主体，而是迈向现代农业的新型主体。其间，学习、使用现代科学技术和成片带动小农户形成规模效益，彰显了新型主体较之个体农户、传统的合作社以及大规模资本化农场有更高的单位产出率。对于他们的支持和援助，是乡村振兴事业的重要组成部分。从仪陇经验看来，财务核算算是支持和援助的牛鼻子。

协会以财务核算为核心，按照国家法律要求建设合作社和养牛大户（家庭农场）的财务体系，按月帮助其进行财务稽核、银行对账、记账核算管理和经营价值链的梳理和财务分析，事实证明，它切合了合作社和农户家庭的实际需要，防控了财务风险，加强了经营管理，是引导合作社和家庭农场健康成长的一条重要经验。

（四）技术服务推广的创新模式

当改革之前的行政性农业技术服务体系基本解体后，各地的农业生产技术服务主要依赖技术人员的个体服务。但个体服务很大程度上只管服务不管成败。养牛产业是否成熟，关键看养牛产业生态链能否形成和良性循环，其中，养牛技术尤其是母牛配种技术是核心问题。以往当地配种服务完全属于个体行为，只顾当下不管之后，只顾收费不管成效。配种改良、配种质量、母牛发情、母牛空怀率、产子困难等问题都无人问津。这导致母牛饲养户难以解决上述问题而放弃养殖。仪陇县政府以往投入重金倡导养牛，之所以没能成功的重要原因就是养殖效率低下。

协会认识到这个问题后，自 2016 年起，就着眼于引进外省先进的养牛技术服务公司。曾经与云南一家公司合作，对仪陇当地养牛户逐户进行饲养管理、经营管理、种群构建等进行为期一年的技术培训和服务推动，扭转了当地养殖户一直用传统养牛方式进行养殖的做法，改变养殖户的饲养经营管理理念，使其逐步走上现代饲养的路。

当该公司离开后，协会针对最紧迫的母牛配种问题，引进专门做母牛保育、精通配种技术的国家高级畜牧师，但是只有技术人才，缺乏管理、资金和运作经验还是不行。协会就从设立公司、投入资金到制度强设给予了一揽子支持。

新设立的宝牛在协会要求下，建立了母牛保育服务的系统制度，与每一头能繁母牛养殖农户签订母牛保育技术服务协议。建立母牛档案，并对农户进行保育母牛产子和饲养全程培训。

为勉励该公司做好养牛户和市场的连接，为农户提供高质量、适宜成本的技术服务，协会承诺为签约的保育母牛提供每天 0.4 元的技术服务费，同时为技术服务公司提供免费食宿和技术服务过程中的交通费补贴，还支持宝牛公司分片区进行母牛普检，推动养牛户与宝牛公司建立信任关系。推行母牛普检 5 个多月来，近 500 头母牛已经签署了服务协议，母牛需要进行长程技术服务的观念在全县形成了气候，过往因配种配不上而放弃饲养母牛的农户，重新开始饲养母牛。

协会还从发展壮大当地养牛业出发，决定筹款建立配种站、冻精站，未来向着建立川东地区高品代能繁母牛基地的目标发展。

（五）合作社的社区综合服务评估与补贴机制化

合作社互助基金的管委会成员都是农民，他们为社员和村民提供的服务，要花费时间和精力成本，应该予以补贴。补贴是让参与公共服务的农民骨干安心长期服务的一种制度保障。况且，除了起到保障作用外，按照合理规则发放的补贴还可以起到激励作用。为此，需要进行补贴的制度设计。

制度设计的关键之一是活动量化的标准制定。协会与合作社一道，积多年经验，开发了合作社服务的各类活动的计量标准、制定了服务补贴标准和服务评估方法。协会将合作社管委会成员的日常服务范围划分：组织管委会的活动和互助小组活动、资产经营管理、社区生产服务、社区公共服务、对外活动等 5 类；再根据每项活动工作量与误工时间确定补贴标准。

（六）与公益组织的紧密合作

协会作为一个乡村农村发展公益组织，以往成功的扶贫小额贷款工作不仅在国家扶贫办以及当地政府层面获得极大肯定，而且也在社会公益界创下好口碑。自 2014 年至 2018 年 5 年间，主要包括四川海惠助贫服务中心、施永青（香港）基金、招商基金会、香港为普、美国无为和谐基金会等六家公益基金会稳定持续地为协会提供了助学、支教、社区发展、产业支持的公益资金共 1648.7633 万元。协会的社会服务业务涉及农村金融、社区内置金融、农民合作社组织、家庭农场孵化成长陪伴、乡村小学公平教育、乡村特困事实孤儿关爱陪伴等领域。这让仪陇县成为四川省乃至西南地区社会公益服务最突出的地区。

三　协会可持续发展的主要难题

协会可持续发展的难题来自协会特有的资金来源结构。

协会业务分为以下三部分。

一是产业发展。主要通过协会托管平台孵化扶持的 13 家合作社和回乡创业养牛户带领小农户发展；二是小额贷款。针对县域范围的乡村中低收入家庭，无须担保抵押，属于扶贫性质；三是乡村教育。在县域乡村小学开展公平教育，对留守儿童中特困事实孤儿实施关爱陪伴助学。

这三部分业务的资金来源如下。

——产业发展资金：大头来自公益组织交由协会托管、规定无息贷款的 640 万元，每年可滚动发放产业资金 800 万元左右。小头来自协会托管的 13 家合作社自有互助基金 380 多万元，每年滚动发放 400 万—500 万元，主要用于产业发展，兼有家庭消费服务。

——小额贷款资金：主要来自 20 多年前联合国开发计划署（UNDP）的项目赠款，再加上国际友人捐赠，共计 480 万元左右，平均每年滚动发放贷款 1200 万元左右。

——乡村教育的资金：完全来自协会向各个基金会争取的项目资金。

由于资金来源不同，公益资金捐赠要求专款专用，专门报告，因此协会的财务必须分别建账。协会的财务分为经营性账目、公益性项目、托管服务三类，分别对应着扶贫小额贷款、产业发展公益基金和乡村教育公益项目、合作社自有基金。

主要难题有以下几方面。

（1）协会着力推动的产业发展没有自有资金。这样的资金来源结构意味着协会自身可运作的资金只有 480 万元扶贫小额贷款，这笔资金的产权完全归属协会。公益项目资金包括产业发展公益资金都是一事一议。迄今，产业发展公益基金的持有方海惠助贫服务中心与仪陇协会签署的 5 年合同期将到期（2019 年 6 月），这笔捐赠资金是否归属仪陇协会还有待商议。正是因为产业发展基金来自公益组织，要求无息贷款，协会所需的管理费用另行申报由公益组织核查拨付，协会没有自行运作的空间。所以，协会的自身发展受制于这样的财务体系。从 2018 年财务收支账中可见一斑。

2018 年，全年协会自身纯收入 191.42 万元，其中扶贫小贷这个唯一的经营性服务，其收入为 126.4 万元，占比 66%；执行公益项目的人员费用收入 32.76 万元；政府支持、个人捐赠及其他营业外收入 32.26 万元。当年总支出 186.016 万元，其中金融成本支出 1.976 万元，本年提取贷款损失准备金 23.58 万元，人员工资保险及福利开支 137.1 万元，机构全年综合性管理费支出 21.73 万元，其他营业外支出 1.63 万元。2018 年的收益留存为全年总收入 191.42 万元减去全年总支出 186.016 万元，实现收益留存约 5.4 万元。

显然，协会着力推动的产业发展没有自有资金，而是拥有公益捐赠的 5 年期产业资金的使用权，协会受制于公益规制，不能依照市场规制收取服务费，这就让自身的发展受限。

（2）现有资金结构让协会无法构建统一的运营模式，经常处于公益运作和市场经营的张力之中。

协会的运营模式有三：一是小额贷款收取利息；二是无偿（合作社托管）和公益付费（产业基金）的托管服务；三是公益项目成本核算服务。这三种方式的入口、出口、性质都有所不同，且主体偏重公益服务，这导致协会难于建立完整统一的运营模式。

从协会自身诉求和发展前景看，协会对合作社和回乡创业养牛户的托管服务最能适应当前仪陇县域经济发展需求，尤其目前的托管已经形成体系，成为对合作社及其社员、养牛大户及其与小户集群的支持性平台，如能有政策支持，前景很可观。但是，目前的运营模式，还是继承 20 多年前开辟的扶贫小贷收取定额利息为主要方式，就完全不能适应发展的需要了。协会托管合作社从 2014 年开始，村级合作社小而散，为支持他们的自主发展，协会以自己微薄的财务能力，即扶贫小贷的利息收入和各项业务中的管理剩余，无偿支持了托管合作社的成本。而当 2017 年以来，协会以产业公益基金引入合作社和孵化养牛大户，产业每天在发展，参与的农户越来越多，新的养牛合作社也在组建中，托管从项目走向平台，协会面临转型，业务转型—运作模式转型—财务模式转型—组织模式转型的难题摆在协会面前

（3）协会目前的人力资源及其组织格局无法适应发展需要。

协会现有职工 23 人，内设 3 部 1 室，在 7 个片区设立分会。其中，担当协会自有资金小额贷款的是小贷部，总部人加上 7 个分会的人员共有 10.5 人；担当合作社托管平台服务、养牛产业扶持托管服务乃至宝牛公司服务是农村发展部，计有员工 4.5 人；担当社会公益服务的是社会服务部，有全职工作人员 5 人。协会人力资源与后勤财务部 3 人。协会主营的产业发展业务的人员只占全体人员的不足两成（19.5%）。主营业务人员不足的原因可能是经费不足，因为这部分人员经费主要来自公益项目可丁可卯的人力成本核算，不足部分协会只能再行向别的公益组织申请。而随着托管服务业务逐年增长，人力资源严重不足已经影响到工作开展。

还有一个比较严重的问题是，协会全职工作人员中除了社会服务部有几个大学毕业生相对年轻化之外，小贷部和农村发展部的人员老化严重，平均年龄为 50 多岁，已到退休年龄的 8 人还在继续工作，上三险一金的员工有 15 人，协会员工全年平均工资、福利、保险人平在 5 万元左右，每人平均月收入仅为 3000 多元，这个收入与十年前的水平基本持平，而十年前还算较高收入的这个水平，目前已经成为人才市场上的垫底水平（大学生入职政府和事业单位的一般年工资水平（不包括保险）为 6 万元）。待遇低，是协会难以招来人才，人力资源不可持续的主因。

四　我们的建议

（一）总结协会扶贫和乡村振兴经验，设立试验区，逐步推广

仪陇乡村发展协会是我国扶贫公益组织当中历史长、管理好、规范性强、屡屡创造突出经验的优秀组织，尤其 2014 年以来，在互助金融的基础

上创造的以托管平台方式扶持、陪伴合作社成长的经验，又通过引进公益项目，建立养牛产业滚动基金，并以平台托管方式孵化养牛家庭农场和带动小农户养牛的经验，都具有重要价值。在农民组织化和提升农民素质这个世纪难题上，仪陇协会集教育引导、孵化培育、资产托管、财务监管、成长陪伴为一体的托管服务平台的探索已成体系，效果斐然，如能再进一步规模化、规范化，在仪陇县域推开，并总结经验，未来甚至有可能上升到国家层面进行普遍推广。

建议仪陇县党委、政府，同时进行两方面的工作，一是对仪陇养牛产业做好调研并进一步提出产业规划，在县内选择合适地区，设立养牛产业试验区（建议试验区与乡镇地域嵌套，以汇聚现有资源和人力）；二是动员力量、认真总结协会的上述经验，将其经验形成更加完备试验区运作机制。两方面工作整合，可考虑由政府投入政策和资金，筹集仪陇养牛产业基金，委托协会作为试验区托管平台的领军。

（二）支持仪陇协会建立全县托管平台

试验区内，政府可委托协会建立托管服务平台，并考虑以多种方式，整合与运用基层乡镇现有的各种组织，例如，农业技术部门、科协农技协部门、供销社部门和在乡企业等资源和人力，在已有经验上有步骤有计划地逐步拓展。另可考虑将联合党委等党的建设方式融进托管平台，自下而上与自上而下结合，将合作社、养牛生产组等经济组织与协会等社会组织与党的组织融合起来。

（三）协会重新定位

在乡村振兴中，仪陇协会需要适应新形势的发展，总结20多年来的经验和教训，考虑如何重新定位。

仪陇协会以往在扶贫工作中业绩卓著，而且早在三年前，国家尚未提出乡村振兴战略，就将工作重点转移到产业振兴方向，开始了扶贫工作与乡村振兴尤其产业振兴的有机衔接。乡村振兴是包含扶贫工作、产业振兴、人才振兴、生态振兴、文化振兴和组织振兴的综合性的全面振兴，是自现在起到2050年的新时期国家大力实施的重点战略。仪陇协会早于其他公益组织率先认识了这个新时期的目标，而且领先实践，那么，只要做好新时期的定位，就可能走出一条创新的道路。

建议仪陇协会可以考虑在现有基础上，以技术和资金入股的方式设立养牛股份公司，同时组建县域范围的养牛行业协会，将公益服务孵化为一家社会服务机构。这样，协会就有可能将公司、行业协会、社会服务机构统合为服务仪陇县域乡村振兴的、以产业振兴为主轴的具有公益性的管理集团。管理集团的主要目标，可以放在做好政府与农民合作组织、产业组织的连接上，而连接方式离不开规范化、规模化的托管服务平台。还可以考虑扩大托管范围，甚至以托管方式会聚其他的产业公司。

为了做好托管平台的服务，需要有规划、有目标、有组织、有资源、有人才、有制度。集团的成员不仅包括现有的 13 家合作社和养牛大户，未来还可大为拓展。

为实现管理集团的定位，协会必须扩大自有资金规模，以及拥有使用权的资金规模，加强市场化的经营运作，拓展发展空间，从而将这些年经验累积形成的优势尽最大可能地体现出来。只要协会能在突出优势中弥补资金不足、人才不足的劣势，就完全可能在国家乡村振兴的新时期登上新台阶，创造新经验，不仅为仪陇县，也为四川为全国作出更多贡献。

仪陇乡村发展协会小额信贷与互助合作金融调研报告[①]

孙同全[②]

1995 年，中国国际经济技术交流中心、四川省仪陇县人民政府与联合国开发计划署（UNDP）合作，在仪陇开展了"乡村综合扶贫与可持续发展项目"（以下简称项目），其中一项重要内容是小额信贷扶贫。为了小额信贷能够长期帮助中低收入农户发展，1996 年 3 月，仪陇乡村发展协会成立，成为中国最早的以扶助贫困人口、促进农村社区发展为宗旨的非营利性社团组织之一。

经过了 20 多年的建设与发展，协会在巩固小额信贷的基础上发展出了互助基金，村级产业发展滚动基金和协会产业发展滚动基金等业务，创造出了地方特色，呈现了良性发展的势头。

一 仪陇乡村发展协会的起源与发展历程

（一）起源

在 UNDP 中项目中，小额信贷扶贫是主要内容之一。在该项目中，划归小额贷款业务的资金共计 297 万人民币，实行低息、小额、滚动式发展。

成立 20 多年来，协会的小额信贷业务经历了不平凡的发展过程，曾有

---

① 本文系百乡工程项目联合调研组的专题报告。
② 作者系中国社科院农村发展研究所研究员、农村金融研究室主任。

过蓬勃向上的良好发展势头，但也经历过几次严重挫折，损失了大量信贷资产；也尝试过股份制，以调动员工积极性，但最终退尽个人和企业股金，仍全部使用公益捐赠资金作为贷款本金，面向城乡中低收入家庭提供小额信贷服务。因此，协会将小额信贷业务称为"公益小贷"。

直至 2013 年，仪陇协会陆续接受了其他十几家国际多双边援助机构、民间组织或企业捐赠的小额信贷资金，约 560 万元人民币。这样，仪陇协会接受捐赠的小额信贷资金共计 850 多万元。截至 2018 年年底，小额信贷资产共 5777668.18 元。

（二）发展

1. 互助基金

2005 年下半年，在继续开展小额信贷扶贫业务的同时，在地方政府的支持下，协会开展了村级互助基金试点，该业务以互助基金为纽带利用村民在生产生活过程中的闲散和剩余资金，通过基金实现资金有效配置。另外，协会还通过推动成员间的相互信任、相互帮助、互相学习交流，提高农民组织化程度。从此，协会开始了从单一的小额信贷扶贫向农民合作组织及其内部互助合作金融孵化"两条腿"并进的探索。

互助基金的组建方法是：村民自愿申请入股，每股 1000 元，其中农户自己出资 500 元，政府按 1∶1 的比例配股 500 元；为了帮助贫困农户参与基金活动，政府为通过自愿申请、村民民主推荐，经村支委、村委会认可，县扶贫办审核批准的贫困农户，赠送 1 股，即人民币 1000 元。2005—2008年仪陇协会先后培育了 22 个村级互助基金。这些互助基金在民政部门注册等级为社团组织，成为扶贫互助社。

在国家政策允许农民专业合作社内部开展信用合作业务之后，协会帮助各村扶贫互助社陆续转制为农民专业合作社，将互助基金转变为合作社内部的信用合作，成为农民为主体的资金互助、生产联合、购销合作相结合的新型农村经营组织。它带领和帮助分散小农适应市场经济发展，促进社区人们的和谐共同发展，同时也增强了互助基金业务的合规性。

由于各合作社缺乏具有金融业务知识和能力的管理人员，为了提高互助基金的管理水平，加强风险管控，协会与各合作社协商，由协会对合作社的财务进行托管，合作社自主管理信贷发放业务，但接受协会的监督。截至2018年年底，有13家合作社仍然委托仪陇协会管理互助基金财务，并进行合规监管。其中，10家成立于2006年，2家成立于2010年，1家成立于2014年。

2. 产业发展基金

合作社的发展对乡村的产业发展提出了更高的要求。通过与合作社成员的共同探讨，协会决定在全其推广肉牛养殖产业的发展。2010年至今，协会先后申请到小母牛、招商基金会、施永青基金的资助，建立了产业发展基金，在合作社层面针对贫困小农户进行有组织的养牛产业培育。协会一方面推动合作社组织小农户养殖母牛，另一方面对回乡创业的养牛大户进行培训和陪伴支持。截至2019年一季度，已有70多家养牛大户经培育实现了盈亏平衡，其中30多家回乡创业养牛大户发展为养牛家庭农场，并带领周边小农户呈集群式发展。

二 运营模式

目前，协会管理着四种信贷资金：小额信贷资金、合作社互助基金、产业发展滚动基金（含村级合作社基金和协会基金两种）。其中：①小额信贷资金由协会的信贷部管理，单独运行，其收入完全归属协会；②合作社互助基金是由各村合作社经营，收入归属合作社，同时由协会托管，目的是培养合作社的能力并保证基金使用合规，控制风险；③产业发展滚动基金是用于支持乡村养牛产业发展的资金。产业滚动发展基金又分为两部分，其中：①合作社基金用于支持合作社小农户的资金，存放于合作社的银行账户中；②协会产业基金是用于支持家庭农场带领周边小农户的资金，存放于协会的银行账户。前者由合作社管理使用，但是由协会监管；后者直接由协会管理使用。这样，合作社基金和协会基金都在协会的统一管理或监管之下，由协会设立的农村发展部负责（见图1）。

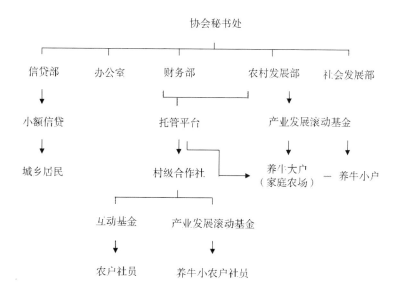

图 1　仪陇协会小额信贷、互助基金和产业发展滚动基金组织与服务结构图

协会农村发展部与财务部共同成立了托管平台，对合作社的两项资金业务的财务进行托管，并以此为基础对合作社组织建设提供支持。另外，托管平台还为养牛家庭农场提供财务记账与核算等教育和辅导服务，扶持和陪伴其成长，帮助他们引进肉牛新品种，为引进肉牛繁育技术服务公司提供技术服务，并对技术服务公司的服务进行监督，从而建立肉牛产业和新型农业经营主体的培育孵化体系。

（一）小额信贷运营模式

1. 目标客户、业务区域与信贷产品

历经 20 多年，协会的小贷对象和用途已经随着农村社会的变迁发生较大变化。早中期的目标客户以乡村扶贫对象为主，近几年逐渐转化为城乡中低收入家庭。贷款产品分为四种：一是生产经营性贷款，包括小微型加工、小商业、服务业、餐饮、运输物流以及农村规模化养殖、承包（种植）经营等；二是消费性贷款，包括用于自建房、购买自住房产、子女入学学费，以及用于家庭临时性开支等；三是重组贷款，对家庭出现还款困难，经调查审核符合重组条件的拖欠大于 120 天以上的不良贷款；四是续借贷

款，即借款时间超过3个月且能够正常还款的，可以续借另外一笔贷款，但贷款余额总额不超过3万元上限。单笔贷款额度最高限额为3万元，贷款期限一般1年，名义利率12%，采取等额本息、每月还款的办法，不需要担保或抵押。

2. 风险管理与内部控制

协会将小额信贷业务的风险管理寓于日常信贷管理和服务之中。第一，要保证客户全部信息的真实性。每个客户都有信贷员和信贷部两次入户调查，对客户家庭成员、资产负债、家庭经营情况进行详细了解。第二，对每个贷款客户，要根据其家庭经营和家庭现金流能力量身给他们贷款额度，贷款后及时进行贷款使用跟踪。第三，严格要求信贷员督导借款户遵守信誉按日偿还贷款，训练客户良好的偿还贷款习惯。第四，贷后要求信贷人员对其服务的客户进行潜在风险客户、风险客户、重控风险客户分类管理，协会风险管理人员逐月、逐户进行风险客户稽核、协助、督导信贷员对重控风险客户跟踪管理，对凡是有一定偿还能力的家庭根据家庭实际情况及时进行信贷重组管理，根据特困家庭还款能力进行贷款重组，减轻特困家庭偿还压力，保证特困贷款客户能坚持按时进行偿还贷款。对个别不诚信客户进行诉讼。第五，信贷后台管理：协会每天都对信贷放贷和回收进行当天核对，每月由外部对一线信贷员服务的客户进行住户电话抽查稽核，保证客户贷还款信息的真实性。第六，强化对信贷员的培训、教育、控制、管理，提高信贷人员的客户调查度量能力和业务水平，对员工的工作每月进行考核。第七，建立起科学的公益小额信贷的绩效考核体系：一是引导信贷人员日常信贷经营管理向低收入群体倾斜；二是严格的信贷本金保全和严格的风险额度考核，严格控制日常贷款发放，避免经营风险发生。

3. 社会绩效管理

作为一个促进乡村发展的民间公益组织，协会始终不忘初心，非常重视社会绩效管理工作，不仅一以贯之地要求其工作人员秉承其宗旨和目标，而且建立了以公益价值取向为目标的公益小额信贷社会绩效考核激励机制，从主要依靠经营经济指标考核转为主要以社会绩效考核指标进行激励，以促使信贷工作人员在信贷扶贫与信贷经营之间保持平衡。

为了衡量小额信贷对支持对象产生的经济社会影响，协会还使用了"客户家庭状况调查表"，建立起对服务对象的社会绩效评价系统。该评价方法是要求信贷人员使用该调查表每月对客户家庭状况进行调查。调查内容包括家庭基本信息、经营和消费情况、申请贷款时家庭资产负债和收入支出情况、贷款用途以及家庭成员信用情况等，并在调查信息的基础上对客户作出信用状况评分，作为信贷决策的参考依据。如果同一客户循环借款，每次都填写调查表，就可以形成该客户连续的家庭发展状况信息表，为分析小额信贷对农户家庭的经济社会影响提供依据。

（二）合作社互助基金运作模式

1. 合作社互助基金使用原则和方法

合作社互助基金是由自由加入合作社成员出资，政府支持的方式形成，其营运的原则是民主、便捷、小额、短期、高效、连续滚动。互助基金使用对象范围不仅仅是社员，还包括本村农户，严禁互助基金向外村发放。贷款用途包括农业生产、加工、集镇小工商业以及生活性用款。每户的贷款余额最高不得超过互助基金总资产的5％。贷款期限分为一年期、半年期、三个月期三种。贷款名义利率每年不得低于10％，可根据市场需求，经成员讨论通过后上调，但不得超过国家法律限定范围。还款原则上是每月一次，采取等额本息的办法，不需要担保或抵押。农户第一笔贷款使用三个月后并能按期还款的，可以申请第二笔贷款，但两笔贷款的余额之和不能超过上述最高限额。

2. 互助基金的内控与风险管理

合作社设立互助基金经营管理部，在合作社管委会监督支持下开展信贷服务活动。合作社成员推选三名互助基金经营服务管理人员在合作社制定的各项信贷政策、制度规定范围内全权负责互助基金贷款共同审批后发放。管理人员任期5年，可连选连任。

三位管理人员实行分片区负责制，对本片区农户信贷需求收集、贷前调查、贷款回收的管理负责。新贷款的发放须在收贷正常的情况下方能进行。互助基金的贷款发放和回收等情况都要在成员定期活动时和固定的活动地点公示。合作社互助基金经营管理部负责人负责将当月回收的贷款及时存入合作社银行账户，并将当月的贷款发放、贷款回收的全部原始凭证（贷款协议及贷款发放凭证、还款凭证、银行进账单据等资料）及时整理汇总，交协会社区协调员审核后，上送托管平台并每月进行银行对账审核做账，不得将发放与回收的现金在"体外循环"。

为应对可能的经营损失，各合作社原则上需要从当年盈余中提取 10% 作为风险金。互助基金信贷风险程度较高的合作社要适当提高提取比例；反之，风险度较低的则可以适当降低提取比例。此外，合作社还从当年盈余中提取各 5% 的公益金和公积金，三金作为合作社积累，目前主要用于扩大经营规模，还可以用于弥补亏损。

（三）村级产业发展滚动基金运作模式

1. 村级产业发展滚动基金使用原则与方法

各村级产业发展滚动基金由各村合作社进行管理。各村合作社必须将产业发展滚动基金与村级互助基金分开管理和使用，民主管理，服务本合作社成员联合产业生产发展。

产业发展滚动基金的使用范围只限于合作社讨论确定的联合产业发展项目，不支持合作社成员家庭其他项目的发展。合作社成员家庭其他项目发展可从村级互助基金中申请贷款支持。凡申请使用产业发展滚动基金的农户必须是在本村内有生产活动的农户（整家外出的农户、外村的农户不能使用），并必须先加入本村合作社，承认合作社章程，接受合作社管理。

产业发展滚动基金的借款额度和借款期限由各村合作社依据项目要求和民主讨论选择的联合生产项目的需要确定。在合作社联合生产项目培育成长期内的借款原则上不收利息，待联合产业项目成长到有利润阶段后，可通过合作社讨论后收取利息。借款每月等额还款，由借款农户向本互助小组长还款，互助小组长按月将借款农户还款存入滚动基金专户，用银行进账单与合作社财务交账，合作社财务向小组长出具收款发票，小组长保管并建立小组成员借还款台账。

为了鼓励更多农户发展产业，并遵守产业发展滚动基金使用纪律，仪陇协会规定了借用优先原则，即按按时归还基金的成员借款优先，新加入农户首次借款优先，产业发展效果显著的互助小组和农户优先。

2. 村级产业发展滚动基金的内部控制与风险管理

村级产业发展滚动基金的借款申请首先由各村合作社内产业互助组并对申请农户家庭情况以及养殖基础、养殖能力等进行详细调查后上报合作社，合作社审核。合作社五位管理人员根据本管理办法进行集体审核审批，五位管理人员及各产业互助组组长共同承担产业发展滚动基金的发放和回收责任。所有的借款发放在五位管理人员达成一致意见，分别签字盖章后，全部资料送协会农村发展部进行最后审核，通过后方能发放。

各村合作社在其银行账户内设立产业滚动发展基金专户，与互助基金及其他资金相独立。协会对其专户进行控制监管。合作社为每位借款农户建立借款还款台账，每月对互助组长回收基金情况进行考核，并给予一定的回收管理奖励。不能按月回收当月应回收基金的互助小组，不能申请新的产业发展滚动基金。

合作社管理委员会在每月 5 日前对各互助小组上月的借还款情况进行集体审核，制作产业发展滚动基金月度报表，并将报表和银行进账单、银行对账表一并送仪陇协会审核，同时在村公示栏里进行公示，并在次月的第一次成员集体活动上向成员报告上月基金使用详细情况。此外，合作社每月须将产业滚动基金月度报表、互助基金的月度经营报表报送村两委，接受村两委的监督。

（四）协会产业发展滚动基金的运作模式

协会直接管理的产业发展滚动基金还处在摸索阶段，目前基本上采取与合作社产业滚动基金相同的管理方式，不同的是协会贷款针对的是大户（即家庭农场）带周边小农户的情况，每户贷款额不超过 6000 元，在 30 个月内分月等额还款。大户与小户的贷款都由大户统一用于购买能繁母牛，大户有责任协助协会回收贷款，并对所带动的小农户的借款负有连带偿还责任。

产业滚动基金分无息和有息两种。对于小农户购买能繁母牛的贷款免息，而对于大户饲养育肥牛的贷款（被称为饲养过程贷款）收息，年利率为9%，按照银行的贷款管理方式收取利息，额度和期限根据每一户的情况确定。

三　运营效果

（一）小额信贷运营效果

1. 财务绩效

（1）业务规模

2014—2018年，协会的小额信贷业务发展总体上是比较平稳的，年度放贷金额都在1000万—1200万元，年终贷款余额为600万—700万元，年度服务的客户数量和户次维持在1000多户，并且每年略有上升，2018年为1150户次（见表1）。

表1　仪陇乡村发展协会小额信贷业务情况（2014—2018年）

年份	2014	2015	2016	2017	2018
服务客户户次	1028	1056	1074	1100	1150
总放贷额（万元）	1083.4	1176.2	1168.4	1143.5	1022
贷款总余额（万元）	645.5	705.07	676.08	693.7	607
其中,重组贷款余额（万元）	10.86	18.5	26.67	37.8	41.2
风险贷款余额（万元）	0.48	3.13	13.76	18.5	33.6
冲销贷款额（万元）	7.2352	3.05	6.51	5.73	3.03
年末风险准备金（万元）		4.9	8.7	17	35
信贷利息收入（万元）	103.8	123	133	126	126
机构人员及管理费用（元）			1132713	1119937	1260795
信贷人员数量（人）			7	7	7
每笔贷款管理成本（元）*			1054.7	1018.1	1096.3
借出单位资金的管理成本（元）**			0.10	0.10	0.12

年份	2014	2015	2016	2017	2018
每位信贷员管理的客户数量（户次）***			153.4	157.1	164.3
每位信贷员发放的贷款额（元）****			1669142.9	1633571.4	1460000.0

注：

* 每笔贷款管理成本 = 机构人员及管理费用/服务客户户次。

** 借出单位资金的管理成本 = 机构人员及管理费用/总放款额。

*** 每位信贷员管理的客户数量 = 服务客户户次/信贷人员数量。

**** 每位信贷员发放的贷款额 = 总放贷额/信贷人员数量。

（2）经营效率

在 2016—2018 年间，协会发放的每笔贷款的管理成本分别是 1054.7 元、1018.1 元、1096.3 元，借出单位资金的管理成本分别为 0.10 元、0.10 元、0.12 元（见表1）。从这两个比率都可以看到，2018 年的管理成本比往年略有上升，即经营效率略有下降，但是下降幅度都不大。

从信贷员的工作效率看，每位管理的客户数量从 2016 年到 2018 年略有上升，但是发放的贷款金额却逐年略有下降，说明经营效率略有降低。下降的原因可能主要是受宏观经济形势的影响，大部分家庭偿还贷款能力降低，仪陇协会降低了贷款额度。

2016—2018 年，协会自有小额信贷资本金分别是 5523135.04 元、5723855.84 元和 5777668.18 元，而这三年末的贷款余额分别是 6655108.53 元、6837094.01 元和 5762218.15 元（表2）。其中 2016 年和 2017 年的贷款余额均高于其自有资本额，仅在 2018 年略低于其资本金额。后者分别是前者的 120.50%、119.45% 和 99.73%。可见，自有资金使用率非常之高。而且，在每年 12 月至次年 2 月的贷款需求高峰时，协会还会向合作社借用资金。

协会的贷款余额能够高于其自有资本额，高出部分主要来自公益项目资金存款。这些资金存放于协会账户内，不能在短期内完全运用于公益项目，会有一部分资金在较长时间内处于闲置状态。仪陇协会在自有资本无法满足贷款需求的情况下，会使用这些资金发放小额贷款，满足客户需要。在这种情况下，公益项目资金在资产负债表中就以负债形式出现，成为可运用的贷款本金的一部分。这样来计算的话，2016—2018 年，仪陇协会信贷资金的资金闲置率分别是13.2%、14.3%、36.9%（见表2），逐年升高。尤其是 2018 年，有三分之一强的可用资金未用于贷款业务。从这个角度看，资金运用效率仍有比较大的提升空间。

表2　仪陇协会小额信贷业务资金闲置率（2016—2018 年）

单位：元、%

年份	2016	2017	2018
现金	55859.94	37231.93	50972.06
银行存款	822679.75	943445.37	2076267.23
总贷款余额（净值）	6655108.53	6837094.01	5762218.15
小额信贷资本金	5523135.04	5723855.84	5777668.18
资金闲置率*	13.20	14.34	36.92

注：* 资金闲置率 =（现金＋银行存款）/贷款余额。

（3）盈利能力

2014—2018 年间，仪陇协会小额信贷业务的利息收入分别是 103.8 万元、123 万元、133 万元、126 万元、126 万元（见表1），呈现先升后降的变化，但是总体上保持稳定。2015—2018 年间，仪陇协会的贷款回报率（贷款利息收入/平均贷款余额）分别是 18.21%、19.26%、18.40% 和 19.37%，呈现比较高的水平，且维持在 18% 以上。2017—2018 年的资产回报率与资本回报率均在较高水平，分别是 13.22%、13.07% 和 19.15%、18.78%（见表3），但是 2018 年比 2017 年低，显示 2018 年的盈利能力有所减弱。如前所述，仪陇协会发现近三年来受宏观经济下行影响，大部分客户家庭的收入下降幅度较大，现金流严重减少，导致仪陇协会发放的贷款量减少，因而盈利水平降低。

但是，仪陇协会的操作自负盈亏率与财务自负盈亏率较低，除了 2016 年超过 100% 之外，2017 年和 2018 年的操作自负盈亏率分别是 74.55% 和

68.37%，财务自负盈亏率分别是 69.41%、62.26%（见表 3）。也就是说，协会的小额信贷业务收入不能支撑协会全部的人员开支和经营费用。

表 3　仪陇协会小额信贷业务的盈利能力（2016—2018 年）

单位：元、%

年份	2015	2016	2017	2018
年终贷款总余额	7050700.00	6655108.53	6837094.01	5762218.15
平均贷款余额	3525672.75	6852904.27	6746101.27	6299656.08
利息收入		1337408.00	1260989.30	1260903.00
贷款回报率		19.52	18.69	20.02
总资产		9438154.11	9637280.42	9661075.01
平均资产			9537717.27	9649177.72
所有者权益		6484873.04	6685593.84	6739406.18
平均所有者权益			6585233.44	6712500.01
资产回报率			13.22	13.07
资本回报率			19.15	18.78
金融成本		34570.00	20760.00	19976.92
贷款损失预提		86860.86	171622.52	235763.86
人员与经营费用		1132713.30	1499033.21	1588376.50
经营成本合计		1254144.16	1691415.73	1844117.28
政府支持的项目人员经费		30000.00	125287.00	181000.00
调整后的经营成本合计		1284144.16	1816702.73	2025117.28
操作自负盈亏率*		106.64	74.55	68.37
财务自负盈亏率**		104.15	69.41	62.26

注：

* 操作自负盈亏率 = 利息收入/经营成本合计 × 100%。

** 财务自负盈亏率 = 利息收入/调整后的经营成本合计 × 100%。

协会有全职员工 24 人，在小额信贷、新型农业生产者主体孵化陪伴成长和乡村公平教育三大业务板块中，小额信贷业务人员数量占 50%，其他两块公益项目人员占 50%。但是两块公益项目预算中的人员费用每年仅 32 万—35 万元，不足以支持这两部分项目人员的费用支出。所以，协会不得不用小额信贷经营收入来弥补其他公益项目人员经费的不足。员工的工资也因此影响而降低。如果没有公益项目，协会小额信贷的经营收入很可能足够弥补全部开支，从而做到自负盈亏。

从财务报表看，2016—2018 年协会共获得公益项目和政府资金9320036.02 元，其中公益项目资助共 8983749.02 元，政府资助 336287 元，资助资金使用分别是小额信贷经营的人员费用和公益项目执行费用。在此期间，在小额信贷经营上得到的资助额分别占当年小额信贷利息收入的3.48%、18.69%和24.63%（见表4）。可见，因为公益项目的开展，导致了协会对外部捐赠的依赖，而且在三年中呈上升趋势。

表4　仪陇协会获得的公益项目和政府资助费用情况（2016—2018 年）

单位：元、%

年份	2016		2017		2018		小计
资助内容	信贷经营	公益项目执行	信贷经营	公益项目执行	信贷经营	公益项目执行	
公益项目资助	16516.63	2864188.91	110415.74	3036232.24	129602.67	2826792.83	8983749.02
政府支持人员费用	30000.00		125287.00		181000.00		336287.00
合计	46516.63	2864188.91	235702.74	3036232.24	310602.67	2826792.83	9320036.02
与小额信贷利息收入之比	3.48		18.69		24.63		

（4）资产质量

协会的小额信贷业务在 2010 年前后曾遭遇严重挫折，贷款质量恶化。经过整顿，2012 年仪陇协会小额信贷业务重新起步，并在以后几年内逐步化解以前遗留的风险贷款。2012—2016 年，协会对长期的逾期贷款，不论借款人是否有偿还能力，都予以重置重组。但是，仍然有一部分贷款难以收回。2017 年，协会仅对经过评估认为具有偿还能力的客户的逾期贷款予以重置重组，并提取相应的贷款损失准备金，而对不具偿还能力的客户的长期欠款予以注销，体现出审慎的管理意识。

但从信贷风险管理角度看，重组贷款仍然是逾期贷款，应同正常的贷款余额相区别，其风险程度相对较高，应列入风险贷款进行管理。这样，在 2016—2018 年间，仪陇协会的风险贷款余额分别是 394162 元、520951 元和 637591 元，风险贷款率分别是 5.92%、7.62%、11.07%（见表 5）。可见，协会的小额信贷资产的质量值得关注，有较大的提升空间。

表 5　仪陇协会贷款质量（2016—2018 年）

单位：元、%

年份	2016	2017	2018
总贷款余额（净值）	6655108.53	6837094.01	5762218.15
其中:正常贷款余额	6366703.00	6416200.00	5430141.00
风险贷款余额	394162.00	520951.00	637591.00
其中:重组贷款余额	256534.00	335459.00	300844.00
逾期贷款余额(120 天以内)	137628.00	185492.00	336747.00
风险贷款率*	5.92	7.62	11.07
贷款损失准备金余额	105756.47	100056.99	305513.9

注：* 风险贷款率 = 风险贷款余额/总贷款余额×100%。

2. 社会绩效

（1）覆盖广度

仪陇协会小额信贷运行 20 多年来，累计为乡村约 2 万户中低收入家庭发放小额贷款 2 亿多元，其中上万户家庭循环使用小额信贷资金 5 年以上。近年来，协会的小贷对象和用途已经发生较大变化，从早中期以贫困户为主的生产流动资金贷款，逐渐转化为农民进城经商所需周转资金和孩子上学等非农生产。

（2）覆盖深度

仪陇县2018年的人均地区生产总值为21747元①。2018年仪陇协会小额信贷的户均贷款额度为2.2万元，相当于当年人均地区生产总值的0.99倍。也就是说，协会的小额信贷单笔贷款额度没有超过国际小额信贷信息交流平台（MIX）认定的2.5倍，贷款的对象仍然属于较低收入者。

（3）客户受益情况

在协会的小额信贷各种贷款用途中，农村服务业周转贷款占40%、助学贷款占35%、家庭消费占20%、农业贷款占5%。仪陇协会根据自己建立的服务客户数据库分析发现，其90%以上的客户家庭经营活动都呈正增长发展，在持续的贷还款过程中，有的客户家庭支持了孩子上学，其中有的已大学毕业找到了工作，有的家庭修房子或购了房，有的买了车，有的创业成功了，有的做大了生意，等等。2018年所有借款户中实现家庭状况改善较大的占40%；中等程度改善的占50%；家庭经营活动难以维系与家庭经济特别困难的客户占10%。

（二）互助合作基金运作效果

1. 财务绩效

（1）经营效率

2017年年底，协会托管的13家合作社的互助基金银行存款共469137.57元，互助基金贷款余额为3796315.5元，资金闲置率为12.36%。资金利用率有进一步提高的空间。

（2）盈利能力

2018年12家合作社互助基金的贷款回报率差异很大，最高的为20.51%，最低的只有0。考虑到合作社设定的贷款利率不低于10%，而且采用每个月等额本息的还款办法，那么低于这一利率的贷款回报率都意味着有应收的贷款利息没有收回来，说明盈利能力不够高。在12家合作社中，贷款回报率超过10%的有7家，处于较高水平（超过15%）的只有1家。

---

① 仪陇县人民政府网站：《仪陇县统计局二〇一七年国民经济和社会发展统计公报》，http://www.yilong.gov.cn/show/2018/07/02/53952.html。

表6 合作社贷款回报率（2018年）

单位：元、%

合作社	2017年年底贷款余额	2018年年底贷款余额	2018年平均贷款余额	2018年利息收入	贷款回报率
宾 蓬	152269	131300	141784.5	2500	1.76
玉 屏	246440	281400	263920	26800	10.15
虎 嘴	276800	228300	252550	34000	13.46
会 明	78284	44600	61442	12600	20.51
张爷庙	697652	631400	664526	67500	10.16
灯 包	361536.5	344800	353168.3	0	0.00
观音庵	287656	353400	320528	29400	9.17
万 兴	439200	461500	450350	39500	8.77
九岭场	218011	262400	240205.5	34000	14.15
檬子梁	314470	322100	318285	40700	12.79
蔡家坪	182665	184900	183782.5	14300	7.78
天 桥	35000	22000	28500	3800	13.33

注：贷款回报率＝利息收入／平均贷款余额×100%。

2018年年底，12家合作社总体上资本回报率为20.51%，最低的为0，最高的为37.57%，其中超过20%的有6家（如图2）。

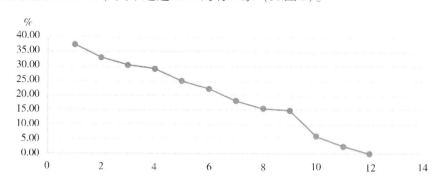

图2 12个村级合作社2018年资本回报率

由于合作社的日常经营管理费用主要是管理人员工资，且工资都是年底根据合作社收入情况决定。因此，各合作社在财务报表上都没有出现经营亏损的情况，且自负盈亏率都表现出很高的水平，除了1家合作社的自负盈亏率低于200%，其余的都在200%以上，甚至超过了300%（见表7）。这种情况反映出合作社在经营上的优越性，即合作社内部的资金互助不是为了盈利，而是为成员融通资金，能够避免商业性经营机构的刚性经营成本，而使其经营成本具有柔性。

表7 9家合作社自负盈亏率（2018年）

单位：元、%

村　名	本年毛收入 （去除了金融成本）	经营管理费用（含管理 人员工资、差旅补助及奖金）	自负盈亏率
玉　屏	26808.40	13000	206.22
九岭场	33968.24	16200	209.68
万　兴	43982.91	13500	325.80
观音庵	27473.73	13500	203.51
虎　嘴	21777.34	10800	201.64
张爷庙	67490.00	36000	187.47
蔡家坪	14326.07	6300	227.40
惠　明	12559.91	5400	232.59
檬子梁	40667.53	18000	225.93

（3）资产质量

2018年年底，12家合作社互助基金贷款总的准时还款率为86%，各家情况不同，从65%—96%，70%以下的有2家，80%—90%的有4家，90%以上的有6家。但是，还款率只反映了应还款中已经偿还的比率，而在分期还款情况下当期发生逾期的贷款余额也存在较大的逾期风险，还款率反应不了这一状况。所以，衡量信贷风险较好的指标是风险贷款率，即发生逾期的贷款余额在贷款总余额中的比例。但是，在协会为合作社制作的财务报表及业务报表中没有汇总各个合作社互助基金及产业发展滚动基金贷款中逾期贷款及风险贷款的数据，因此无法进行汇总分析。

但是，从单个合作社的相关业务和财务数据可以计算其风险贷款率情况。以玉屏村为例，2018年年底玉屏村互助基金贷款余额为281400元，风险贷款余额为 80600 元，**风险贷款率为 28.64%**。这不仅意味着玉屏村有 **28.64% 的互助基金贷款能否收回是个未知数**，而且也意味着其可运营的信贷资金减少了 **28.64%**。而在协会的业务报表《合作社互助基金营运情况 (2018 年 12 月)》中，玉屏村互助基金贷款的准时还款率为 88%。好像只有 12% 的贷款有风险，没有充分反映贷款余额的风险程度。

如果对风险贷款的逾期账龄进行分析，对其风险程度可以看得更清晰一些。玉屏村互助基金的 12 笔风险贷款中逾期最短的时间为 17 个月，即 1 年 5 个月；**最长的达 81 个月，即 6 年 9 个月**；只有 1 笔逾期不足 2 年，其余 **11 笔均超过 3 年**(见表 8)；逾期账龄集中区域为 40—60 个月（见图 3）。相对于外部金融而言，村庄合作社的互助基金优势之一是有地缘、血缘和业缘的优势，可以克服信贷管理中的信息不对称性问题，而且熟人社会对逾期贷款能否偿可能更有把握，因而对于逾期和风险的定义较为宽松和模糊。但是，国内外农民合作金融的经验一再证明，这种信息优势以及由此带来的宽松的信贷纪律并不意味着能够避免贷款损失，反而**许多农民资金互助的失败往往是由这种宽松的纪律所造成**。不能因为其较好的盈利能力指标而忽视信贷质量指标暗含的潜在风险。

表 8　仪陇县玉屏村合作社互助基金风险贷款账龄（2018 年年底）

借款时间	风险贷款余额（元）	逾期账龄（月）	逾期账龄（天，每月 30 天计）
2012. 03. 26	10000	81	2430
2014. 03. 10	5800	57	1710
2014. 06. 03	9160	54	1620
2015. 06. 30	2440	42	1260
2015. 07. 10	4120	41	1230
2013. 08. 28	7480	64	1920
2013. 08. 28	7480	64	1920
2015. 10. 15	6640	38	1140
2014. 03. 28	16640	57	1710
2014. 06. 14	6560	54	1620
2014. 06. 14	3280	54	1620
2017. 07. 10	1000	17	510

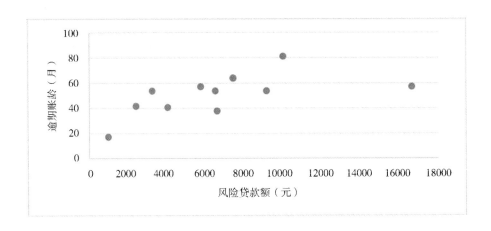

图3 仪陇县玉屏村合作社互助基金风险贷款金额与账龄分布

2. 社会绩效

（1）为合作社成员提供融资服务

至 2018 年年底，协会托管的合作社共有 13 家，互助基金总额为 148.73 万元，平均每家合作社有 12.39 万元，最多的是 23.15 万元，最少的只有 6.4 万元。在互助基金中既有合作社成员入股，也有政府配套资金。仪陇协会提供的 9 家合作社的资料显示，共有成员 987 户，平均每家有 109.67 户，最多的一家有 198 户，最少的有 70 户。

自合作社成立至 2018 年年底，上述 12 家合作社累计发放贷款 5605 笔，共计 5136.46 万元，笔均 0.92 万元；平均每家合作社累计放款 428.04 万元，其中最高的 1767.74 万元，最低的 19.3 万元；贷款总余额为 326.81 万元，平均每家 27.23 万元，最高的 63.14 万元，最低的 2.2 万元。

（2）合作社集体积累为开展社区公共服务提供了资金支持

从表 9 可以看到，2018 年 9 家合作社共提取公积金、公益金与风险金 642200 元，增加了社区的公共积累，为开展社区公益服务提供了基本的资金支持。例如，2018 年观音庵村合作社为本村 1 户特困户资助了 200 元。

表9　　　　9家合作社2018年度股金分红与"三金"留存情况　　　　单位：元

村名	每股分红	分红总额	公积金	公益金	风险金	"三金"合计
玉屏	60	7200	1340	1340	2680	5360
九岭场	80	10800	1700	1700	3400	6800
万兴	100	21000	2200	2200	4400	8800
观音庵	70	7000	1380	1380	5240	8000
虎嘴	60	5500	1100	1100	3330	5530
张爷庙	100	21310	3400	3400	4500	11300
蔡家坪	75	4885	714	714	1571	3000
惠明	30	2100	625	625	1250	2500
檬子梁	70	8540	2020	2020	8889	12930
总计		88335	14479.6	14479.6	35260.8	64220

（3）为合作社成员创造了财产性收入

如表9所示，2018年9家合作社共向成员分红88335元，每股分红在30—100元不等，增加了合作社成员的财产性收入。

（4）增强了农民及其社区发展的组织化程度，推动农村社区产业与社区公共事业发展。

通过合作社，农民集体行动的能力明显增强，推动了村两委的工作。例如，九岭场村合作社对本村的水果、榨菜、海椒做到统一育苗，统一种植，统一管理。2018年对200亩枇杷树进行统一施肥、统一治虫、统一除草、统一修枝整形，全村仅枇杷收入就有100多万元。

合作社积极配合村两委宣传卫生环保的重要意义，推动建立垃圾池，帮助村民养成爱清洁、讲卫生的好习惯；玉屏村合作社成立了养老工作站，与村两委合作建立了提供养老服务的"幸福家园"。

（三）产业发展滚动基金运作效果

1. 财务绩效

尽管产业发展滚动基金单独记账管理，但是只有少数贷款（饲养过程贷款）收取利息，其他多数贷款没有收取利息，且没有独立经营核算。因此，难以对产业发展滚动基金进行具体的财务绩效分析。不过，从表10可以看到，9家合作社使用产业发展滚动基金发放的贷款还款率普遍较高，其中7家的按时还款率在95%以上，只有2家合作社较低，分别是71%和88%；而由协会直接管理的产业发展滚动基金的贷款按时还款率都达到100%。

表10　仪陇协会养牛产业发展滚动基金管理统计表

合作社及家庭农场主名	2014—2016年合作社动员养牛农户及购买的牛		支持合作社立初始产业发展基金	2015—2018年年底合作社产业基金滚动支持农户购牛和协会针对家庭农场带小农户支持产业滚动基金购牛				协会直管产业基金及合作社产业基金初始发放与滚动发放金额	产业发展滚动基金回收		
	养牛户数	购牛头数		合计滚动户数	累计滚动发放金额	合作社累计销售头数	现有圈存牛头数		累计回收基金	还款率（%）	农户手中余额
观音庵	121	121	72.09	169	101.40	320	48	173.49	150.21	100	23.28
虎嘴村	30	30	18.00	22	13.20	48	27	31.20	21.52	98	9.68
九岭场	83	83	49.80	105	63.00	134	54	112.80	88.58	99	24.22
天桥村	86	86	51.60	46	27.60	146	53	79.20	57.04	95	22.16
万兴村	99	99	58.60	97	58.20	310	45	116.80	103.69	100	13.11
玉屏村	112	112	67.20	182	109.80	260	93	177.00	131.16	100	45.84
檬子梁	84	84	50.40	119	65.50	180	29	115.90	78.41	88	37.49
宾蓬	73	73	36.26	0	0.00	120	38	36.26	25.81	71	10.45
灯包	120	120	48.00	120	48.00	290	49	96.00	94.68	97	1.32
协会直管产业滚动基金	200.20										
关门石互助组				102	61.20	287		61.20	32.86	100	28.34
饶家沟互助组				80	48.00	153		48.00	26.16	100	21.84
陈永久				15	9.00	46		9.00	0.90	100	8.10
安坤明				6	3.60	80		3.60	3.48	100	0.12
李平光				15	9.00	60		9.00	0.60	100	8.40
李天宝				10	6.00	46		6.00	0.60	100	5.40

开始时间：2014年　　　截止时间：2018年12月底（单位：万元）

续表

开始时间：2014年　　　　　　截止时间：2018年12月底（单位：万元）

合作社及家庭农场主名	2014—2016年合作社动员养牛农户及购买的牛		支持合作社建立初始产业发展基金	2015—2018年年底合作社产业基金滚动支持农户购牛和协会针对家庭农场带小农户支持产业滚动基金购牛				协会直管产业基金及合作社产业基金初始发放与滚动发放金额	产业发展滚动基金回收		
	养牛户数	购牛头数		合计滚动户数	累计滚动发放金额	合作社累计销售头数	现有圈存牛头数		累计回收基金	还款率（%）	农户手中余额
李兴元				15	9.00		38	9.00	1.20	100	7.80
刘德林				5	3.00		48	3.00	0.30	100	2.70
屈能文				15	9.00		56	9.00	1.20	100	7.80
熊朝学				35	20.00		258	20.00		100	20.00
许冬林				5	3.00		26	3.00		100	3.00
裴成强				7	4.00		24	4.00		100	4.00
何秀彬				14	5.00		37	5.00		100	5.00
合计	808	808	65215	1184	676.5	1808	1595	1328.65	818.40	97	310.05

2. 社会绩效

协会利用产业发展滚动基金支持农户养牛，并通过合作社以及由大户带小户建立的互助组，推动养牛产业发展，取得了明显成效。由表10可以看到，2015—2018年，仪陇协会与合作社累计发放产业发展滚动基金1328万元，滚动支持1992户购牛；至2018年年底合作社共计销售牛1808头，存栏1595头。

四　初步结论与建议

（一）初步结论

1. 小额信贷

（1）值得肯定之处

首先，仪陇协会小额信贷发展20多年来，矢志不渝地为城乡低收入群体提供信贷服务，虽然现有客户主要在城镇地区，且贷款用途也扩展到生活消费贷款，但是，这与中国城镇化进程相一致，而且服务对象仍然是弱势群体，没有偏离其宗旨与目标。

其次，小额信贷业务收入是仪陇协会最大、最稳定的经费来源，是其持续发展的物质基础，也为其开展其他社会发展业务提供了基本经费来源。可以说，如果没有小额信贷业务收入，仪陇协会将难以为继，更遑论开展其他公益事业。

（2）存在的问题

首先，仪陇协会小额信贷业务的经营效率、贷款质量和盈利能力都有较大的提升空间。

其次，部分社会绩效调查数据缺失或不准确影响了对小额信贷社会绩效的分析和判断。

再次，在多年的发展中，由于业务区域和服务对象的调整，小额信贷实际操作方法也已进行了相应的调整，需要及时把经实践证明是有效和可行的操作方法以明文的规章制度确定下来。

最后，工作人员的工资水平不高，除了小额信贷工作收入之外，他们还需要做其他创收活动，以保证能够负担得起不断改善家庭生活状况所需要的开支。

2. 互助基金

（1）值得肯定之处

首先，互助基金启动了农民进行互助合作的积极性，为农民合作组织的建立和运行提供了基本动力。

其次，互助基金不仅为其成员直接带来融资便利和财产收益，而且通过合作社增强了集体行动能力，促进了农村社区产业和公共事业的发展。

再次，互助基金的运营方式真正体现了合作金融的本质，即为了成员的融资便利，而非为商业性盈利。

最后，互助基金及合作社的管理实践为农村培养了合作组织管理人才。

（2）存在的问题

首先，经营效率、盈利能力和资产质量都有比较大的提升空间，尤其是资产质量。

其次，现有的风险管理制度（如对逾期贷款宽松且缺乏统一的定义）和财务核算制度都有待改进。

3. 村级产业发展滚动基金

到目前为止，产业发展滚动基金的管理情况总体良好。

首先，产业发展滚动基金直接推动了仪陇养牛产业的发展，有可能成为仪陇乡村振兴中一条可行的产业兴旺之路。

其次，仪陇协会利用大户带小户的方法，将小农户带入农业产业发展当中，比较有效地解决了小农户与农业现代化有机衔接的难题。

再次，产业发展滚动基金增强了合作社的服务能力和组织能力，增强农民合作组织的吸引力和可持续发展能力。

复次，产业发展吸引了年轻人回乡创业，并增强了他们创业的信心，起到了培育新型职业农民和家庭农场这种新型农业经营主体的作用。

最后，在利用产业发展滚动基金推动养牛产业发展的基础上，仪陇协会引进养牛技术服务公司，向农户传授繁育与养牛技术，对养牛产业健康发展、进一步形成养牛产业链和培育具有专业知识的新型职业农民都发挥了积极的促进作用。

（二）参考建议

综合以上分析，对于仪陇协会的总的建议就是加强制度建设，提高精细化管理水平。

1. 小额信贷

首先，应根据现有的业务区域、服务对象和产品等实际情况，调整完善信贷管理制度，使操作有章可循。

其次，在保证社会绩效的前提下，尽可能开拓市场，扩大业务规模，提高资金利用率，以增加收入，提高协会可持续发展能力和开展其他乡村发展工作的能力。

再次，强化精细化管理意识，提高管理水平，提高信贷资产质量。

最后，在坚持社会绩效考核基本原则的前提下，应适当考虑提高信贷员的待遇。使其可以专心于信贷管理，提高专业化程度，提高资金利用率，提高信贷质量和收入。

2. 互助基金

首先，在尊重各合作社成员民主管理权的基础上，尽可能对互助基金管理制度达成共识，例如，统一逾期贷款定义，并强化信贷纪律的执行。

其次，对风险贷款情况进行清查，摸清家底，制定具体的催收措施，对于不可能收回或在可预期的期限内不可能收回的贷款，该注销的就要注销，以反映资产的真实质量。

最后，农民合作社内部互助金融是在熟人社会中运行的，其风险特征与管理手段都不同于村庄外部的金融机构。因此，互助基金的管理规则不宜套用一般金融机构信贷业务的管理方法，需要根据村庄实际情况进行设计。

3. 公益项目的执行经费

中国的慈善公益项目长期存在重目标而轻执行的弊病，对执行项目所要支出的费用安排严重不足，致使项目执行机构常常不得不另外寻找资金来源，以完成项目的执行工作。协会同样存在这个问题，不得不以小额信贷业务收入来弥补执行经费不足。中国新的慈善法规定执行公益项目的成本应完全由项目承担。因此，仪陇协会在将来的公益项目募款中，应坚持新慈善法的规定，要求项目资助方提供充足的项目执行费用。

仪陇乡村发展协会推动县域
养牛业发展调研报告[①]

刘建进[②]

仪陇乡村发展协会经过几年的实践探索，在利用"小母牛"基金项目的基础上，根据仪陇县农村当前的实际情况，逐步构建出了有特色的养牛模式，目前处在产业扩展重大的重要突破期。我们经过几天的调研和后续的资料收集整理分析讨论，提出未来发展的思路，供参考。报告内容主要分析养牛产业未来发展的可能前景，养牛产业对仪陇县农村发展和农民增收致富以及实现小农户与现代农业生产方式有机衔接的现实意义，以及为了实现这种前景政府所需要的政策支持。

一 乡村协会开展以托管服务为中心的肉牛
养殖生产活动是成功的，大有推广潜力

根据调研过程获得的各种信息，经过分析后，我们认为，仪陇县的乡村协会在实施养牛基金项目过程中，很好地利用了乡村协会这个组织平台，在农户、合作社、养殖大户和龙头公司等之间通过利益纽带的合理安排，通过科技服务、金融服务、财务管理和社会服务等手段初步构架起县域内农村发展肉牛生产的框架，下一步应该未雨绸缪考虑市场开拓和产业链融

[①] 本文系百乡工程项目联合调研组的专题报告。
[②] 作者系中国社会科学院农村发展研究所研究员。

合等发展的战略性思路。这需要政府的统一规划调研和出台一些相关的政策，促进未来区域性肉牛养殖产业和市场的形成。

在合作社托管基本有效的基础上，2016 年，协会针对回乡创业养牛大户存在的问题，又开始了以托管平台孵化培育回乡创业养牛大户新的尝试。协会对全县 100 多户养牛大户首先进行一对一的家庭农场商业计划梳理，建立家庭农场财务体系，引导养殖大户自愿加入托管平台。

截至 2018 年年底，70 多户还在孵化培育阶段的养牛大户基本进入盈亏平衡阶段，30 多户已经孵化成长规范的家庭农场，还带领了周边 500 多户小农户共同参与养牛产业发展。这次的托管之所以称为孵化，是因为针对的大都是返乡青年养牛户。协会要从买牛开始，到饲料、粪便处理、母牛配种、犊牛育肥、卖出的全过程进行具体指导，还要手把手教他们计算家庭财务收支，还要引导他们带动小农户和组成养牛互助组。这笔从公益机构筹募来的养牛产业滚动基金不仅用于回乡创业养牛大户，还发放给 13 家合作社，促推合作社下设养牛生产互助组。

在协会的支持下，所领办的养牛合作社、养牛家庭农场全年投入 2200 多万元，购进育肥牛 2800 头；年末存栏育肥牛 3160 头，全年销售育肥牛 2512 头，销售总额 3500 多万元；净收入 750 多万元。

协会的托管平台从孵化组织、培育人才到服务引导、财务监管，已经成为陪伴合作社和家庭农场成长的全过程全功能平台。目前托管平台直接和间接孵化陪伴支持 13 家合作社及县内回乡创业养牛大户以及带动周边小农户的受益范围已经覆盖全县。

农业技术服务公司通过合作社与大户，对带动起来的小农户承诺有偿服务。这种不同利益主体互相捆绑在一起的机制离不开乡村协会这个组织平台，未来的标准化高品质可追溯的肉牛生产产业和市场构建也离不开这种组织机制功能的延伸发挥，农业科技金融，产业链金融和保险，甚至加工企业等后续活动都离不开这个平台。

通过乡村协会托管大户和合作社，用合作社带动小农户，共同构成肉牛产业生产和市场经营主体，能够形成共同的利益机制。大户和合作社有企业家人才和进入市场的功能，容易接受和开展农业新技术，容易实现规模市场，而大多数养牛需要的土地和劳动力资源在小农户，大户倾向规模化养殖肉牛，小农户适合养基础母牛和小牛，二者能够形成利益共同体。

农户养牛要赚钱，关键是母牛配种的成功率。能够保证母牛每年都能怀上小牛农户就不会觉得亏本。仪陇县乡村发展协会正是抓住这个关键环节，与从事母牛繁育的"宝牛"公司签订配种技术服务合同。"宝牛"公司的技术人员以龙头企业和养殖大户为服务网络节点，对加入养牛合作社的散农户的母牛每天收取 1 元服务费，保证母牛的配种成功率，每天收取 1 元服务费。这样就带动起来众多的农户通过合作社组织对衔接到现代化农业生产和技术服务，市场营销和金融保险服务也同时搭载这个平台之上。

这样的科技服务是以农户的组织化构建为基础而开展的，有了这个组织服务平台，才有可能在未来实现肉牛养殖产业链融合发展，也才可能在未来开拓出健康稳定的肉牛生产市场，保护各种经营主体的生产有个良好的市场环境，不受不必要的市场波动影响产业的健康发展。对于农产品，以县域为单元的生产和市场规模，比较适合产业链融合的延伸性，也具备可控的防止市场受垄断商操纵而过度波动的市场规模来保护众多生产和消费者的利益。这种市场大上大下波动引起对农户和产业的损害已经屡见不鲜，仪陇县自身也深有体会。

二　仪陇县发展肉牛产业链生产的产业融合发展前景广阔

根据我们调研中获得的信息，仪陇全县耕地面积有 40 多万亩，80% 是坡地，20 世纪 70—80 年代时有 70 多万亩耕地面积。目前，因为外出务工、坡地不方便机械作业和农业种植效益不高等种种因素，不少土地撂荒，因此养牛所需要的饲草资源足够丰富，有很大的开发利用前景。这也是除了发展规模化肉牛生产各种有效模式的基础上，还可以通过搭载小农户散养做大做强产业，分散和控制风险的基础资源条件。全国范围上能够具备这样良好资源和构建农村合作性组织发展肉牛生产的基础条件的县并不多见。

仪陇县辖区面积 1767 平方公里，其中耕地 63 万亩。每个农业人口平均占有耕地 0.68 亩。非耕地 200 余万亩，非耕地中林地、草地、草坡约 135

万亩，水域约 5.3 万亩，其他约 60 万亩，仪陇县非耕地可利用资源前景广阔，全县大约有 80% 以上的非耕地在丘陵山区，包括可垦荒地，闲散地、河滩地，部分荒草地等。其中可利用非耕地面积约 37 万亩，这部分土地发展林业、畜牧业、水产养殖业的潜力很大。

根据仪陇县的国民经济与社会发展统计公报的数据，2017—2018 年的畜牧业情况大体是：猪每年出栏 80 万头左右；羊出栏只数大约 20 万只，牛出栏数大约在每年 3 万头，家禽出栏只数 780 只。肉类总产量大约在 9.6 万吨。

综合以上信息，仪陇县利用自然资源和农户劳动力资源发展肉牛行业的资源支撑应该没有问题，只要解决好市场环境，农户能够从养牛行业获得收入，完全可以发展出县域经济中支撑农民收入的产业。不考虑奶牛产业，养殖肉牛可分养殖基础母牛和育肥牛两种。

根据我们与一些农户和乡村干部的交谈获得的信息，仪陇县过去农户养本地品种黄牛，配种成功率低，品质不够好，不赚钱。每头牛犊卖 4000—5000 元，如果扣掉必要的成本，卖一只牛犊能赚 3000 元左右。这些县内年养牛的数量减少，很好的饲草资源没有得到充分利用。最为主要的关键因素是母牛能否成功配种怀上牛犊，如果一年中不能够成功配种怀上小牛，农户这一年养母牛就等于白干，甚至赔钱。

一些养几十上百头规模的养牛大户过去基本上是亏损。但在仪陇县乡村协会近年来的努力下，一些养牛大户的饲养技术和生产管理经营能力提高，特别是在引进"宝牛"公司的技术服务的模式在实践中获得农户认可后，农户养牛的生产积极性重新恢复起来。

基础母牛养殖和小牛犊养育以小农户家庭饲养更为合适，关键是每年能够成功配种怀上小牛，否则农户不赚钱亏本就会放弃养殖。母牛配种的成功率是关键技术，这个关键技术环节在乡村协会引进第三方服务公司之后已经成功解决。育肥牛更为适合养殖大户和龙头企业规模化养殖，但也会受到土地和环保方面的种种因素的制约有一定的空间限制。因此，养殖大户和龙头企业规模养殖引领带动市场与小农户分散小规模养殖的"两条腿"走路方式是促进养牛行业健康发展同时带动广大小农户共同发展的较好选择。

乡村协会用养牛发展基金购买高品质品种母牛，一头小牛犊能卖 6000 多元。如果一户农户家中的一个留守劳动力养 2 头母牛，每年能够卖出 2 头小牛犊，扣掉必要成本支出，大概能有 1 万元的家庭可支配收入增加。只要能够保证母牛配种的成功率，农户养牛就会有积极性。

按 2018 年仪陇县农村居民人均可支配收入达 11965 元，以每户平均 4 口人算，相当于农户在农业家庭经营方面人均收入增加 2500 元，占 20% 多。如果是贫困家庭，相对收入提升的效果就更加明显。仪陇县 24 万户农户，如果有 5 万农户平均每户养 2 头母牛，每年出栏 2 头小牛，简单折算农户散养这一块就会有每年出栏 10 万头肉牛。加上大户和公司化规模养殖，只要市场培育得好，仪陇县肉牛存栏量达到 30 万头左右、年出栏量达到 15 万—20 万头是完全可能的，县内的饲草资源全能够支撑。

当然，我们调研的时间和考察的范围视角有限，具体发展可能前景的数据要由畜牧养殖和环境等方面的专家来论证，我们只是在这里提出一个不专业的展望性参考。

三 以乡村协会组织为支撑平台，走出仪陇县自身特有的肉牛养殖产业融合模式

这种具有仪陇县自身独特的肉牛生产发展模式就是建立在以仪陇县乡村协会这一乡村服务性公益性机构构建的具有多元利益主体共同参与分享式发展的带动小农参与进来的组织化体系建设。

我们在调研后经过多种方式分析后认为，仪陇县具备发展肉牛产业发展的潜力，但为了实现这个目标，同时还必须走规模化生产和市场开拓与组织带动小农户共同构建这一包容性发展的产业体系，而不应该走排斥小农的单纯追求规模化公司化的道路。

仪陇县 2019 年预计将摘帽贫困县，未来几年巩固提高脱贫质量以及衔接乡村振兴战略的工作的任务还很重，能够找到一个并且有效地培育出有前景的区域性产业的现实意义是非常重大的。

仪陇县的非耕地面积以及农户因外出务工放弃种植的机械便利性不好

的坡耕地为发展肉牛养殖提供了良好的饲草资源保证。肉牛产业适合于进一步深加工和提高附加值的多种产业融合发展，"粮转草"的饲料喂养方式的肉牛产品也会在未来消费升级的市场中越发受到青睐。

过去仪陇县畜牧业生产主要以加工饲料的集中饲养方式居多，农户散养的方式因为种种原因呈下降趋势。最为主要的原因是养殖生产方式的改变对于农户家庭散养不利，劳动力利用和市场交易条件及市场风险都不利于农户小规模散养。大量的畜牧业资源未能够得到充分的开发利用，这样，仪陇县独特的肉牛养殖生产优势和产品的肉质品质的市场优势也就受到限制，农民收入的增长空间未能够充分开拓。

然而，农户家庭小规模散养方式养牛却对仪陇这样的农户劳务输出占大比例的山区县特别合适。一是留守的农村劳动力以年龄大、文化程度低为主。根据仪陇县第三次农业普查的数据，全县24.15万农户中的农业劳动力有30.49万，其中年龄在36—54岁的占41.8%，55岁以上的占47.0%；小学文化程度占52.1%，初中占29.5%，高中及以上仅占3.5%。因此，相当长的一段时间内，农村仍然将留守有大量的年龄大、文化程度不高的低技能劳动力，需要为他们寻找适合他们自身特征的劳动就业方式。目前，这30万的农业劳动力中97.8%主要从事种植业，从事畜牧业生产经营活动的仅占1.6%。但目前农村种植业劳动力的从业时间季节性很强，能够找到有效收入的兼业就业活动方式有限，劳动力时间利用不充分。如何让大量存在的农村留守劳动力找到合适的产业活动空间，提高他们的劳动就业收入，将是脱贫攻坚和衔接乡村振兴战略必须考虑的重要任务。

目前为止，中国的小农户与现代农业有机衔接问题亟须破题解决，为实施乡村振兴战略找到有效的可操作性的抓手。小农户与现代农业有机衔接，既需要在生产端体现，也需要在市场销售端体现。分散经营的经济实力弱小的小农户如何规避市场风险和自然风险是关系到小农户生产性收入提高与家户生计重大问题。在消费端，随着消费者和厂家对农产品的质量与安全越来越重视，在面对小农户时如何监督农产品种植流程和实现产品回溯、保证农产品供给安全，是现代农业发展必须解决的问题。

各类社会化服务组织和社区范围内的农民合作社，不仅要服务于专业大农户和家庭农场，而且要将小规模种植养殖户等纳入现代农业组织体系之中，为其提供完善的社会化服务，降低其市场风险，减少其生产成本和交易成本。

正是在这种意义上，我们认为仪陇县的乡村协会要发挥出更大的作用，其原因不仅仅只是目前的发展局面是这个组织推动之下出现的，而是未来实现乡村振兴战略发展的目标所要求的，不应该受到短期的工作便捷性和一些现实困难的暂时性约束而放弃长远的目标。政府部门更应该从长期发展的视角来看待。

从调研获得的资料和综合各方面信息的研究分析，我们认为仪陇县乡村协会目前实行的建立养牛产业托管平台的做法适合仪陇县的肉牛产业培育发展，未来很有发展前景。这是基于仪陇县的资源环境和农村社会的现实情况而做出的判断。

调研组在与仪陇县领导座谈时，仪陇县领导介绍了参观访问贵州省大方县养牛产业的独特方式留下的深刻印象。我们认为，仪陇县完全有条件发展出具有自己特色的肉牛产业生产模式。

根据我们在网络上收集的贵州省大方县的社会经济发展统计数据和其他方面的资料，2017 年年末大方县的户籍人口是 94.6 万人，略少于仪陇县户籍人口数。2017 年全县城镇常住居民人均可支配收入 26301 元，农村常住居民人均可支配收入 8538 元。畜牧业生产发展方面，2017 年大方县生猪出栏 35.42 万头，牛出栏 2.69 万头，羊出栏 2.65 万只，活家禽出栏 216.04 万只，肉类产量 3.95 万吨。

根据仪陇县 2017 年的国民经济与社会发展统计公报的数据，2017 年全县第一产业增加值占 30%；全年生猪出栏总数 79.21 万头；牛出栏 3.58 万头；羊出栏 16.92 万只。全年肉类总产量 9.03 万吨。2018 年，仪陇县生猪出栏 83.2 万头；牛出栏 3.2 万头；羊出栏 21.5 万只；家禽出栏 786.8 万只；全年肉类总产量 9.6 万吨。

对比仪陇县与大方县的畜牧业生产数据以及仪陇县发展养殖业所具备的资源基础状况，仪陇县显然发展肉牛产业的基础和未来的情况比大方县优越。而且，地理位置、交通情况和市场区位上，仪陇县也明显具备优势。因此，大方县的各种养牛模式都可以借鉴，但仪陇县也可以根据自身的条件走自己独特的发展道路。

从全国肉牛养殖生产发展情况，多数的生产肉牛养殖生产大县因地理地貌环境和饲料来源的限制，大多采用粮食饲料为主集中规模圈养的产业化生产方式，但仪陇县同时具备养殖大户和龙头企业集中饲养与小农户分散饲养的基本条件，而细分的消费市场更为青睐以饲草和散养方式喂养的肉牛。土地占用和环境容量问题也决定了单一化的规模化养殖方式会限制市场的容量。但高标准和稳定的市场开拓和技术、金融、市场服务又要求必须有一些能够在市场前端开拓引领的生产和服务类型的龙头企业。最为理想的方式是大户和龙头企业与合作社以及小农户小规模养殖有机结合。正是在这一方面，仪陇县乡村协会的实践探索非常值得重视。

也正是基于这一点，仪陇县乡村协会探索的养牛托管平台所构建的肉牛养殖生产具有重大的现实意义，它不仅仅只是一种产业和农村社区发展的模式，而是能够同时让规模化标准化品牌化现代农业生产与带动一般小农户共同，不仅有可能培养出一个多种业态融合的基础产业，而且找到实现小农户有机衔接现代农业的落地抓手。

到目前为止，探索如何实现小农户有机衔接现代农业，真正破题乡村振兴战略的有效做法不多见。仪陇县的养牛托管平台使得我们眼睛一亮，因为这个平台运作机制中已经包含了公司与大户与合作社一同带动小农户共同打造产业链，共同培养市场，共同致富的基因。

因此，我们建议采用"两条腿走路"的方式，既要扶持做大做强养殖大户和龙头企业，培育市场，也要注重带动众多小农户。环境容量，土地集约化困难，风险的分散和控制等制约因素都不允许只走发展规模化养殖模式的"单打一"路子。

在调查中我们获知，肉牛养殖生产是天然具备多种经营主体相互合作、利益共享的行业，养殖大户和龙头公司与小农户是能够互相配合形成共赢局面。大户闯市场，集约经营，保证生产质量标准；小农户充分利用土地和劳动力特点，与大户形成利益共同体，融合龙头企业，形成市场体系。需要由一个类似乡村协会的组织平台，不排除在乡村协会指导引领下成立公司性质的机构去带领大户和龙头企业。

四 走以乡村协会托管引领组织化的肉牛产业生产发展需要的政策支持

贫困山区县形成一个能够带动地方发展的产业很不容易，能够形成产业链具有一、二、三产业融合发展前景的就更难得了。为了把肉牛养殖形成产业，形成区域市场，需要政府部门和农村基层组织以及社会组织的共同配合打造。

现实发展中面临的急迫问题是，当农户看到产业前景加入养牛生产活动时，协会现有的组织力量就不够用了，无论财力和工作人员方面都会捉襟见肘。协会开展的活动大多数是组织动员、协调沟通，资金互助服务以及农村社区的社会发展等公益性活动，目前乡村协会的财务状况和工作人员的现状只能勉强维持。而且为了保证高质量而不是粗放式的发展，乡村协会要做大量的服务和培训活动，乡村协会工作人员的自身能力也需要提升。规范严格的组织体系运作和综合性的乡村社会服务工作是需要得到政府和社会的大力支持才能够坚持下来的。仅仅靠民间社会公益慈善性项目经费是支撑不住这一大摊的任务。政府应该考虑通过适当的项目支持对乡村协会公益性服务，通过乡村协会这个平台培养一支独特的懂农业、爱农村、爱农民（简称"一懂两爱"）的三农工作队伍，全面服务于振兴乡村的目标任务。

最为重要需求是获得政府的政策支持，使得基层政府和乡村组织认可和支持他们的这个活动。

可以考虑从特色养殖等方面的产业项目支持等方式研究肉牛产业发展的补贴支持，特别是支持规模企业与小农户合作的养殖补贴支持覆盖面。也可以研究对科技服务企业的效果进行支持，在乡村协会构建的养殖合作体系中引进养殖保险的支持，让肉牛养殖的风险进一步得到化解控制。未来产业发展起来后也可能需要探讨对饲草种植的补贴支持的政策。

认真研究养牛产业各环节需要的流动资金的需求，在乡村协会经过整顿规范管理的资金互助合作的基础上研究对接养殖业信贷，探索引进高科技金融进入产业链的可能性。

另外一个重要的需要政策支持的领域就是构建肉牛产业销售市场的构架，未雨绸缪，防范因为市场风险导致产业发展的受挫。

此外，也需要政府的一些相关部门从专业角度认真进行仪陇肉牛饲养行业发展的可行性论证，并且在此基础上作出初步的规划设想，为构建产业链体系融合和市场开拓做一定准备。

仪陇县乡村发展协会调研报告[①]

深圳市辉腾金控公益基金会[②]

2019 年 3 月 5—8 日，深圳市辉腾金控公益基金会（以下简称"基金会"）理事长张荷莲、秘书长范艳春、项目官员唐雪桐与中国社科院社会学所研究员、北京农禾之家咨询服务中心理事长、百乡工程管委会主任杨团、中国社科院农发所研究员刘建进、中国社科院农发所研究员、农村金融研究室主任孙同全三位研究员，北京农禾之家咨询服务中心（以下简称"农禾之家"）禾趣项目负责人杨照宇，辉腾金控科技金融有限公司（以下简称"辉腾科金"）执行总裁叶阳、农业项目经理杨佳男一行 9 人组成的调研团队，围绕仪陇县乡村发展协会（以下简称"协会"）实践 10 多年的农村小额信贷业务进行了为期 4 天的调研工作，调研从仪陇乡村发展协会基本情况、县乡村三级合作金融管理与服务系统、托管平台、仪陇经验是否形成模式及仪陇模式是否具备可复制性等角度出发，采用与协会、合作社和农业新型主体座谈、访谈农户、农业新型主体的实地参观等形式，形成了本次调查研究报告。

一　调研基本情况

在 4 天的时间里，以座谈的形式由协会主任高向军做介绍，通过提问和解答，调研团队初步梳理了协会的核心业务、资金来源、核心能力、成效以及存

---

① 本文系百乡工程仪陇项目联合调研组的专题报告。

② 本文执笔人：张荷莲（深圳市辉腾金控公益基金会理事长）。

在的问题。从 3 月 6 日开始，调研团队开始对协会利益相关方进行实地调研，包括对协会平台上的 4 家合作社、两地（立山镇、瓦子镇）的家庭农场，并于 3 月 8 日下午与县委副书记郭宗海、主管农业的副县长陈智、农业局局长进行了座谈，探索仪陇乡村发展协会在乡村振兴中已经摸索出来的路径，并探讨其如何进一步服务于乡村产业振兴的可能性。县委副书记郭宗海表示在下周组织综合调研组，调研仪陇乡村发展协会的模式，如论证成立，则会邀请农禾之家及百乡工程管理委员会专家在县域层面进行综合性的产业规划。

仪陇乡村发展协会是 1995 年在联合国开发计划署（UNDP）"扶贫与乡村可持续发展项目"① 支持下建立起来的一个非营利性民间组织，1996 年在县民政局注册为社团。其主要工作活动领域包括农民互助合作组织建设、扶贫小额信贷服务、产业服务与公益服务乡村扶弱济困与妇女参与、社区能力建设与推进乡村可持续发展。协会成立 23 年来，在当地乡村振兴实践中做出了显著成绩②，尤在最近 3 年，他们以成熟的小额信贷模式扶持养牛产业发展，推动技术公司、大农户带动小农户进行产业互助，在乡村振兴中创造出了新经验、新业绩。

表 1　调研的利益相关方

参与人	时间	内容
农禾之家、基金会、科技金融与高向军、曹代勇	3 月 5 日下午，3 月 6 日上午，3 月 8 日上午	模式与核心业务，核心能力梳理，社会成效，未来发展方向
农禾之家、基金会、施永青基金会代表处与协会	3 月 6 日下午	社区内置金融运行情况，农民产业与收入
农禾之家、基金会、施永青基金会代表处与协会	3 月 7 日	家庭农场情况与服务，组织支持体系

① 该项目由商务部国际交流中心执行，执行期自 1995 年至 1997 年。项目县分布在全国 48 个县，截至项目结束期，只有仪陇、赤峰等县继续坚持，其他都解散了。

② 截至 2018 年年底，全年扶贫信贷经营服务收入 126.4 万元，执行公益项目人员费用收入 32.76 万元，政府支付、个人捐赠及其他营业外收入 32.26 万元，全年总收入 191.42 万元。2018 年年底，金融成本支出 1.976 万元，提取贷款损失准备金 23.58 万元，人员工资社保福利支出 137.1 万元，机构全年综合性管理费支出 21.73 万元，其他营业外支出 1.63 万元，全年总支出 186.016 万元，协会共计发放小额贷款准时回收率超过 90%。

参与人	时间	内容
农禾之家、基金会、施永青基金会代表处与协会	3月8日下午	农禾之家、辉腾基金会、永青代表处三家机构介绍、仪陇模式的经验、县农业情况、乡建重点（四川清洁、改厕）与产业布局目标（1家国家级农业园区，2—3家省级，5—8家市级）、仪陇模式服务县域产业发展的建议

表2　合作社座谈情况

名称	座谈人	成立时间	起步资金（500元/股）	放贷金额	放贷数	农民分红（累计）	村合作产业
蔡家坪村	潘主任	2005年	96800元	累计130.15万元	累计187笔	4.55万元	枇杷、养猪、
观音庵村	易主任	2007年	96500元	2018年9.6万元	2018年16笔	20.2万元	柑橘、榨菜、梨、养牛
惠明村	陈耀光	2007年	81150元	累计129.09万元	累计287笔	3.54万元	水稻、榨菜、果树、养猪、中药材
玉屏村	袁主任	2010年	120200元	2018年26.9万元 累计227.52万元	2018年19笔 累计272笔	4.06万元	养牛、养猪、油桐

二　调研核心发现

以对协会的信贷、产业、互助基金进行梳理为核心，结合基金会业务导向的观察，主要发现如下几个特点。

（一）政府与地方关系

协会发起人高向军有过县政府部门任职经历，其为原仪陇县政协副主席，懂政策又有敬业精神，因此取得了政府的支持，这是协会发展的有利因素。经过多年的农村发展工作，在多条业务线——小额信贷、互助基金、产业基金、合作社托管、财务服务以及公益服务上，经营了良好的社区关系。

（二）协会核心业务

杨团老师梳理了协会的 4 条核心业务线。

表 3　协会 4 条核心业务线及协会收入

名称	资金来源	起始时间	资金	面向人群	2018 年利息收入	方向	成效（2018）	协会收入	备注
小额信贷	UNDP 项目、农行、农发行贷款、基金会等	1996	2018 年放贷总额 1022 万元	中低收入人群	126.4 万元	非农家庭经营、消费与助学	1000 多户/1022 万，风险 4% 以下	126.4 万元	UNDP 项目 1996 年始 1997 年结束
13 家合作社内置互助基金	农户与政府 1:1 或 1:2 配比	2005	原始本金 148.7 万元，每年放贷约 400 万—500 万元	本村村民	31 万元	不确定	发放贷款 387 万，三金积累总额 68.3 万，回收率 90% 以上，12 场次培训，960 人次	/	
产业基金	小母牛、施永青基金会	2014	原始本金 640 万元，每年放贷约 800 万元	家庭农场	无息	购买母牛 6000 头、以财务和养牛技术为核心的服务	发放 299.4 万元滚动基金；20 多场培训，1000 人次；下村指导培训 468 场地，14100 人次；外出学习 5 次，48 人	/	
社会服务	承接公益项目		580.41 万元	事实孤儿、中小学生	无	事实孤儿、活动空间、网络课程	常年陪伴事实孤儿约 350 名、建立活动空间及运营机制、对接网络外语课程	32.76 万元	协会收入承担人员费用
其他	政府购买 6 个岗位津贴 15 万元，个人捐赠及其他营业外收入 17.26 万元							32.26 万元	

从表 3 可以看出：

（1）协会自身的资金来源较为多元化，自有资金大概占一半（小额信贷部分），社会资金不到一半（养牛产业基金）以及其他的社会公益项目。

（2）涉及的利益相关方包括受益人（低收入家庭、农户、合作社、家庭农场、学校、事实孤儿）、捐赠方（招商局基金会、小母牛、施永青基金会）、地方政府（县委、农业局）、第三方服务公司（宝牛）。

（3）目前项目与资源的多元化造成了协会营利模式不明晰，营利业务并不具备规模优势；未营利业务需找到承担成本方/出口（最有可能的是政府，而非社会资源），目前机构未能聚焦，形成规模，因而多年来机构未能得到较好发展，员工待遇低。

（三）协会核心能力

基于杨团老师的总结，我们认为协会的核心能力包括了以下 3 个方面。

（1）基于小额贷款并在合作社内部设立小额互助基金。在此基础上，根据合作社需求，提供财务服务，进行精细化管理，重点包括：以财务服务于合作社，以人力了解家庭情况、培养还贷习惯、协会风控体系的建立以及员工的绩效考核。

（2）组织技术服务。基于向农户赋能以及组织农户发展的一套激发农户、组织农户的组织工作技术。如协会较为核心的面向家庭农场、合作社管委会的以提升其财务管理能力的培训、托管服务；以合作社网络发展养牛产业基金；在养牛产业基金上大户带小户的基于养牛价值链分工的互助互利引导。

（3）基于养牛一产需求的服务体系搭建。引入第三方宝牛公司（帮助其落地仪陇县），帮助农户解决养牛中母牛配种的难题。并通过协会的第三方服务代管功能，确保服务公司的服务的质量与持续性，解决农户难以获得可靠的第三方服务的问题。

协会的核心价值提升了增值性，即能够将单一农户对应服务，转变为多农户对应服务。宝牛公司已经拓展了 500 头母牛服务，按照每头母牛年服务费 365 元计算，共获得 365 万 × 500 = 18.25 万（元）技术服务费。

以上三个方面为协会的优势能力。

（四）协会未来发展方向

杨团老师建议协会未来的发展方向为走向综合农协。

（1）以金融为切入口和核心服务功能，发挥协会发动与组织农民的组织技术优势。

（2）在县域层面，在生产、综合服务以及市场销售等多个环节，整合政府、社会、市场资源，建立现代产业的综合服务体系，服务于当地产业振兴带动乡村振兴。

（五）合作金融现状

由于历史原因，经过22家的合作金融发展乱象，出现问题并整顿之后，协会共托管13家农民合作社。在合作社的托管服务中，协会一方面输出了自身研发的小额信贷管理制度，主要是风险控制；另一方面是协会监管合作社资金的使用，避免了合作金融较为普遍的体外循环问题，这一点较为关键。

农民、农村合作金融上的几个值得注意的关键点：外界配比资金＋管理制度、机制、风控＋外部监管。主要的方式为取得外部资助性免息资金，协会根据合作社的问题及风险点，通过建立管理制度、适合自己的信贷审核机制，来控制风险。

具体在操作上包括：贷前调查、贷中及贷后管理。

贷前调查：贷前调查主要由信贷员进行，由此建立信贷员管理制度，制度建立的信息来源有两个：第一个由信贷员调查基本信息获取；第二个信息由信贷部负责获取，包括借款人的身份证、户口本、房产证等扫描件。此作为前端使用跟踪管理，并强化跟踪，只要借款人使用用途发生改变，即小贷信息发生变化，就采取相应的措施，采用问责制，并对应地采取信贷员处罚措施。

贷中管理：以是否按时还息为标准，建立提取风险准备金机制，用于补充流动性不足，风险准备金从利息收入中提取。在还款到期日前进行预警提示，以逾期0—30天为一个清收阶段，逾期30天以上即列入坏账，风险准备金的提取标准为：逾期10天以内的提取5%，10—20天的提取

20%—25%，20—50 天的提取 75%，90—100 天的提取 100%。60—90 天的为强化跟踪，清收。还款主要以现金为主，主要在赶集时还款。

贷后管理：目前主要侧重于借款人的信息管理和信贷员的管理，协会采取委托信贷员以外的人在还款日抽查借款人并打电话，检查在还款日信贷员是否及时通过还款。

（六）家庭农场

协会托管了 30 家家庭农场的财务管理。面对家庭农场，协会提供的服务包括：

（1）第一代产业农民缺乏财务管理的意识。协会通过对家庭农场的财务培训与服务，建立第一代产业农民的财务管理意识与习惯，对于没有财务管理能力的家庭农场，协会采取托管的方式代为服务。这是家庭农场营利与可持续发展之本。

（2）以互助、区域性建立养牛关键技术的支持体系。大农带小农 + 乡镇或多乡镇的母牛育种区域性服务（县域公司分部）+ 县域的基础设施建设与县域公司。在部分与企业第三方合作的方式方面，协会维护农户利益，承担起了重要的担保功能，确保农户获得服务。

（3）大户 + 小户形成合作社。已经形成规模的养牛大户有致富不忘乡邻的情怀，将自有的母牛寄养到需要帮扶的村民家中，生下的小牛归村民，从而就有一头变多头的可能，养牛户带领小农户养牛，提供帮助，解决养牛中遇到的问题，大户、小户联合买牛，统一购买饲料，采购技术服务等；协会通过已有的合作社发展农户养牛。据协会负责人介绍，目前已经保有牛存栏量 800 头左右。

（七）仪陇县农业发展思路

（1）农业县，农业占比 32%。有资源禀赋优势，特色产业和特色产品突出，比如：苹果深加工、柑橘种植、食用菌、育肥牛、榨菜加工、有机蚕桑，等等。

（2）基础设施：健全。路、水、电，通信、教育、卫生、文化。

（3）养殖业种植业：企业 + 基地 + 合作社 + 农户。

农户，生猪，水果（柑橘为主），有机蚕桑，加工性蔬菜（榨菜 5 万亩），中药材（合作社访谈反馈：价格低，亏得厉害）。

（4）目标：1 + 2 + 5，1 家国家级示范农业园区，2—3 家省级，5—8 家市级；四川省清洁乡村，改厕，60 个示范村。

（八）郭宗海分析农村发展问题

郭副书记对农村发展的问题进行了剖析：

（1）农村基层组织的人力资源问题，不仅仅是村一级干部，也包括农村整体人力资源的不足。

（2）农民的有效组织难。基层的生产组织方式的变化，不是简单的流转 + 务工，如何建立可持续的利益机制，农民可以长期获益？

（3）农村金融的痛点难点。商业性银行因其商业性质，农民土地不能抵押无法取得贷款，商业银行成了"抽水机"，地方资金被抽走；资金不能回到地方的生产上来。

（4）农民的教育培训难。目前农村普遍存在留守老人和留守儿童，少量留守妇女，怎样能让青年人返乡，农业必须得到发展，农民的收益要提高。

（九）县委后续动作

开展仪陇乡村发展协会经验的综合调研，证实养牛产业发展规模和走上市场化的可能性；如有可能，邀请农禾之家专家进行科学论证与综合性规划。

三　基金会项目框架

结合仪陇模式的有价值经验与基金会自身需求，建议基金会可以在以下两个方向上开拓业务。

（一）合作社/家庭农场孵化培养 + 创业基金支持

基金会以科技金融为核心，进行农户及合作社的金融赋能，专注于调动当地积极性，协助合作金融中供应链金融服务体系的搭建，并根据农户经营及理财意识，发挥企业基金会优势，让金融与公益深度融合。

（1）向具备小额信贷功能的合作社和其他有意愿发展合作金融的合作社提供供应链金融管理体系的培训与支持；

（2）培育合作社和家庭农场，做能力建设，并向农户提供创业无息或低息贷款。

（二）产业金融

（1）完善财务账务体系，提高财务透明度，加强验证财务真实性；

（2）减少控制现金发放小贷方式，通过银证转账方式进行发放贷款；

（3）协会进行有序、有效的统一管理，打造服务＋金融的一站式服务平台；

（4）通过服务赋能金融，金融赋能科技，将物联网设备输入到农业场所，实现资产可视化、信息透明化；

（5）完善信贷经营系统，有效核实资产情况、主体资质情况、收入情况等；

（6）降低运营成本，增加放贷规模，完善标准化信贷审核流程，提高可复制性；

（7）加强农户增信措施，实现农户＋家庭农场集中养殖管理，实现独立的合作社法人主体，做到资产可追溯、可视化；

（8）加强贷款资金用途监管，根据贷款类型，定向支付给上游主体，做到融资人碰不到款项，只能接收到实际所需货品，防止资金借新还旧现象发生；

（9）完善供应链金融服务体系，将一、二、三产业融通，解决现有供应链体系断层问题。

（三）家庭农场

（1）由协会牵头或家庭农场主直接申请成立独立的公司作为运营主体，由独立的法人机构进行运营管理并对接外部资源；

（2）完善财务体系和数据，保证系统数据的真实性；

（3）由运营主体公司统一进行采购、养殖、育种等配套服务；

（4）有效地进行一、二、三产业整合，打通整条供应链，引入二、三产业核心企业，完善供应链体系；

（5）规模化统一管理，降低运营成本，规模较大的农场可考虑将物联网科技的场景输入，进行可视化管理。

（四）县域规划中纳入企业

在县域规划中，以金融赋能＋创业基金为切入口，在搭建供应链金融服务体系完成后，引进企业来接手。由企业用商业化手段和市场化运营带动农户提高收入，企业赢取利润，形成农民和企业双赢的良性循环，初期可以选择一个试点，待搭建完成试运行后，推广到更多的地区。

第三篇　乡村治理

村委会和村集体经济组织应否分设

——基于健全乡村治理体系的分析[①]

仝志辉[②]

一　理解村委会和村集体经济 组织关系的乡村治理视角

十九大提出"健全自治、法治和德治相结合的乡村治理体系"，使得合理构建乡村组织体系的讨论又一次成为热点。自治、法治和德治的结合是新的乡村治理体系的核心特征，在制度结合中各种组织的组合是最为基本的。村级组织体系的搭建是乡村治理组织组合中最基础的部分。

村内各种公共权力组织主要是村党支部、村民委员会和村集体经济组织。此外还有村庄各种群体的社团组织，如共青团、妇联小组或妇联、老人协会，以及红白理事会、文娱兴趣团体等社会公益组织，在主要组织之外的这些组织也具有一定的公共权力。村级组织体系构建的基本问题除了两委关系，就是村民委员会与村集体经济组织的关系。在健全乡村治理体系的视角下，组织体系的构建不仅包括相互关系问题，也包括各自转型问题。本文只涉及定位两个组织的相互关系问题。

---

① 北京市社会科学基金重大项目"集体村社制的制度优势研究"（17ZDA20）；国家自然科学基金应急项目"多主体参与、场景关注和乡村智慧治理"（71841007）。原文发表于《华南师范大学学报》（社会科学版）2018 年第 6 期。
② 仝志辉，河南焦作人，中国人民大学农业与农村发展学院教授、国家发展与战略研究院研究员、乡村治理研究中心主任。

在十九大明确提出健全乡村治理体系之前，村民委员会与村集体经济组织的关系主要是从"构建充满活力的村民自治机制"的角度来看待的。也就是说，两者关系是在村民自治的框架内讨论和理解的。改革开放之初，村级组织体系设置的重要目标之一就是实现村庄对自身经济社会事务的自我管理，即村民自治，它的理念是村民自我教育、自我服务和自我管理。制度上是通过选举、决策、管理、监督等一系列村级治理环节的民主制度建设，实现村民对村级治理的高度参与和村务治理的高度自治。对大多数村庄而言，村民自治以单个村庄为主要单元，村委会和村集体经济组织的关系是首先需要思考的问题。

如何分清村委会和村集体经济组织的职责并很好地处理两者之间的关系？对这一问题的讨论绵亘多年，在农村改革之初就被人们一再提出，时至今天，仍未获得一个多数人认同的答案。在多数村庄并没有独立的村集体经济组织，仍由村委会代行村集体经济组织的职责，并且缺乏集体经济组织的立法，没有从法律层面清晰区分集体经济组织和村委会的不同职责。①

将两者关系和分设问题放置于村民自治框架内，便会把村级治理的基本问题理解为公共品供给，把内在的机制理解为村民的参与权利。如徐增阳和杨翠萍在对两个组织分设的讨论中认为："村委会的公共性决定了它的组织目标是为村庄社区内的所有成员提供同等的公共服务，公平正义是它的价值诉求，民主是它的运作逻辑。"② 也就是说，只要集体经济组织和村委会合二为一没有影响村民自治的进展，维持合二为一就是合理的选择。

质疑是从村民自治组织的特殊性开始的，认为村民委员会与村集体经济组织的组织性质不同。正如徐增阳和杨翠萍所说："村委会虽然在法律上定性为群众自治组织而不是政治组织，但是它与一般的自治组织有着很大的不同。首先，村委会的成立并不是基于自治组织全体成员的共同意志，而是按照法律规定必须设立的，村民没有加入和退出的自由。《村民委员会

---

① 《物权法》和《农村土地承包法》对集体所有权行使的规定与《村民委员会组织法》规定的村民代表会议讨论决定的部分事项重合。
② 徐增阳、杨翠萍：《合并抑或分离：村委会和村集体经济组织的关系》，《当代世界与社会主义》2010 年第 3 期。

组织法》第八条规定：'村民委员会根据村民居住状况、人口多少，按照便于群众自治的原则设立。村民委员会的设立、撤销、范围调整，由乡、民族乡、镇的人民政府提出，经村民会议讨论同意后，报县级人民政府批准。'根据此项规定，村委会设立的提出和批准都是由政府决定的，村民的共同意志并不起决定性作用。其次，村委会承担了许多政府职能，如协助政府完成各项任务、提供社区公共服务等。"①

由上可知，理解村民委员会与村集体经济组织的关系，不能仅仅从村民自治这一角度理解，而应该从两者关系讨论所处的历史背景和两者所处的周边制度环境来理解。这就要回到改革开放 40 年间的农村制度变迁的历史进程中去。这是本文研究的基本视野。

在研究思路上，本文立足于对乡村振兴战略提出的健全乡村治理体系的全面理解，把乡村组织体系的健全和治理能力的提升作为同一个事物的不同方面，以寻求这两个方面的平衡。对于两者平衡的想法，在改革开放 40 年的时间跨度内，也更容易得到理解。

二　分设在改革之初并不是乡村治理体系构建的核心问题

（一）村民自治制度得以确立离不开集体化时代以集体经济组织为依托的治理制度传统

在村委会诞生之初，村民委员会的设立之所以可以在固定地域不依赖于村民的共同意志就由政府决定设立，是由于集体化时代集体经济组织的稳固。公允地说，村民委员会是在集体经济组织的基础上成立的。在村民委员会萌芽之时，由于分田到户，集体经济组织正处于涣散状态。村集体经济组织的涣散以及国家对村集体经济组织控制的放松带来了社会治理方面的负面影响，使得村庄秩序无法维系，催生了村民委员会。村民委员会

---

① 徐增阳、杨翠萍：《合并抑或分离：村委会和村集体经济组织的关系》，《当代世界与社会主义》2010 年第 3 期。

是承接人民公社时代村社合一的体制而来的，因此由村民委员会这一由国家正式承认并逐步通过民主程序加以强化的组织来承接集体经济组织的功能，是有一定道理的。

村民委员会继承了集体经济组织的集体土地所有制的制度资源。不然，仅仅靠直接选举，不足以确立村委会权力的正当性。正是由于国家通过宪法和随后的《村民委员会组织法（试行)》确立村委会可以代管村庄土地，才使得村委会具有实实在在的权力。

也就是说，讨论村民委员会与村集体经济组织的分设，是把在村集体经济组织基础之上建立的村民委员会看作与集体化时代村集体经济组织目标不同的组织。在成立高级社乃至人民公社的时代，组织农民的目标主要是发展生产，乡村治理是在发展生产的基础上进行的，治理秩序要服从于生产秩序，生产秩序内涵了治理功能。而在集体化解体时期，组织农民的目标是在找到发展生产的新路子之后建立不依赖于生产形式的治理制度。这一制度不再依赖于集体劳动和集体经营，而是更多地基于对农村治理制度的民主理念。这时，不再使用在组织农民进行生产时的动员和规划方法，而是强调农民自己选举、决策、管理和监督。于是，村民委员会的建立虽然是出于国家组织农民低成本提供农村秩序的需要，但是其具体的组织路径却处处体现了村民参与和自我决定的色彩。

在长时期保持两个组织合一有着两个方面的原因：一是集体经济组织作为字面上的对以村庄土地为主的集体资源资产进行"集体经营"的承担者，必须保留。在村土地集体所有权受到压缩、集体经营层次名存实亡的情况下，让村民委员会"代管"基本的集体经营管理职能是顺理成章的事情。集体经济组织必须保留但又实力衰落，使其被迫"投奔"了村委会。二是村委会成立之后一直朝着保护权利优先和扩大参与的方向努力。这与村集体经济组织名义上保留的集体经营是两类不同的事情。村民自治的民主化方向和程序的形式化，进一步使这种不同被放大。因此，村民自治本身的程序化建设和权利本位的凸显，必然使得两者分设成为议题。

（二）分设在改革之初的乡村治理中并不是十分迫切的问题

虽然在设立村民委员会时，存在将两者分设的动议，但是在实践上分设两者并不是特别迫切的任务。在设立村民委员会时，村民委员会的任务并不繁重，国家对农业生产执行休养生息政策，对村级组织也没有布置太多的现代化任务，只是要求完成计划生育和一些政策宣传。

当时人们还没有真切意识到村集体经济组织的发展是村民自治开展的经济来源，也没有意识到集体经济组织形式蕴含着治理内涵。因此，对村民自治如何进行的讨论居于村级治理讨论的中心，人们从民主程序、集体行动等角度讨论村民自治的制度推进。

在村级组织体系设置中，人们讨论的另外一个基本问题是村党支部与村民委员会的关系问题。在村级组织体系中，这两者都是合法的农村公共管理权威。村党支部是村级组织体系的领导核心，村民委员会是《宪法》和《村民委员会组织法》规定的农村自治权力机构。村民委员会由全体村民在全村范围内直接选举产生，村党支部则从全体党员中选举产生。从精英来源的范围和民意的基础来看，村委会比党支部更广泛，但党支部是现行体制规定的不可动摇的村务领导核心。这样一种制度安排，加上在中国农村社会的转型时期乡村精英自身也正在经历新老交替的过程，在村委会和党支部之间必然形成一种张力。① 在讨论中，影响较大的一个假说设定为，民选的村民委员会要行使村民自治，村党支部就必须不能对村民委员会发号施令、对自治事务插手干预。这个方向的研究由于不能理解村党支部的组织功能，也不能从根本上确认当选村民委员会就一定具备履行村民自治职能的意愿和能力，也就没能在村党支部和村民委员会关系中对村庄公共权力的职责定位给予清晰认识，也没能对现实中正确处理两委关系的政策决策产生影响。如在一段时间，中央精神明确规定凡没有建立起村经济组织的地方，应按照党中央、国务院关于 1990 年农村工作的通知精神，结合当地实际，尽快建立村经济组织。在建立的过程中，村民们愿意实行两个机构一套班子并行村委会和村经济组织职能的，应充分尊重村民的意愿。

当时学界对于村民委员会和村集体经济组织之间的关系的学术讨论很少。相比两委关系，村委会和村集体经济组织的关系，由于缺少民主、权

---

① 俞可平、徐秀丽：《中国农村治理的历史与现状——以定县、邹平和江宁为例的比较分析》，《经济社会体制比较》2004 年第 2 期。

力制约等大的意识形态关切，少人问津。这说明，村级组织体系中核心问题的讨论，也需要一个大的制度环境，除了制度环境中蕴含的制度危机以外，制度环境中很重要的一个方面是话语环境。

三　分设问题模糊处理的治理绩效和引发的问题

（一）《村民委员会组织法》框架内对于分设的有关争论

在 2009 年 12 月和 2010 年 6 月十一届全国人大常委会两次审议《村民委员会组织法修订草案》时，有多位委员①明确提出应将村民委员会和村集体经济组织在法律上分别定义、分别设立。这是涉及村级治理制度安排的来自立法方面的重大提议。归纳上述委员的意见，他们认为：在同一个村庄中将同时存在两个组织，一是全体村庄居民组成的村民委员会，二是由集体经济组织成员组成的村集体经济组织。两个组织将依照各自规则产生自己的管理机构，而不是由经村民直接选举出的村民委员会（这里"村民委员会"是管理机构名称）来行使两个不同组织的管理权。

全国人大法律委员会对分设两个组织的提议的回应是，"拟在进一步调研的基础上提出意见"。而提出分设的委员当时唯恐出现"存而不决"的结果，非要把此问题追个水落石出。贺铿委员说："这个问题不能存而不决，村民委员会和集体经济组织二者的关系一定要在村民委员会组织法中规定清楚。"② 全国人大法律委员会给出上述意见的理由是：据农业部介绍，全国有约 60% 的行政村的村委会和村集体经济组织是合一的，有近 40% 的行政村另有村集体经济组织。这个问题涉及的情况比较复杂，各地做法也有差异。③

---

① 据中国人大常委会官方网站"中国人大网"报道，有刘振伟、尹成杰、孙桂玲、贺铿。

② 《草案应明确界定村委会和村集体经济组织之间的关系》，中国人大网，2010 - 06 - 23，http：//www.npc.gov.cn/npc/xin—wen/1fgz/2010 - 06/23/content_ 1578346.htm。

③ 钟国：《应明确界定村委会和集体经济组织的关系》，《农村实用技术》2010 年第 8 期。

其实，类似的理由在之前已经在同一个法律的立法过程中被提出过，前后跨越长达 20 多年，而且均以"存而不决"作结。1987 年在《村民委员会组织法（试行）》第一次被人大常委会讨论时，就有代表尖锐地提出需要明确村委会和集体经济组织的不同性质。① 当时要求分设，是担心村集体经济组织被村委会绑架，无法真正起到发展集体经济的作用。

在试行十年后的 1998 年《村民委员会组织法》被提交审议、将由试行法改为正式法时，分立问题也是常委会委员关心的四大焦点问题之一，但同样以"各地做法有差异"为由，暂缓明确。②

2010 年 10 月《村民委员会组织法修订草案》三审时，有关两个组织分设的委员提议在中国人大网公开报道中再未见到。

在这部法律试行 10 多年和正式施行 10 多年后，问题为何仍然被以同样原因推迟决定？法律委员会的解释对于公众来说比较模糊，对常委会委员也没有起到正确的"引导"。村委会和村集体经济组织合一的比例仅仅表明了表面情况，各地差异也不能作为无限期推迟决定的理由。理论上需要确切了解分立两者的必要性和目前模糊处理的利弊。

2010 年 10 月，《村民委员会组织法》经十一届全国人大常委会第十七次会议讨论通过，多处规定与以前不同。但村委会和村集体经济组织是否分别设立的问题，在审议中被重重提起，但是却被轻轻放下。新法回避了这一问题，而这将是实践中不断遭遇的重大问题，也将成为村级组织制度设计中的重大问题。

（二）没有集体经营的多数村庄因"合二为一"节约了治理成本

由于多数村庄在实行家庭承包制之初就将集体财产大部分分光，使得

---

① "有的委员说，为什么要规定村委会领导合作经济组织，这样搞集体经济不是又要归大堆吗？当时一些领导和同志坚持村委会和村合作经济组织应该分立，是两个组织而不是一个组织。当时北京等地就是村委会、村合作经济组织、村党支部三个组织并列"，参与起草的民政部官员白益华给委员的解释是"各地村的大小不一，但总的来讲规模不大，设两个组织没有必要，而且村委会领导村合作经济组织不是又要归大堆，是以尊重集体经济的自主经营为前提的"。参见白益华《亲历村民委员会组织法制定（上）》，载《中国人大》2004 年第 8 期。

② 范瑜：《村民自治：改革开放以来的实践历程与展望》，《经济研究参考》2008 年第 32 期。

集体经济名存实亡，而单靠村庄自己发展集体经济组织，也面临极大困难，因此很多人认为没有必要单独成立集体经济组织，导致产生合二为一的局面。此外，对于国家给予村的公益设施的支持乃至集体经济的扶持，靠村民自治的有关程序也能基本完成，这延宕了单独立法规范集体经济组织的要求。

在现实中，每个村庄都有土地和集体成员，但很多村庄没有有效的集体经营活动，因此除了土地承包带来的社会保障外，不再有任何可以给成员带来收益的机会。20 世纪 80 年代，村民承包土地需要向集体经济组织交承包费，村里也努力兴办村办企业，集体经济活动多多少少还有一点。但随着村办企业发展不佳或纷纷改制，《土地承包法》限制村集体调整承包地并收取承包费，加上 21 世纪初的税费改革取消了村集体收取承包费的权力，集体经济的经营活动在多数村庄趋近于无了。这个时候，村集体经济组织只能算是一个"潜在"的组织。在这种"潜在"状态下，村民委员会和村集体经济组织"合二为一"，其管理机构也合二为一，便具有了相当大的合理性，其合并比例高达 60% 也就不足为奇了。公众甚至应该质疑这个数据是否缩水，因为很多成立了社区经济合作社和村农工商总公司的村，也是和村委会挂"两个牌子"，其实管事的仍是"一套人马"。现实中的这种情况说明了由同一组人具体行使两种不同权力的便利性和可行性。

可见，出现大量冲突和靠均分财富来消极解决冲突的部分原因是村民自治制度没有得到很好地贯彻；问题的本质不在于是否设置了另一管理机构，就算单设了村集体经济组织，如果内部决策程序有问题，同样会出现干群冲突或分光吃净。那我们有什么理由相信，新设的村集体经济组织就一定会比村委会管得好？恰恰正是由于村委会（指作为村民委员会管理组织的"村委会"）事实上发包土地并组织土地调整，且具有依照村民会议或村民代表会议决议分配集体财产收益的权力，村民才有动力去参与村委会的选举及随后的村内决策，从而在一定程度上保证了集体存量财富的公平分配。也就是说，"合二为一"的模糊性并不一定产生不了良好效果。如果不分具体情况，仅仅因为两个组织性质不同而将集体经济组织从村委会中抽离，在某些村委会没有独立的财政来源的情况下，村民自治将可能有因此丧失内在动力的危险。

（三）分设的模糊处理是干群矛盾和不公平分配的致因之一

在 21 世纪之前，少数研究者在历数两个组织不能分设的弊端时，主要认为由于集体经济不分设，导致不能明确其特殊性质和法人身份，影响了村集体经济的壮大。还有人认为，《物权法》和《农村土地承包法》对集体所有权行使的规定与《村民委员会组织法》规定的村民代表会议讨论决定的部分事项重合，导致双方职责不清。[①] 这些主要是从纸面上得出的推论。进入 21 世纪，由于税费改革并没有完全缓解农村干群冲突，人们在看到干群冲突很多是基于集体资产权益被村干部侵占或者被不公平分配时，又提出分设提议作为解决方案。

在现行的《村民委员会组织法》中有这样的规定："涉及村民利益的重大事项如土地承包经营方案、宅基地使用方案等，应当经村民会议讨论决定方可办理。村民会议由村民委员会召集，并可将此项权利授权村民代表会议讨论决定。"此外，村民委员会的职能还包括："依照法律规定，管理本村属于村农民集体所有的土地和其他财产，引导村民合理利用自然资源，保护和改善生态环境。"立法的原意是支持村民自治组织继续代行村集体经济组织的权力。

而支持分设的人认为，村委会管了不属于自己分内的事务。比如，全国人大常委会索丽生委员认为："村民委员会是村民的政务性的自治组织，而集体经济组织是负责集体资产管理经营等经济事务的经济性组织。两者性质上是不同的。"[②] 对于村委会代行权力的不利之处，尹成杰委员举了两点：一是"随着经济社会的快速发展和城乡地区间的人口流动日益频繁，在很多地方村民和成员已经不是一个概念。一般来说，村民的范围要大于成员"；二是"如果让村民委员会和村民会议决定本村集体经济组织及其成员决定的事项，那就可能会产生非财产所有者决定财产所有者的

[①] 杨一介：《我们需要什么样的村民自治组织?》，《首都师范大学学报》（社会科学版）2017年第 1 期。

[②] 《草案应明确界定村委会和村集体经济组织之间的关系》，中国人大网，2010 - 06 - 23，http：//www. npc. gov. cn/npc/xin—wen/1fgz/2010 - 06/23/content_ 1578346. htm。

利益问题，甚至导致侵害成员土地和其他财产的权益，引发成员和村民之间的矛盾"。①

应当承认，这种忧虑在现实中确有缘由，并随着形势变化愈发有实际意义。今天中国政府奉行多予少取，村里拿了很多来自国家的钱和物，很多村集体资产明显增加；城市化的迅速扩展也使一些城郊村有了从土地增值收益中分利的机会，村庄集体资产大幅增加。此时，如何管理集体资产的问题便更加突出。分设动议的真正现实背景即源于此，真正需要解决的矛盾也在于此。实践中围绕土地增值收益分配的争议日益增加，征地拆迁和补偿安置中出现大量冲突，如村干部和村民之间就集体留存比例（村干部能掌握多少）的争议，外嫁女、空挂户、"农转非"等是否享受补偿的争议。如果代行集体经济组织权力的村委会对民主管理制度落实不好，就会存在集体资产被少数人侵吞或滥用的可能，也会发生村委会对集体经济组织成员身份没有能力甄别或没有权威进行权益分配的情况。

但需要深入讨论的是：两个组织分设了真能解决这些矛盾吗？上述村委会越来越成为"财神爷"承担理财任务，关注的还是分配作为存量的集体财富。分田到户时还没有建立村委会，但分地分出的结果农民并无多大意见。其原因在于：一是当时的村级组织确实贯彻了民主原则；二是各级给了很多明确的指导。分钱分物的事应该不比当初分地复杂，之所以屡屡出现问题，是因为上述两个方面出了问题。

当前，在多数的村一级，无法贯彻积极的决策民主原则。由于村民对村干部普遍不信任，虽然分配存量财富并不是典型的促使集体资产增值的活动，但是村民们能看到眼里的只有分钱这回事了。如果存量财富放在村干部手里，谁知道明天会到哪个私人腰包里。因此，有了钱，都是分光花净一个法儿。如果村干部提出集体多留或者用以创业，村民多半不会同意。面对这样的村民和村干部，上级也不愿做细致的工作，而是为求稳定，一概以"属于村民自治事务"推脱责任。于是，分光任何新增财富的做法在

---

① 《尹成杰：处理好集体经济组织成员与村民的关系》，中国人大网，2010 – 06 – 24，http://www. npc. gov. cn/huiyi/cwh/1115/2010 – 06/24/content_ 1578425. htm。

多数村庄出现。但是，由此求得的稳定只是一种消极稳定，是以耗蚀村庄长远发展潜力为代价取得的。

这种情况根本上反映的仍是村民自治中民主决策机制和民主监督机制的落后，是村民对村干部监督的无力。如果村民会议、村民代表会议真能发挥作用，这种局面应该不会蔓延。但是，这在很大程度上也是理论演绎的结果。因为民主的思路更多是以权力拥有者与权力受让方之间的不信任为基础的，这种不信任很可能导致双方不再接受民主规则，从而选择让共同体解体。

脱开民主化的思路，如果有制度性的方法能够增进权力拥有者与权力受让方的信任，或者延续双方已有的较高的信任，那这样的制度也应该作为村级治理的首选制度。

可见，出现大量冲突和靠均分财富来消极解决冲突的部分原因是没能很好地贯彻村民自治制度，导致共同体内部缺失信任。也就是说，不能把所有原因归于没有分设两个组织。

四 分设应追求治理体系和治理能力双强

（一）分设并不能保证集体经济组织高效率创造集体财富

对村集体经济组织而言，不管和村委会合一还是分立，都有对用何种经理人（指委托—代理关系中的代理人）更能实现组织目标的考虑。在存量利益的分配上，主要考虑公平；在创造增量利益上，则主要考虑效率。在两个组织实质上合一的制度设计下，选举产生的村委会充当了集体经济组织的经理人。如果两个组织明确采取实质上分立的制度设计，村集体经济组织成员就需要在村委会之外成立集体经济组织。

所谓"村集体经济组织"，从其成员与组织的关系来说，是共有集体土地和其他财产，并对这些土地和财产享有占有、使用、收益、处分等权利的村民结成的组织。村集体经济组织要有管理机构，这是因为要对集体土地和其他财产进行管理，并在成员间公平分配其收益。而作为村集体经济组织的成员，意味着其具有参与管理集体财产并从这些财产所得收益中分得一份收益的权利。在具备了共同财产和明确成员的前提下，集体经济组织是否有必要单设管理机构进行管理，就取决于是否存在能增进其共同财产收益的经营活动。如果没有这种经营活动，集体经济组织"名存实亡"，成员分取收益的权利也几近落空。集体经济如只有土地承包这点事，那为什么不能由村委会代办？这种情况并不是法律限制了村集体经济组织的设立而导致的。

但不管怎样，仅仅是分别设立，并不能保证独立的集体经济组织实现高效率地创造集体财富。现实中的情况往往是，因没有落实村民自治中的各种制度规定，才导致了村民间利益分配的矛盾和干群之间的矛盾。如果仅仅是农业为主的村庄，村集体经济事务主要是土地承包、可能的土地征用补偿费用的发放以及组织就业安置，原有的村委会和村民自治的办法就已经够用。而如果是在工商业发达的村庄，为了使得集体的经营活动更能适应外部市场，获得更多利润，则应该在全体成员授权的前提下，聘请有经营能力的村庄能人甚至招聘外部经理人来负责经营活动。这个时候，成立集体经济组织并明确集体经济的运行规则是非常有必要的。

因此，在存在发达的集体工商业的村庄中，适度明确作为社会自治组织的村委会和作为集体经济组织的管理机构的不同性质，注意引导而非强制使集体经济组织逐步脱离村委会管理，对于规范集体资产管理，减少村委会成员化公为私和提高集体资产的经营效率是有积极意义的。但是，这并不意味着将集体经济组织单独定义和设置以后，就一定会改进集体资产的经营效率。这是对两者分立效果的错误期待。集体经济组织的经营效率和为了保证这种效率而采用的何种管理模式，必须在经济组织良性运行的层面上具体探索。由于集体经济的特性，集体经济的破产可能会导致集体解体，起码会连带集体成员承担经济责任。因此，集体经济组织需要政府给予特许经营权或者给予税收优惠。

（二）分设应同步促进集体经济发展与改善村庄治理

村民委员会作为"村民自我管理、自我教育、自我服务的基层群众性自治组织"，其所要管理的公共事务，在村民和村民集体经济组织成员重合的条件下，是可以包含对集体土地和其他财产的管理的。村委会的财政来源既可以是财政，也可从集体经济组织取得，两者的性质不同。就后者而言，从法理上讲，村委会可以成为集体经济组织的成员。集体经济组织也可在其章程中规定其收益的某一比例作为其所在社区村委会的运行经费，以支持村民委员会的运行。抽离了集体经济组织，村委会也就失去了一部分独立的财政来源，村民自治可能因此而丧失其内在动力。

随着城市化推进和农村人口流动，村集体经济组织成员边界和村委会成员边界不一的情况确实存在。事实上，一些矛盾和冲突主要是发生在村庄居民和村集体成员身份混淆时，而与两者性质没有明确定义，无直接关系。两者性质的明确定义是在要明确村庄居民身份和村集体成员资格的时候才提出的。因此，稳妥地分设两个组织的立法技术，应该先从明晰村民委员会的"村民"和集体经济组织的"成员"身份开始，而缓一步涉及两者性质的明确定义以及各自管理机构的职权分属。

这样，在不分立村委会和集体经济组织的情况下，基于归村民会议和村民代表会议讨论的不同事项，可设定不同的参会人员表决资格。如果村民会议和村民代表会议讨论的是土地承包和其他集体资产的分配事宜，以及集体资产的重大经营决策，那些仅有本村居民身份但不是本村集体经济组织成员的村民和村民代表理应没有表决权，甚至也不应被允许参加或列席会议。

或者，本着对某些村庄可以分设的原则，可在《村民委员会组织法》下次修订时增加一条：在本村居住的外来居民数量较多、且集体经济管理事务复杂的村庄，可以在村民委员会之外，单独设立集体经济组织的管理机构，从事集体经济的经营管理活动；集体经济组织对村民自治事务具有支持的义务。后者的理由是村委会提供的社会治安和公益服务便利了集体经济组织的经营，而且作为社区性的经济组织，集体经济组织本身即有支持社区自治的法定义务。在村委会与集体经济组织能够分立的情况下，在村集体经济组织立法中，应规定集体经济组织对社区公益事业的支持。有了来自国家和集体经济组织对村民自治的经济扶持，集体经济组织和村民委员会的分设才不会产生弱化村民自治的非预期后果，并收到促进集体经济组织良性运行的效果。

五　结语

多数讨论者对于乡村治理体系加强村庄治理本位的基本取向缺乏体认。健全乡村治理体系其实是国家提出的国家治理体系和治理能力现代化的重要组成部分。治理有效使得村民自治得以放弃单纯的民主化目标，进一步发展各种有效的治理机制。治理有效必须以村级为基础。村庄治理有效是乡村治理能力提高的表现，也是整个乡村治理体系具备治理能力的表征。村级组织体系的构建要以村庄治理本位为参照，进行系统和有机的搭建。村庄治理本位的具体落实形式是村委会和村集体经济组织的相互支持和巩固关系。

本文简要展示了改革开放 40 年间有关村民委员会和村集体经济组织分设的讨论及其主要观点。在这些讨论视野之上，提出兼顾村集体经济发展和村庄治理的分设思路，以求治理体系和治理能力双强。

今天总结改革开放 40 周年的发展历程，既要展示历史成就，也要深入分析问题。将从改革之初至今一直提出却没有定论的问题拿出来讨论，理解多数村庄为何未能分设两个组织，探讨未来分设的合理方式，应该也是总结改革开放 40 周年历程的重要方面。本文即基于上述大处而作。

股份合作制的功用与局限

姜斯栋[①]

2017 年 1 月，一部报告文学《塘约道路》，在提倡农业重走集体化道路的同时，也把很多人不熟悉的股份合作制推到人们面前。而在此前一个月（2016 年 12 月），《中共中央国务院关于稳步推进农村集体产权制度改革的意见》要求"有序推进农村集体经营性资产股份合作制改革。将农村集体经营性资产以股份或者份额形式量化到本集体成员，作为其参加集体收益分配的基本依据。改革主要在有经营性资产的村镇，特别是城中村、城郊村和经济发达村开展"。

2017 年，我们先后对深圳市、佛山市南海区、肇庆市新城区等地农村（原农村）实行股份合作制的历史和现状进行考察，同年也对贵州省安顺市塘约村恢复农业集体经营并实行股份合作制的情况进行了考察。

本文对股份合作制的分析也分为两大部分，第一部分说明珠江三角洲地区实行股份合作制的背景与发展过程，分析股份合作制在城市化地区的功用与局限；第二部分通过塘约案例分析股份合作制在农业领域应用的功用与局限。

一　珠江三角洲地区的股份合作制

20 世纪 80 年代，我国广大农村陆续推行家庭承包制，集体经济在大部

[①] 作者系中国经济体制改革研究会特邀研究员。

分农村迅速衰落。在这样的背景下内地只有很个别的村庄保留了集体经营，如华西村、南街村、大寨村等。这些村都具有较特殊的条件。在改革开放时它们有一定集体积累，对新生事物比较敏锐，在改革初期那一轮社队企业发展热潮中就发展起来，第二第三产业成为主要产业，村集体也慢慢转变成具有一定现代公司性质的经营主体。像这样集体经济得以保留并获得发展壮大的案例，在各地都是很特殊很个别的现象，并不具有普遍性。

与内地这种情况不同，珠江三角洲是在一个很大的区域内，集体经济不仅保留下来，而且得到发展，并随之产生了股份合作制度。

（一）珠江三角洲村集体满足了该地区早期发展的两个需求

为什么在珠江三角洲会出现这种"反常"情况呢？这首先是因为原住民的集体经济组织满足了珠江三角洲地区改革开放初期经济社会发展的两方面需求。一是三角洲经济发展所需要的部分土地需求；二是在经济迅速发展中，政府需要充分利用原有的乡村治理体系继续承担行政管理职责，并为新老居民提供必要的公共服务。而原住民政社合一的集体经济组织正好能够满足这两方面需要。

在珠江三角洲加工工业中心的形成过程中，资金、技术、管理要素，甚至劳动力要素都主要从外部引进，产业发展对当地的要求主要是提供土地要素。除了政府通过征地为城市基础设施提供土地，并为部分外来投资者提供土地外，原住民集体经济组织以及村民也直接提供了土地用于建设工业区，以及为之配套的低端住宅和低端服务业。从一开始就有集体性质的土地未经征地直接用于经营开发，即集体土地直接入市，这是珠三角与内地发展一个重要的不同点。

为制造业提供土地或厂房，土地不能是零七碎八的，需要有一定规模，土地集中于集体组织更便于经营。因此除了分到每户的宅基地由农民自己经营以外，农民也容易接受大片土地由集体统一经营。这一点和内地农村以农业为主的情况十分不同，在 20 世纪 80 年代的生产条件下，对于种植业，提高经营规模远不如权利明晰化对提高生产率的促进作用更大。

随着深圳特区和珠三角的迅速发展，人口迅速膨胀，外来人口急剧增加，治安、环境、道路、教育、卫生等一系列基层治理和公共服务内容提上日程。在发展初期地方政府的财政能力尚不足以为原住民和大量涌入的外来人口提供所需要的公共服务，社区行政治理和公共服务的功能显然也不可能交给外来投资者，而集体经济"政社合一"的特点恰恰适于承担这一功能。行政村、村民小组凭借集体留用土地的经营得到了可观的收入，有能力为他们地域上的原住民和外来人口提供公共服务（包括治安、行政管理、环境卫生、道路建设与维护、教育、医疗卫生、原住民福利等多个方面）。村集体愿意提供这些服务，一方面因为这些服务首先是提供给原住民的（生活性福利、教育等），但其中一些公共服务（如治安、道路、环境等）同样惠及外来人口。而且对于村集体来说，这既是提供服务，又是改善投资环境，有助于提高集体收入。因此，政社合一的集体经济组织，不仅有继续进行行政管理的惯性，而且有提供公共服务的一定动力。

由于以上这些因素，80年代以来，珠江三角洲原住民的集体经济不仅没有瓦解，而且随着城市化迅速发展，集体资产得到快速增值。

这种情况在集体经济发展史上仍然是一种特殊情况，是前述内地个别先进村那种特例之外的又一类特例。这两类特例的一致性在于，农业都已经不是主要产业，集体经济的主要收入都是来源于第二、第三产业。两类地区的不同点在于，内地的那些先进村集体直接经营二、三产业，经营风险很大，因此需要村集体有优秀的领袖人物。而珠三角村集体主要经营风险很低的租赁业务，因此不需要很强的领袖，这就使得集体制可以在很大区域内坚持下来。

（二）珠三角地区集体经济对经营管理体制的需要

从产业特点来说，珠三角地区集体经济是主要以出租方式向投资者提供土地和物业（工业厂房、工人宿舍等）。这种租赁业的经营风险很低，使得村集体回避了农村最为缺乏的人才问题，也在很大程度上回避了集体制缺乏发展动力的痼疾。事实上，也曾经有一些村集体直接搞二、三产业投资，但由于缺乏人才，以及经营管理者贪污腐败，大多项目以失败告终，因此当地政府后来也不鼓励村集体直接投资风险性项目。

随着珠三角地区高速发展，不少村集体每年可以得到数百万，甚至上千万元经营收入，并且随着地产增值积累了巨额资产。这是以往的农村集体无法企及的，同时也就带来了如何加强管理，以至于如何有效防止腐败的问题。在这种背景下，农村集体经济需要的是一种保证公平分配，保证村民股东参与、监督的制度，于是股份合作制应运而生。

（三）股份合作制的基本制度

1994 年深圳市出台《深圳经济特区股份合作公司条例》（以下简称《条例》），率先对股份合作制做了规范。我们以这个条例为样本介绍股份合作制的主要制度规定。

股权设置是体现股份合作公司性质的核心规定。《条例》规定村集体全部经营性资产折为公司股份，并且分为集体股和合作股。其中集体股是村集体保留的股份，不分配到村民股东名下，比例由政府规定。在实际执行时深圳市规定集体股占 51%，合作股占 49%。但集体股并不参与分红，在公司进行利润分配时，先提留集体公积金公益金，集体提留之后剩余部分用于合作股股东分红（一般占利润的 60% 左右）。集体股和合作股的比例只是要规定投票权的比例。深圳市在近年实行政经分离后，在公司董事会、监事会之外，又组成一个集体资产管理委员会，由这个资产管委会行使集体股的投票权，因此资产管委会成为对公司经营管理人员的又一个制衡机构。政府主管部门可以通过对资产管委会施加影响来影响公司决策（主要是关于分红与积累比例的决策）。

合作股是股份合作公司最重要的股份。《条例》规定，公司在"行政社区"（即原行政村或村民小组）一级建立，由原来的集体经济组织转制为股份合作公司。资本主要由社区集体财产折成股份，由被确认资格的村成员平均占有。合作股体现了股份合作公司制度的核心宗旨，即全体村民（或村民小组）为公司的股东，村民按照成员权平均享有集体资产权利。

与村民股东平均占有集体资产股份相应，股份合作公司的决策机制是一人一票制，甚至包括募集股东（即"资金股"，后面再解释）也是一人一票。这是合作制的基本规则。一人一票制使得村民在选举集体经济管理者、参与集体经济重大决策、对管理者行使监督等方面能够发挥更大作用。

股份合作制的这一规定是对传统集体制的继承与改进。传统集体制的主要特征，一是土地等生产资料集体所有，全体成员集体从事农业经营；

二是分配遵循的主要原则是按劳分配，排斥了按资产分配。

传统集体制的另一大特征是"政社合一"，就是说村集体既是经济组织、社会组织，同时它又是最基层的行政组织。集体所有、集体经营，再加上政社合一，以及当时严格的户籍控制，禁止迁徙，形成了农民对集体的人身依附关系。传统集体制的这些特点造成了发展动力不足这一根本性弱点。

在珠三角实行股份合作制度的时候，村集体仍然具有政社合一的特点，但背景条件已经发生了很大变化。很多村集体成员有自家经营的产业或外出打工，集体经济分红已经不是村成员的唯一收入来源；村民已经可以自由选择职业，也有了迁徙权利，因此他们已经摆脱了对集体的人身依附关系。村集体以土地和物业租赁为主要产业，需要的人力投入很小，因此，按劳分配的原则在股份合作制中已经淡化，按照成员权平均分配成为股份合作制最为实质性的特点，也成为坚守集体所有制的标志。

在股份合作公司中设置合作股，用以标明每个家庭每个集体成员从集体收益中分红的份额。合作股的设置把每个家庭在整个集体中占多大份额凸显出来，明确化。这被称为"股份量化固化"。股份固化的效果是明确了每家持股占全部集体资产的份额，这就具有权益"显化"的作用，一目了然。因此大大强化了村民股东对集体经济经营和分配的关心，提高了村民对集体经济事务的参与、监督热情。

由于珠江三角洲农村股份合作公司的股权设置体现了集体成员平均占有集体资产权益这一宗旨，取得集体成员资格就意味着可以稳定地从集体经济中得到丰厚的分红，围绕成员资格的争执也就异常激烈。主要争执发生在生死、嫁娶、迁徙等带来的人口变动要不要相应地新增或取消成员资格。

深圳《股份合作公司条例》规定了集体成员不增不减的原则，既有向规范股份制靠拢的意思，只要保持固化，将使平均化的"成员权"逐渐具有差异化的"私人股权"性质。同时也是为了杜绝成员资格可变动经常会引起纷争，不如一次定死一劳永逸。但集体制的成员权原则又和"生不增死不减"的规范股份制原则冲突，因此在实践中经常出现"清官难断村务事"的尴尬。一些地区一些村公司至今反对股份固化，仍采取几年一调整的办法，生增死减。也就是说，股份合作制度的平均主义原则似乎有一种自我保护的顽强性。

在这里我们需要说明股份合作制与规范股份制的一个重要区别。股份合作制的特点是股权平均化，按照成员权平均分享共有资产的权益。这种平均主义倾向是集体制缺乏动力的重要原因。而典型的股份公司经常是大股东与小股东共存，股东之间的资产权力差别很大。从一定意义上说这是股份公司既有发展动力又能强化管理监督的原因。股份公司中私人股东和类私人化的股东具有来自私利的责任感；大股东因为投资大，更多关心企业的发展与盈利能力；而小股东则更为关心自己的权益不受大股东和经营管理者侵害，从而更为关心对经营管理的监督。这样在股东之间形成制衡，通过股份公司的现代治理结构各司其职，保证公司的发展与公平分配。

《条例》规定了可以设置有限额度的"募集股"，但出资者限于本村村民和股份合作公司雇员，《条例》规定了股权可以在股东之间转让。这些规定给股份合作公司保留了今后向股份公司过渡的日子，但股份合作公司的主要股东结构至今是以合作股（成员权股）为主。

2016 年 12 月，《中共中央国务院关于稳步推进农村集体产权制度改革的意见》（以下简称《意见》）要求"将集体经营性资产以股份或者份额形式量化到本集体成员，作为其参加集体收益分配的基本依据"，这一点吸收了深圳市条例的规定。除此之外，对于要不要设立集体股，《意见》允许各地可以自行决定，而且《意见》没有建议设立"募集股"。同时，《意见》虽然容许股权转让，但只限于集体成员之间转让或者集体经济组织回购，即没有吸收深圳市《条例》中允许本公司员工可以参与股份转让的规定。这样，《意见》就比深圳市《条例》更为确保了股份合作公司的集体性质。显然，中央文件也是更为看重股份合作制度维护集体经济，加强原住民对集体经济参与和监督热情的功能，而不是更看重规范化股份公司促进发展的功能。

（四）股份合作制在实践中对集体经济行为的影响

1. 公平分配与行为短期化倾向

在平均占有、一人一票制的"股份合作制"下，平均化的股东对公平分配的关注要超过对集体事业发展的关注。这首先在投资策略上表现为规避风险的倾向，经营大都集中于土地和房屋租赁这类技术含量低、而风险很小的经营方向。在分配方面，表现为追求分红最大化，而相对轻视通过增加积累来追求发展。集体经济收入在进行集体提留（用于公共服务，包括成员福利）之后，大部分用于股东分红。在一些社队，甚至出现集体经济利润或现金不足时，采用借债分红来应对股东的分红压力。

股份合作公司的经营决策主要取决于公司经营层（大体与村干部一致，特别是在实行政经分离之前）和村民股东（一般以股东代表会的形式出现）两股力量的博弈。一般情况下，村民股东代表一是主张加强对经营决策和公司财务的监督，二是倾向于扩大即期分红。而相比普通村民，公司经营层则更倾向于多积累，倾向于扩大投资，并且对股东代表的监督、疑问感到厌烦。而当地地方政府在这种博弈中，既不赞成一味扩大即期分红，也不会一味支持经营管理者的主张。在几方合力下，股份合作公司的行为基本上表现出一种相对短期化的行为特点，重规避风险，轻创新；重分红，轻再投资。

集体经济组织从原来的农村集体制延续下来，也同样继承了集体制存在的制度弱点：由共同产权导致的缺乏动力，对管理人缺乏刺激。这进而限制了集体经济经营管理水平的提高。这些制度弱点决定了集体经济组织很难驾驭实业类投资的高风险；而珠三角地区实业发展的资金以外来投资为主，本地的风险性投资也是以私人资本为主，这就使得集体经济组织凭借所拥有的土地资源，可以不必冒大风险，而只选择低风险的租赁业即可稳定增长。

集体经济稳健性的经营方式，已经能够使农村集体在发展中做出贡献——提供土地资源，提供社区公共服务——从而满足珠江三角洲城市化过程对集体经济的期望。正因为如此，珠三角政府也同样主张集体经济组织安心于以租赁业为主。这种规避风险型的投资策略虽然保守，但客观地说，它恰恰适应集体经济的动力机制与管理水平。如果集体经济组织盲目地向风险型经营方向发展，会给集体经济带来很大的失败可能，这种历史教训比比皆是。可以说，股份合作制表现出的保守性与短期行为，在客观上具有正面意义。

2. 股份合作制维护了集体经济，珠江三角洲并没出现集体经济大面积私有化的情况

股份合作制允许设立资金股，允许股权转让，这引起了一些人担心出现股份向少数人集中的倾向。李昌平 2018 年 5 月在微博上发表《强烈呼吁暂停对农村集体经营性资产实行股份制改造》，他认为集体经济经过股份制改造会引起股份变动，最终会因少数人占有较多股份而取得公司的控制权，实现集体资产私有化，从而改变集体经济性质。

李昌平的担心倒不是凭空想象，通过股份制改造改变集体经济性质不仅理论上是可能的，而且在国内也的确曾经发生过。我们参见孙敏、贺雪峰各自对深圳、苏南等地股份制改造的介绍①，可以粗略了解珠江三角洲与长江三角洲苏南集体经济不同的发展情况。两地的城市化过程从一开始就有不同的特点。珠江三角洲改革从开放初期就是以吸引外部资本为主，集体办实业的情况较少，而且在初期一些村集体直接办实业失败之后，在当地政府的干预下集体经济的投资方向很快就集中于土地和房屋租赁。而苏南 1980 年代发展是以乡村集体直接进行实业投资为主，兴办社队企业，而且曾经取得一时的成功。进入 90 年代以后因社队企业发生大面积亏损而进行股份制转制。苏南第一轮工业化是以社队企业为主，企业的发展取决于在市场竞争中能否取胜，因此高度依赖企业的经营管理人才。那么在企业面临经营困难需要改制时，实质上是要解决集体制企业缺乏经营动力的老大难问题，改制的结果也就自然形成经理人接管的局面。而形式上采取的办法是股份制改造。在当时的股份制改造中，设有"集体股"（股份化改造之前的集体资产存量折为集体股）和"社会股"（来自私人的入股），实际上企业的"社会股"主要来自企业经理人。经过这样的转制，一些原来的集体经济被个人控制，实现了社队集体资产的私有化。（苏南 80 年代的第一轮实业投资即社队企业到 90 年代大体改制完成。而 90 年代以后的发展也以引进外资为主了，集体组织也变成像珠三角那样主要搞土地、房屋租赁）

---

① 孙敏：《三个走向：农村集体经济组织的嬗变与分化——以深圳、苏州、宁海为样本的类型分析》，《农业经济问题》2018 年第 2 期；贺雪峰：《农村集体产权制度改革与乌坎事件的教训》，《行政论坛》2017 年第 3 期。

值得注意的是，虽然苏南改制时集体资产表面上以"集体股"的形式保持了完整，并没有"股化固化"分解到人，反而发生了集体经济变性为私有，而深圳那种被孙敏称为"集体经济组织私有化"的股份合作制，至今仍保持着集体资产的统一和发展，并没有发生李昌平所担心的集体资产私有化。也就是说，集体资产"股化固化"到人，并不必然侵蚀集体资产，转向私有化，反而是通过股份固化到人而激发了村民对集体经济的监督热情，从而维护了集体经济。

（五）珠江三角洲股份合作制的推广与完善

1. 南海的股份合作制

珠江三角洲地区随着工业化的快速发展，各地面对十分类似的情况，股份合作制在各市得到推广。以佛山市南海区为例，南海也是从工业化发展初期时村集体就直接参与土地开发。在实行政府征地的地区（城市新区的核心地区），会给集体留下一定比例的自主开发土地，而对核心区以外的地区，则主要由村集体自主与工商业投资者合作开发。由此形成集体经济的保留和发展。

南海是从 1992 年开始进行股份合作制试点。20 世纪 80 年代实行土地承包制以后，因为工业化、农业结构变化（养鱼等）的发展机会，又把土地收回来，由集体重新把土地分成口粮田（少量土地按集体成员均分）、经济作物用地（由集体组织发包收费）、发展用地（由集体组织开发）。这时就需要一种对集体收入的分配制度，于是实行股份合作制。

到 1995 年在全区推广了这一制度，所有村民小组都成立了股份制的经济社，80% 的行政村成立了股份制的经济联合社。尽管名称与深圳市不同，但"由村民平均占有股份""一人一票制"的基本规则是一样的。以后又试图落实"生不增，死不减；迁入不增，迁出不减"，到 2010 年以后又通过"确权"再一次希望落实"股权固化"。

从 20 世纪 90 年代推行经济社、经济联合社制度始，其核心规则就一直是按集体成员权平均占有，平均分配。与深圳出现的情况一样，在股份合作制推行中难以落实的则是股份固化。

到 2010 年以后，广东省围绕股份合作制的完善推行多方面措施，其中主要措施：一是完善股份合作制的法人治理结构，强调落实股东代表会议制度，进一步加强村民参与决策，加强对经营管理者的监督；二是实行政经分离。

完善股东代表会制度，是股份合作公司引进法人治理结构的中心内容。我们在南海区召开的有街道（原乡镇）和社区（原行政村）两级干部参加的座谈会上，干部们纷纷抱怨，在成立了"十五大"（即由 15 名代表组成的股东代表会）之后，这些股东代表对每一项决策都很较真，特别是那些青年代表，村集体要做出什么决策他们都会提出质疑，影响了决策效率。我们觉得街道和社区两级干部的抱怨恰恰说明了股份合作制与政经分离两项制度建设激发了村民对于集体事物参与、监督的积极性。

政经分离：农村基层（在珠三角大部分已经改制成城市基层社区）的党政经主要负责人是兼任还是分设，是乡村治理（基层治理）工作中长期争论不休的问题。前些年曾经强调过党政分开，但实行党政分开的地方经常出现党支部与村委会两张皮，影响决策效率。近年来强调党的领导，于是又时兴党政"一肩挑"，在珠三角这样集体资产丰厚的地区，一肩挑就进一步体现为党政经三个一把手职务一肩挑。组织部门对基层班子建设会考核"一把手一肩挑率"和"两委交叉率"，近些年这两个比率在珠江三角洲地区一般能达到 80% 以上。而在一肩挑的情况下，又因为权力过于集中而容易发生干部独断专行，以致贪腐。因此南海区 2010 年以后，在坚持党政主要干部一肩挑的前提下，逐步推行了党政一把手不再兼任集体经济组织的一把手，即为"政经分离"。广东省逐步推广南海经验，在我们考察所到的深圳、肇庆，也看到基层社区实行了政经分离。

2. 肇庆的股份合作制

肇庆市新城区与珠江三角洲其他地区一样，股份合作制存在多年的基础，即经济社、经济联合社的体制。土地除了按人口分给村民少量口粮田外，更多土地是集中在村民小组一级对外发包经营鱼塘养鱼。因此经济社、经济联合社按照股份合作制原则经营管理集体资产，分配集体收入，是有成熟实践的。此次在新区建设中对被征地村的集体经济施行股份制改造，主要出于解决政府征地难的问题。此次股份制改造有以下几个主要内容。

整个建制分为三级。

第一级是由政府开发公司与被征地各村组建一个股份公司，各行政村以被征土地折为公司股份。这个公司主要有两个功能：一是征地补偿的一个重要项目是被征土地的一定比例返还给村集体，由这个公司代表各村集体经营。在接受了过去深圳等实行土地集体留成制度造成城中村问题的教训，肇庆新区将返还给各村的经营性土地集中于这个合资公司统一规划，统一经营，其盈利（以各村为中介）用于向被征地村民分红。

这个合资公司还有另一个功能。此次征地比原有征地政策增加了一个补偿项目，即是在未来政府土地开发增值中，拿出8%分配给村集体。为此新区开发公司与各村组建的这个合资公司装进了政府新区开发公司的全部资产，负责未来新区的土地开发经营，并以其盈利的一部分向各村分红，各村以被征土地投入合资公司折为股份，就成为各村分享公司盈利的依据。

第二级，原来各行政村的经济联合社改组为村级股份公司，由各村民小组作为股东，以各村民小组的土地折为股份。

第三级是各村民小组的经济社，村民小组的村民是经济社的股东，按照成员权分享股份。一级公司将土地留成收入和土地增值分红对各村分配后，村级公司按照各村民小组经济社在村公司的股份给各村民小组，村民小组再按照各家所占股份分给村民，完成三级公司的分配程序。

肇庆新区这次改制后仍没有解决股权固化的问题，而是将此决定权交给了村民小组。村民小组在行政村股份公司的股份是固定的（根据土地折股），而村民小组从行政村公司分到红利后在村民中如何分配，允不允许按照生死嫁娶调整股权，就由村民小组自行决定。

可以看出，三级公司的组建主要目的是为了解决征地补偿中长期补偿项目的分配，而不是为了经营。而在各行政村与政府合资的公司中，虽然有经营功能（村集体留成面积的出租），但这个功能实际上是要委托政府开发公司的有关部门执行，各行政村联席会拥有审批与监督的职能。

肇庆市新区为了征地而施行的股份合作公司改革，取得了很好的效果，原来新区管委会的征地工作阻力重重，主要是因为以往发生过政府拖延长期补偿（返还给集体15%的自营土地）的兑现，引起村集体和村民对政府不信任。在实行了政府与各行政村的合资股份公司办法后，村干部和村民觉得有了与政府沟通的渠道和机制，对日后土地留成收入和土地开发溢值收入的分享寄予了希望。而村内的两级股份合作制进一步解决了从政府分回的收入在村民小组之间如何分配的问题。

（六）股份合作公司是农民的自治组织，不是"反动土围子"

贺雪峰于 2017 年 6 月发表《农村集体产权制度改革与乌坎事件的教训》，对股份合作制提出激烈批评，认为股份合作制改革通过清产核资、确权固化到户，并建立企业法人治理结构，"这些具有相同利益诉求按社区进行组织的村民们就可能集结起来坐地要价，有效形成集体钉子户"。"巨额利益想象所爆发出来的力量加上社区所有成员的共同参与，必然成为最为坚固（也可以说是最为反动）的力量，也就是'土围子'。而在经济合作社条件下，村党组织和村委会本来具有能力平衡这种力量的，国家自上而下的力量也是由制度通道介入进来的。本来只是想通过产权改革解决村庄治理的一些小麻烦，现在却变成了影响城市化推进的、阻碍国家力量进入的大麻烦。""结果就是城市化的任何推进都不可能，所有正处在城市化推进面上的农民都通过强有力的组织来成为坐地要价的'土围子'，中国城市不仅难以再获得土地财政，而且所有基础设施建设都要付出极高代价才能落实。"

按照贺雪峰的担心，在土地增值巨额利益想象下，股份合作制为村民提供了一个集体行动的现成组织，必定成为对抗政府介入的"反动土围子"。

在改革开放之后，农村集体的确形成了独立利益诉求。改革开放之前的"村集体"，只是政府行政控制农民的工具，并非农民的利益共同体。改革开放以后，农民摆脱了对集体对政府的人身依附关系，村集体才在一定意义上具有了村民共同体的意义，中国农村的基层治理，才由单纯的自上而下的行政型治理，转变成自上而下的行政性治理与自下而上的村民自治相结合的治理方式。这是一个历史性的进步。

村民自治无疑为农民在与政府可能发生利益冲突的事情（如征地）中增加了谈判机会，但这种机制是保护农民诉求所需要的。但村民自治绝非像贺雪峰描述的那样以政府为对抗对象。肇庆的股份合作制改革，不仅为农民与政府沟通建立了新的渠道，而且将双方的利益以一种股份合作的形成捆绑在一起。而在农村的另一类矛盾，村民与村干部的矛盾中，村民更不会以政府为对抗对象，反而经常需要依靠政府做裁决人。

在前面说到深圳市《条例》中关于股份合作公司的股权设置时，把集体资产折股分为集体股和合作股。集体股的设置只是为了在股东会表决时便于与村民股东形成制衡，同时集体股的设置也给了政府影响股东会决策增加了一个工具。尽管政府对集体股投票影响很大，但在实践中反而能被村民接受，这反映了在村干部（同时是股份合作公司的经营管理者）与村民的博弈中，村民接受政府扮演裁判的角色。

集体制，是村民的共有制，村集体作为一个利益主体，肯定应该有其独立于政府的利益。集体土地为经济社会发展作出了贡献，理应分享发展的成果，这是天经地义的。如果农民有自己的利益是合理的，农民通过村集体、村集体经济组织利益共同体与政府谈判又有什么问题呢？

珠三角模式的乡村治理模式主线是通过村民自治对集体经济加强参与和监督，同时政府也会介入，由政府在村干部与村民之间做裁判。恰恰是村民参与的这一机制维护了集体经济的功能与存续。而农民自治的发展，肯定会在一定程度上强化农民共同体的独立利益，因而对分享发展成果提出要求，这是很自然的，并不是"集结起来坐地要价"，"成为最顽固的土围子"。

二　塘约模式：股份合作制在农业领域的尝试

前文说到从 20 世纪 80 年代实行家庭承包制以来，全国只有两类特殊情况保持了集体经济。一类是地处内地的集体经济先进村，他们直接投资于二、三产业并获得成功；另一类是珠江三角洲等工业化城市化快速发展地区的农村集体，他们向投资者提供土地，并且为社区提供公共服务，在为工业化城市化做出贡献的同时，发展了集体经济。这两类案例的共同特点是，该地区或该村经济已经转型为以二、三产业为主，农业已经不是主要产业，甚至已经完全没有农业。

而近几年，国内一些地区在农业领域又出现了重新走集体化道路的呼声，一个典型案例就是贵州省安顺市塘约村。以下我们分析塘约村近年实行的集体化道路是怎样一种模式？塘约村集体经济取得的发展是否具有普遍意义？

（一）农业集体经营在塘约集体经济中的地位

塘约村 2014 年时的经济结构和周围的普通村庄十分相似，一半以上的劳动力在外面打工，村里仍以种植业为主，而且主要种植粮食作物。因此塘约村 2015 年重走集体经济道路，还是要从农业起步，这是发展集体经济必须从收回农户承包地起步的原因，否则集体手里没有可用的生产性资产。这一点也是我国大部分农村如果恢复集体经营所要面对的情况。即使两年以后，到了 2017 年，塘约村集体经济的"支柱产业"仍是种植业。两年间村里实施了很多工程，也为塘约村民提供了不少建筑、运输等业种的打工机会，但这些工程多是外来的承包方经营的，而不是塘约村集体经营的（因为塘约村还不具有相关的资质）。

（二）塘约的农业集体经营采用了股份合作制

加入合作社的农户以土地承包权折股，合作社对土地实行保底租金加年终分红，即按市场租金水平付给农户"保底分红"① 之外，年终结算如果有盈利，再将盈利的 40% 给股东分红，其余用于合作社集体积累、对作业队长的超产奖励等，以及上缴村集体。

这和原来的集体制有了很大不同。在 1950 年代实行集体制时，农民的土地资产无条件交给集体，在分配上实行按劳分配。

在传统集体制下，绝大部分农民是以参加集体劳动为唯一收入来源，而在现时，参加农业劳动收入只占农民收入的很小部分，相当一部分村民

---

① 第一年为了促进农户入社，这个"保底分红"在年初发放，第二年时农民对合作社增加了信任，保底分红改为年末发放。保底分红的标准参照市场租金价格，把耕地分成三等，水田年分 700 元，旱地年分 500 元，坡地年分 300 元。

根本不参加农业劳动，因此按资分配在总分配中的地位就更为重要，在股份合作制下明确按资产权利分配。股份是相对"固化"的，每户所占股份按土地的亩数、质量固化。

股份合作制尽管比传统集体制有了改进，但其按成员权分配仍然是一种平均主义分配，不能带来规范股份制的动力机制。在这种共有制下，仍然形不成对集体经济的长远发展，对集体经济加强管理的足够的激励与约束。股民资产权利"固化"只能够强化对短期利益，对公平分配的关注，并不能根本解决集体制下发展动力不足的问题。如果股份合作制设计者的初衷是希望集体经济逐渐向规范股份制过渡，那么时机也远未成熟。因为到目前，土地对于很多农民仍是生活的终极保障，农民工进城发展遇到挫折，还需要承包地提供最基本的收入。承包地收回集体，集体自然要承接这种"终极保障"功能。即使像江村（苏州市吴江区开弦弓村）那样，人均年收入已经达到 3 万多元的高水平，农民对土地仍然只愿出租不愿卖断①。

（三）塘约村农业集体经营取得快速发展不具有普遍意义

我们说股份合作制并没有解决集体经济的动力问题，那么为什么塘约村在重新实行农业集体经营之后，集体经济能够得到很大发展呢？农业生产率的提高从何而来呢？我们认为，塘约保证集体经济的效率，主要并不是来自股份合作制的制度优势，而是来自一些外生因素。这些因素主要包括：第一，以党建带头，强化乡村治理；第二，为克服种植业集体劳动监管的困难，划分作业队并实行队长责任制；第三，放弃粮食种植，改种价值相对高的经济作物；第四，政府直接给塘约村以大量物质支持。

1. 以党建带头强化乡村治理

由于股份合作制并没有解决集体制下缺乏发展激励的痼疾，因此塘约村重走农业集体经营的道路，需要有一些外部因素保证动力。首先在集体经济组建过程中就需要一个强力的动员过程。我们在调研中看到，在塘约

①　韩长赋：《从江村看中国乡村的变迁与振兴》，经济日报，2018 年 6 月。

村集体经济运行中起到动员和效率保证作用的就是加强党的建设，以党建带头强化乡村治理。具体包括以下几个方面。

首先，加强党的组织建设。全村主要干部（村委会主任、财务总监、农业合作社负责人、各支部书记等全村最要紧的岗位负责人）都是党总支委员，参加每周一次的办公会议，党总支书记主持这个会议，并在这个会上讨论各方面的重大事项，及时解决各方面出现的问题，做到大权集中。将全村最重要的精英、各项重要权力的掌握者凝聚在党总支周围，形成合力。党组织下伸到村民小组，使得下情都可以及时上传，党总支的意图也通过四个支部以及各村民小组向下贯彻，做到对全体村民的动员。

其次，在村干部、党员、广大村民都发动起来后，趁热打铁制定规章制度，对干部、党员有考核要求，对村民有村规民约"红九条"。这些相关的规章制度相当严格，对于出现的违章违约行为敢于处置。乡村民约近年来被很多地方用作改善乡村治理的方法，但在很多村庄，村规民约往往流于形式。而在塘约村，由于有一个坚强的党总支，这些规章制度就能成为行之有效的治理措施。

以党建带头强化乡村治理的最后一个组成部分是党领导下的村民监督。对党员、村干部都规定了要求，党员每月由群众打分，干部每年度由群众评议评分，评价结果都张榜公布，对评价差的采取惩罚措施（如对评价差的干部扣减津贴，对个别不合格的党员劝退等，群众对干部的年度评价也会直接影响村民选举结果）。塘约村群众监督是在党领导下进行的，是自上而下"动员""组织"起来的行动。但这样的群众参与监督显然对党员、干部积极工作是有促进意义的。

正是由于共有制自身的动力不足，因此要集体经济保持效率，就要通过党建形成带领群众的核心力量，通过规章制度约束党员和群众，又通过群众参与监督督促骨干（党员、干部）的行为。这一系列方法，是典型的行政式的乡村治理方法，这种方式基本是传统集体制时期行政性动员与治理方式的延续。

但这里存在一个情况，就是在中国城市化、现代化发展了三四十年后，农户收入结构已经发生明显变化，农民也有了择业自由、迁徙自由，传统集体制时代农民对集体的人身依附关系已经不复存在。因此当下已经不可能延续当年那样暴力为主的治理方法，需要改变。

而塘约村做出的改变是在既要依靠党建等强力动员方式为主的同时，又在党的领导下引进村民自治的因素，比如加强村民对党员、干部的监督。塘约村组建股份合作社，尽管有强力的政治动员，仍然坚持了入社自愿退社自由的原则，尊重了农民的自主权（头两年也的确有极少数农户没有入社）。有了入社自愿、退社自由这一条，如果土地入社降低了收入，社员就可以退社自己干，这对合作社是一个重要的约束机制。

2. 实行作业队长责任制

土地集中后，全村成立一个农业合作社，负责农业集体经营。到2017年，经过两年管理经验的积累，进行了一次重要的改革，把全村2000亩土地划分为六个作业队分别核算，实行作业队长责任制。超过计划收入指标的部分按一定比例给队长提成。一位支委说明，实行队长责任制是由于两年间在管理方面吸取了很多经验教训。这一次改革，一来吸收了人民公社历史上"三级所有，队为基础"的"化小核算单位"的指导思想，降低管理难度，同时在改善激励机制方面进行了积极的尝试，通过给作业队长较高的超产奖励来促进加强管理。这再一次说明激励问题始终是集体制的难题，也再一次说明股份合作制并不能自动解决对管理者的激励问题，也不能自动解决集体劳动中劳动者缺少积极性的问题。

我们感觉作业队长责任制这一招肯定是管理方法上的一个进步，但我们感觉，如果一定要坚持集体制，现行的队长责任制仍不到位，应该进一步化小核算单位，对种植业最好能够按照一个家庭所能承担，又能得到满意收入（不低于同等劳动力外出打工的收入水平）的规模划分土地，分解到一部分愿意以农业为主的农户家庭承包。如果坚持土地收回集体经营，这可能是最终解决经营管理者与劳动者动力问题最有效的办法。

3. 全面改变种植结构

塘约村原来的种植结构以粮食作物为主，在2015年开始实行农业集体经营后，大幅度减少粮食种植，全面改种蔬菜等经济作物。这说明从规模化得到的生产率提高不能满足对收入提高的要求，不改变生产结构很难增收。

塘约村从区位、土壤、气候等自然条件看，和大部分农村相比并不具有明显优势，那么全面改种蔬菜等经济作物，固然有技术方面的问题，更重要的是能不能解决销售问题。

现在一说振兴农村战略，其中有一条就是产业结构调整，要么从种粮食改种经济作物，要么搞旅游、休闲农业。但从总量看，经济作物种植不能超过需求的增长，超过了就会"菜贱伤农""果贱伤农"，或者因为你的竞争力强把原来种菜种果的人挤垮，不可能大家都靠改种经济作物盈利。因此塘约因改种经济作物而提高收入这一点并不具有普遍意义。

4. 政府大力支持

改为集体经营后头两年，政府在塘约村最大一笔投入是部分农户（临近道路的）住宅的外立面包装，投入 1900 万元。此外，多个政府惠农项目为塘约村提供了建设蔬菜大棚设施、村集体组织办公设施、道路、环境（公厕等）、村史馆（县委组织部出资）等工程项目。据不完全统计，在 2015 年、2016 年两年中政府总共投入 4000 多万元。一个村子两年内政府支持了 4000 多万元。这样大的政府投入，只说带来的工程建设的就业机会，对塘约村农民提高收入、对外出农民工返乡都起到直接的促进作用。

小结：股份合作制的功效与局限

本文上半部说明，迄今为止集体制维护比较好的，主要有两类特殊案例。一类是内地极少数向二、三产业转型成功的先进村，另一类是珠江三角洲这样的快速工业化城市化地区，原住民村庄以村集体为单位为投资者提供土地要素，提供公共服务，既体现了集体经济的存在价值，又促进了集体经济的发展。

村集体所经营的产业主要是土地与房屋租赁业，这种产业风险小，收益稳定，不需要很强的经营能力，因此适应集体经济的体制特点（缺乏发展动力、缺乏人才），容易取得成功。股份合作制则在强化村民对集体经营管理的参与和监督方面成为重要的制度保证。

股份合作制的主要规则是集体资产按照成员权平均占有，按成员权分配，在决策时采用一人一票制。这种制度体现了集体制的平均主义倾向。股份合作制在实践中带来保守经营、重短期分配长期投资的短期化倾向，但同时股份合作制的资产权利明晰化提高了村民股东对集体资产经营管理的参与和监督热情。

股份合作制与规范股份制存在很大差异，股份合作制的平均主义宗旨，不能像规范股份制那样保证盈利动力与发展动力。因此，那些经营风险较大的投资项目，并不适于股份合作制。股份合作制的实质是一种保证平均分配的制度，而不是一种促进发展的制度。或者说，股份合作制尽管对集体制是一种改进，但仍不能根本克服集体制的制度缺陷。

但是，股份合作制的这些特点，适应了珠三角发展对集体经济的期望，对于完成集体经济的历史使命提供了制度保证。地方政府对此也是清醒的，并没有对集体经济过度期望。珠江三角洲对集体经济的认识是准确的，因势利导，量利而行，不盲目发展。因此对股份合作制的规制也是合理的。

股份合作制是村民自治在集体经济管理方面的体现，它通过对集体经济加强监督维护了集体经济的存续。股份合作制提高了农民的组织化程度，有助于提高他们维护自己利益的能力，但股份合作制绝不是和政府对抗的"反动土围子"。

集体制在农业方面遇到两大问题：一是集体产权使得管理者和农民都缺乏动力；二是农业劳动（典型是种植业劳动）的长周期性，使得农业劳动的成效要在很长时间之后才能体现，因此农业集体劳动或雇佣劳动的质量监督成为困难问题。由于股份合作制本质上是一种维护公平分配的制度，而不是一种促发展的制度，所以股份合作制应用到农业领域，仍不能解决农业集体经营中的经营者动力问题与劳动者动力问题。

从塘约村 2015 年到 2017 年两年中恢复种植业集体经营的实践结果来看，塘约村集体经济取得很大发展，主要依靠了外生性因素的贡献，并不能证明股份合作制带来内生性动力。

在这样的情况下，如果推广塘约村的农业集体经营方式，需要每个村能够对党员、村民进行有效的政治动员，需要很高的组织水平和管理水平，那么就需要每一个村都有一个像左文学一样的领袖人物，既要有能力，又要有公益心，这样的领袖人物是最难求的稀缺资源。在当今的市场经济环境下，这样的杰出人物如果不担任集体经济的领导，完全可以在市场上获得成功，那么由他们领导集体经济，他们能够获得与贡献相应的回报吗？这仍然是很难解决的问题。在集体经济时代很容易出现的农村干部贪腐问题，集体经济家族化问题，就是集体制下激励问题难以解决的表现。

参考文献：

［1］邓伟根、向德平：《捍卫基层——南海"政经分离"体制下的村居自治》，华中科技大学出版社 2012 年版。

［2］韩长赋：《从江村看中国乡村的变迁与振兴》，经济日报 2018 年 6 月。

［3］贺雪峰：《农村集体产权制度改革与乌坎事件的教训》，《行政论坛》2017 年第 3 期。

［4］樵山潮人：《南海潮音——一个学者官员的村居调研手记》，华中科技大学出版社 2012 年版。

［5］梁波、刘春梅：《广东基层"政经分离"：集体经济组织从自治组织分离》，2013 年 11 月。

［6］李昌平：《强烈呼吁暂停对农村集体经营性资产实行股份制改造》，李昌平微博，2018 年 5 月。

［7］李昌金：《"塘约道路"没有告诉我们什么？》，百家号，2017 年 8 月 17 日。

［8］刘建华、黎莉芩：《广东南海：政经分离改革步步惊心》，《小康》2012 年 10 月。

［9］王宏甲：《塘约道路》，人民出版社 2017 年版。

［10］深圳市人民政府：《深圳经济特区股份合作公司条例》，1994 年。

［11］孙敏：《三个走向：农村集体经济组织的嬗变与分化——以深圳、苏州、宁海为样本的类型分析》，《农业经济问题》2018 年第 2 期。

［12］中共中央国务院：《中共中央国务院关于稳步推进农村集体产权制度改革的意见》，2016 年 12 月。

市场监督管理部门在促进农民专业
合作社发展中的作用、问题与对策建议

曹斌①

市场监督管理部门（以下简称"市场监管部门"）是根据第十三届全国人民代表大会第一次会议批准的国务院机构改革方案，整合国家工商行政管理总局，国家质量监督检验检疫总局，国家食品药品监督管理总局职责和国家发展和改革委员会部分价格监督检查与反垄断执法职责，商务部的经营者集中反垄断执法以及国务院反垄断委员会办公室等职责，组建成立的市场秩序监督管理行政机构。与农业农村管理部门不同，市场监管部门主要负责农民专业合作社（以下简称"合作社"）等市场主体的登记注册、市场行为监管和法人主体注销等业务，是与合作社日常经营活动最为密切的行政管理部门之一。然而，目前市场监管部门与合作社关系的研究还是空白，笔者先后赴陕西省宝鸡市凤翔县、扶风县、宁夏回族自治区固原市原州区和四川省宜宾市宜宾县，与县和乡镇基层市场监管部门座谈，并且走访了合作社，对市场监管部门在促进合作社发展中的作用、问题进行了调研，并提出了对策建议。

一 我国农民专业合作社的发展现状②

本文基于全国市场监督管理总局提供的合作社注册登记数据，结合农

---

① 曹斌，中国社会科学院农村发展研究所副研究员。
② 下文部分内容来自苑鹏、曹斌：《农民专业合作社发展现状、问题与展望》；魏后凯、闫坤编《中国农村发展报告——新时代乡村全面振兴之路》，中国社会科学院出版社 2018 年版。

业农村部相关统计和各地调研情况，对我国合作社发展现状进行了分析，认为合作社发展呈现以下几个特征。

（一）农民专业合作社数量快速增加

《农民专业合作社法》实施以来，我国合作社发展呈现快速增长态势。2007—2012 年，我国每年新增合作社 10 万家，2007 年年底，在工商行政管理局登记注册的各类合作社共计 2.6 万家，2010 年增加到 37.9 万家。2012年，党的十八大工作报告中提出"发展农民专业合作和股份合作，培育新型经营主体，发展多种形式规模经营，构建集约化、专业化、组织化、社会化相结合的新型农业经营体系"，2013 年党的十八届三中全会通过的《中共中央关于全面深化改革若干重大问题的决定》进一步指出要"加快构建新型农业经营体系。坚持家庭经营在农业中的基础性地位，推进家庭经营、集体经营、合作经营、企业经营等共同发展的农业经营方式创新"。随着国家对合作社扶持力度的不断增大，部分地方设置专项财政扶持项目支持合作社，合作社获得前所未有的发展空间。截至 2017 年 12 月底，我国登记注册的各类合作社数量达到 201.7 万家，约是 2007 年的 77.6 倍。

合作社注册成员也快速增加。2007 年我国合作社共有注册成员 35 万户，2011 年突破 1000 万户。党的十八大之后，以几乎每年增加 1000 万户的速度快速增长，截至 2016 年达到 4485.5 万户。按我国农户数量 26859.2万户①计算，占我国农户总数②的 16.7%。另外，据农业部相关数据显示，截至 2016 年年底，我国合作社实有成员为 6457.3 万户，带动农户 6991.7万户，实际利用合作社服务和培训的农户合计 13449 万户，约占农户总数的 50.1%③。

---

① 农业部农村经济体制与经营管理司、农业部农村合作经济经营管理总站：《中国农村经营管理统计年报（2016 年）》，中国农业出版社 2017 年版。
② 2016 年的"汇总农户数量"。即在村中与村集体有明确权利、义务关系的，户口在农村的常住户数。
③ 农业部农村经济体制与经营管理司、农业部农村合作经济经营管理总站：《中国农村经营管理统计年报（2016 年）》，中国农业出版社 2017 年版。

（二）规模农民专业合作社的比例逐步增加

合作社的社均成员 2007 年平均每家合作社成员数量仅有 13.3 户，2009 年增加到 15.9 户，2011 年增加到 22.9 户，2013 年进一步增加到 30 户，达到了历史最高峰后，2014 年与上年基本持平，每社为 29.1 户，2016 年下降到 25 户。形成这样的局面，与很多地方政府在"十八大"之后将大力发展合作社作为发展重点，强调数量规模有较大关系。据农业部农村经济体制与经营管理司相关数据计算，2016 年，合作社社均成员数量达到 41.3 户。如果加上享受合作社服务和培训的非成员，社均带动农户 86 户/家。

这十年间，初具规模合作社的比例在逐步扩大。从 2008 年至 2016 年，成员人数百人以上规模的合作社由 0.2 万家增加到 6.8 万家，占比从 1.8% 上升到 3.8%。其中，成员"100—500 人"的合作社数量从 0.2 万家增加到 5.3 万家，所占比例从 1.7% 增加到 3.0%。成员"500—1000 人"的合作社增加到 0.7 万家，所占比例由 0.1% 增加到了 0.4%。"1000 人以上"的合作社增加到 0.8 万家，所占比例上升到 0.4%（见表 1）。

表1　农民专业合作社不同成员规模的发展情况

单位：万家

年　度		2008	2009	2010	2011	2012	2013	2014	2015	2016
50 人以下		10.4	23.0	35.3	48.4	63.5	90.6	119.6	142.8	168.1
50—100 人		0.5	0.9	1.3	1.6	2.2	3.4	3.9	4.0	4.5
百人以上	小计	0.2	0.7	1.3	2.1	3.3	4.3	5.4	6.3	6.8
	100—500 人	0.2	0.6	1.2	1.8	2.4	3.2	4.1	4.8	5.3
	500—1000 人	0.0	0.1	0.1	0.2	0.4	0.5	0.6	0.7	0.7
	1000 人以上	0.0	0.0	0.1	0.1	0.5	0.6	0.7	0.8	0.8

资料来源：根据原国家工商行政管理总局和市场监督管理总局历年资料整理。

（三）农民专业合作社整体实力逐步改善

合作社出资额显著增加，年平均增长显出快速增长态势。2007 年，全国合作社均出资额是 119.9 万元/社，2014 年突破 200 万元大关，2016 年增加到了 228.6 万元，年均增长率达到 7.4%。另外，成员户均出资额也有较大幅度增加，2007 年户均出资额是 8.9 万/户，2008 年之后有所下降，2013年逐年增加，2016 年达到 9.1 万元/户，增加了 2.2%。

出资百万元以上的合作社比例不断提高。2008 年出资额在 100 万元以上的合作社数量合计 2.11 万家，所占比例为 19.0%，2016 年年底增加到102.60 万家，占比上升到 57.2%。其中，出资额"100 万—500 万"的由1.84 万家增加到 76.50 万家，占比由 16.6% 上升到 42.6%，增加幅度最大。其次是出资额"500 万—1000 万"的合作社，2008 年 0.20 万家，2016 年增加到 19.19 万家，占比由 1.2% 上升到 10.7%。之后是，出资额"1000 万"以上的，由 0.07 万家增加到 6.86 万家，所占比例由 0.7% 上升到 3.8%（见表 2）。

货币形式出资额所占比例不断提升。2008 年合作社货币形式出资额为693.5 亿元，占当年全国合作社出资总额的 78.8%。2012 年以后，货币形式出资以年均 1 万亿元的速度快速增加，2016 年突破 3 万亿元，达到35315.7 亿元，是 2007 年的 50.9 倍，所占比例上升了 7.3 个百分点，达到86.1%（见表 3）。

表 2　不同出资金额、出资方式农民专业合作社数量、比例变化情况

单位：万家

	年度	2008	2009	2010	2011	2012	2013	2014	2015	2016
金额	100 万元以下	8.98	18.49	26.59	34.50	42.20	53.61	63.96	69.00	76.80
	100 万元—500 万元	1.84	5.25	9.50	14.51	21.37	34.79	49.67	62.90	76.50
	500 万元—1000 万元	0.20	0.67	1.34	2.28	3.84	7.20	11.24	15.53	19.19
	1000 万元—1 亿元	0.07	0.23	0.47	0.87	1.47	2.63	3.99	5.63	6.86
	1 亿元以上	0.00	0.00	0.01	0.01	0.02	0.02	0.03	0.04	0.05
占比	100 万以下	81.0	75.0	70.1	66.1	61.2	54.6	49.6	45.1	42.8
	100 万元—500 万元	16.6	21.3	25.1	27.8	31.0	35.4	38.5	41.1	42.6
	500 万元—1000 万元	1.8	2.7	3.5	4.4	5.6	7.3	8.7	10.1	10.7
	1000 万元—1 亿元	0.7	0.9	1.2	1.7	2.1	2.7	3.1	3.7	3.8
	1 亿元以上	0.0	0.0	0.0	0.0	0.0	0.0	0.0	0.0	0.0

资料来源：根据原国家工商行政管理总局和市场监督管理总局历年资料整理。

表3　不同出资方式农民专业合作社数量、比例变化情况

单位：亿元

年度	2008	2009	2010	2011	2012	2013	2014	2015	2016
货币出资	693.5	2001.0	3676.3	6009.7	9303.1	16314.7	23434.2	29212.5	35315.7
占比（%）	78.8	81.3	80.9	82.9	84.4	86.2	85.9	85.3	86.1
非货币出资	186.7	460.3	869.5	1,235.7	1,715.1	2,619.6	3,859.4	5,023.0	5,697.4
占比（%）	21.2	18.7	19.1	17.1	15.6	13.8	14.1	14.7	13.9

资料来源：根据原国家工商行政管理总局和市场监督管理总局历年资料整理。

（四）农民专业合作社形态日益多样化、多元化

随着我国农村农业经济社会的发展，农民对于合作社的合作内容、合作领域、合作方式的需求日益多样化，各地不仅涌现出农机合作社、资金互助社、消费合作社、用水合作社、乡村旅游合作社等其他形式农民合作社。一些地方还出现了土地流转后富余劳动力组建的劳务合作社、农民以房屋、厂房入股组建的物业合作社，以及以精准扶贫为目标、以财政资金为支撑的扶贫合作社。这些合作社的形态都是探索土地、资金、劳动力、技术等要素的合作。目前，原国家工商总局将民俗旅游等第三产业的合作社、农机合作社、土地股份合作社、林业合作社等纳入"其他"类型合作社之内进行统计，其数量由2008年的1.1万家增加到2016年的45.6万家，所占合作社的比例增加了15.2个百分点，达到25.4%。其中有以下几种类型的合作社影响较大。以土地股份合作社为例，2016年，家庭承包耕地流转入合作社的面积为1.03亿亩，占流转总面积的21.6%。全国有10.3万家土地股份合作社，入股土地面积2915.5万亩（见表4）。

表4　不同地区类型的土地股份合作社类型表

典型地区	东部地区——江苏省苏州市	中部地区——黑龙江省	西部地区——四川省成都市
组织环境	经济发展领先，本地区非农就业多	经济发展中等，农民外出打工多	经济发展中等，本地非农就业增多
经营方式	内股外租型为主	自我经营型为主	自我经营型为主

续表

典型地区	东部地区——江苏省苏州市	中部地区——黑龙江省	西部地区——四川省成都市
股权结构	土地不作价，单要素合作为主	土地作价折股，多要素合作为主	土地作价折股，多要素合作为主
治理机制	村社合一型为主	第三方主导型为主	村社合一型为主
分配形式	收益保底，利润分红	收益保底，利润分红	收益保底，利润分红
组织绩效	一定程度非粮化，经营效益较好	一定程度非粮化，经营效益较好	一定程度非粮化，经营效益较好
财政依赖	较重	重	较重

资料来源：徐旭初：《农村股份合作的实践形态和理论思考》；中国农村合作经济管理学会编：《农民合作社重点问题研究汇编》，中国农业出版社 2016 年版，第 72 页。

（五）农民专业合作社之间强强联合势头明显

随着改革开放的不断深入，越来越多的工商资本和跨国企业进入农业领域，国内国际农产品市场一体化，合作社面临日益激烈的竞争，单个合作社难以与之相抗衡。目前，以本地主导产业、特色产业为纽带，通过强强联合实现规模经营、提升市场竞争力，成为合作社做大做强的重要途径。特别是在一些合作社较为发达的地区，联合社的发展势头尤为突出，如山东、江苏等地。并且很多联合社的成员突破合作社限定，吸纳产业链上的相关群体加入。截至 2016 年，全国由三家以上合作社为主体，自愿联合成立的合作社联合社增加到 5277 家，较前年增加 17.0%，成员数量达到 30.5 万家，较前年增加 2.3%。加上各类专业协会以及专业协会联合社，共带动农户超过 674.6 万。[1] 发展到 2017 年，联合社的总量突破 7200 家，覆盖合作社 9.4 万个。[2] 据调研显示，各类联合社吸纳当地龙头企业、农民经纪人等加入，按照"横向联合、纵向延伸、优势互补、资源共享"的运营机制，统一标准、技术与服务等体系，对于提升当地农业产业化整体发展水平发挥了重要作用。

---

[1] 农业部农村经济体制与经营管理司、农业部农村合作经济经营管理总站：《中国农村经营管理统计年报（2016 年）》，中国农业出版社 2017 年版。

[2] 权威解读：《农民专业合作社法修订草案解读》，2017 年 6 月 28 日全国人大网。

（六）农民专业合作社为农服务能力明显提升

随着合作社出资金额增加，政府扶持力度加大，合作社为农服务能力得到进一步提升。截至 2016 年，合作社为成员提供的经营服务总值是 11043.6 亿元，其中，统一组织销售农产品总值 8275.8 亿元，平均帮助每位成员销售农产品 1.3 万元。统一销售农产品比例达到 80% 以上的，共 48.6 万家，占全国合作社总数的 31.1%；统一组织购买生产投入品总值达到 2767.8 亿元，平均帮助每位成员购买生产投入品 0.4 万元。其中，统一购买比例达 80% 以上的，共 28.3 万家，占全国合作社总数的 18.1%。为提升竞争能力，2015 年合作社共开展各种培训活动 6295.3 万人次，较前年增加 9.1%。同时，提高产品质量，实施标准化生产的合作社达到 9.0 万家，占总数的 5.7%。通过农产品质量认证的，共 4.3 万家，占 2.8%；实施差别化市场营销战略，拥有注册商标的合作社 8.1 万家，占总数的 5.2%，较前年增加了 8.6%。

另外，合作社普遍意识到线上线下互动是未来的发展趋势，一些合作社的电商服务已经成为吸引人才、带领小农户进入市场、推动产业升级的重要途径。他们或自建网站，或与电商嫁接，以订单组织成员生产，引导成员转变生产理念，广泛开展标准化种植，为促进当地产业升级发挥了重要作用。

值得注意的是，随着我国农村脱贫攻坚战的深入，合作社逐渐成为参与精准扶贫的重要载体，并取得了一些突出成效。农业部的初步统计显示，有 10.6%、744 家国家示范社分布在 297 个国家级贫困县中，带动成员 22.8 万户，户均收入比非成员农户高出 20%①。

（七）对农民专业合作社的规范化管理不断强化

2013 年 7 月，经国务院批准，建立了全国合作社发展部际联席会议制度，成员包括农业农村部、发展改革委、财政、水利、税务、工商、林业、银监、供销等相关涉农部门。江苏、湖北、安徽、北京等地成立了指导服务合作社

---

① 叶贞琴：《在全国农民专业合作社发展论坛上的讲话》，《中国农民专业合作社》，2017 年第 10 期。

的省级或市级专门机构，加强对合作社的指导，联席会议制度把合作社规范化建设作为工作重点，2014年，农业部、国家发改委、财政部等九部委联合印发《关于引导和促进农民合作社规范发展的意见》（农经发〔2014〕7号）。2015年，农业部启动对合作社示范社监测工作，对象是2011年年底由农业部、发改委、财政部、水利部、税务总局、银监会等12个部门和单位联合评定的6663家合作社示范社。按照宁缺毋滥原则开展监测工作，并将全国合作社联席会议通过监测的合格示范社名单于年底公布于众。① 截至2016年年末，被农业农村部门认定为示范社约14.0万家，较前年增加了10.6%，占合作社总数的9.0%。可分配盈余按交易量返还成员的33.7万家，占21.6%。其中交易量返还超过可分配盈余60%的合作社有25.9万家，占总数的16.5%。②

二 市场监管部门在促进农民专业合作社发展中发挥的作用

（一）加强宣传，营造良好的发展环境

调研发现，各基层市场监管部门都比较重视加强合作社的宣传与培训工作。采取的具体措施主要有：通过电视、报纸、网络等大型媒体及微信、微博新型载体广泛宣传合作社。例如陕西省凤翔县在每年"三一五"国际消费者权益日、"一二·四"法制宣传日通过悬挂横幅、发放宣传资料等多种形式，宣传《农民专业合作社法》，2017年全县共出动宣传车20多次，工作人员80多人次，发放宣传材料800多份；在市民大厅各LED显示屏将合作社登记注册"绿色通道"的适用对象、范围、内容等进行滚动播放，增强群众对合作社政策的知晓度，使农民熟悉了解合作社在推进农业农村发展中的重要作用及其具大的市场潜力；以宣传发动、培训人员、学习法律法规为突破口，解除农民的种种顾虑，使之充分认识入社的好处、办社的意义，鼓励登记

---

① 《全国合作社联席会议通过监测合格示范社名单》，《农民日报》2015年12月14日。
② 农业部农村经济体制与经营管理司、农业部农村合作经济经营管理总站：《中国农村经营管理统计年报（2016年）》，中国农业出版社2017年版。

注册。

（二）提升服务质量，方便合作社注册登记

为合作社提供便捷的登记注册服务，已经成为基层市场监管部门的一项中心工作，其中部分地区还为合作社注册登记专门开设了一站式服务窗口。例如，宁夏固原市行政审批服务局为了更好地服务合作社申请登记，一是设立合作社登记注册"绿色通道"窗口，悬挂"绿色通道"标志牌，设置合作社办事指南，供申请人参照，为申请人注册提供便利，同时指定两名服务态度好、业务熟练的职工专门负责办理。要求做到"窗口一站式、告知一口清、示范一文本"，在受理合作社登记申请后，对可以立即答复或办理的，均要求当场答复、办理；二是提供优先办理服务，坚持特事特办、急事急办的原则，对进入绿色通道，申请合作社的登记事项实行优先受理、优先核准，特殊情况可上门提供咨询服务和送达相关材料，实行现场办公；三是提供预约服务，公开预约服务电话，服务对象可预约服务时间，随来随办；四是提供延时服务，当事人若有特殊需要，提供延时服务和节假日加班服务；五是提供无偿代理服务，免费为服务对象提供登记注册法律法规咨询，指导服务对象填写登记文本及起草有关登记注册文书，及时为服务对象完善登记资料，帮助服务对象一次性完成登记注册；六是实行"容缺受理"，在不违反法律法规的前提下，允许合作社一边补充材料一边受理审核，打破了原来"申请材料齐全且符合法定形式后再审理"的传统模式，推动行政审批再提速；七是提供免费快递服务，对距离较远、不方便到窗口领取营业执照的合作社申请人，经申请可提供营业执照免费快递到家服务。

（三）加强引导，推动合作社规范发展

市场监管部门把规范合作社市场行为作为工作内容的一部分，部分地区基层市场监管部门按照"先抓试点、培育典型、示范推广、以点带面"的工作思路，层层建立试点示范。例如，固原市按照宁夏回族自治区《农民专业合作社规范》开展了以规范财务管理，完善章程制度，推行民主管理，提供信息技术服务等为重点的合作社扶持，重点培养国家、自治区、市、县（区）四级示范社。对运行规范好、示范带动强的合作社在信息、

技术、培训、设施、市场营销等方面重点扶持，从运行机制、组织形式、制度建设、财务管理、利益分配等方面进行规范和创新，不断帮助合作社提高其经营管理水平，促进其规范运行。

（四）提升品牌意识，增强合作社市场竞争力

市场监管部门积极推动合作社创建品牌，帮助合作社申报无公害农产品、绿色食品、有机食品认证。鼓励合作社注册农产品商标和地理标志，打造品牌，提升效益；指导合作社实施生产、采收、加工、储藏、运输的标准化生产；组织合作社参加各种形式的农产品展示展销推介活动，提高合作社产品的知名度；提升农产品价值，增强合作社凝聚力、吸引力和生命力，为合作社的发展壮大奠定坚实的基础。

（五）改善工作方式，协助合作社填报年报

对合作社年度报告公示制度（以下简称"年报制度"）和"双随机抽检"工作，是对合作社市场行为监管的有效手段。年报制度是 2014 年商事制度改革之后开始实施的新制度，要求合作社在内的各类市场主体在每年 1—6 月份主动向社会公开经营情况。但是，由于部分合作社负责人对年报制度认识不足，申请年报的积极性不高。针对此问题，调研地区的市场监管部门改变以往静等提交填报材料的方式，每年春节之后至 6 月 30 日发动基层市场监管部门通过电话、邮件等方式提醒本辖区合作社上网登记经营者姓名、联系电话、住址、经营地址、网络网店名称网址、成员人数、许可证名称及有效截止日期、营业额或营业收入、纳税总额、分支机构等信息，防止合作社因为非主观原因被列入异常名录，影响日常经营活动。

（六）强化监督管理，保护合作社成员权益

市场监管部门为了防止年报弄虚作假，规定按照随机抽取检查对象主体、随机抽选检查员的方式，每年从已填报年报的市场主体中按照 3% 的比例抽取市场主体，核实其年报的真实性。被抽检到的合作社需要按填报内容展示相关会计、资产等材料，并配合市场监管部门入户调查，提升了填报信息的可信度。另外，市场监管局把合作社市场行为监管列为整顿农村市场的重要手

段，部分基层市场监管部门开展"红盾护农"活动，通过市场巡查的制度，严厉打击制售假冒伪劣农资行为。并且，创新农资主体监管方式，推进"农资放心店"建设，落实种子留样检查、农资经营企业信用分类监管等制度。加强农资商品监测，及时发布监测信息，确保合作社规范经营。整顿和规范农村市场秩序，严厉查处农产品销售中压级压价、非法收购、虚假宣传、商业欺诈等违法行为，保护合作社成员权益不受到侵害。

（七）开展注销清退，提升合作社发展质量

调研发现，部分地区鉴于空壳社问题相对突出，启动了对违法成立、或长期不开展经营活动的合作社的注销工作。为了顺利保障合作社退出，部分市场监管部门免费代理合作社办理法人注销业务，并统一为注销的合作社提供公告费。还有些地区开始清退政府公职人员领办或者担任法人代表的合作社，取得一定成效。

三 市场监管部门在促进农民专业合作社发展中面临的主要问题

（一）垂直管理，尚未实现跨机构横向合作

市场监管部门虽然为合作社发展制定了相关的扶持政策，但是主要停留在本机构工作操作之中，与政府其他职能机构之间尚缺乏有效的联系机制，对合作社的扶持难以形成合力。目前，虽然在中央层面已经建立了跨部门的合作社联席机制，但是乡镇和市县一级相关机制还不健全，即便各地市场监管部门、农业农村局、发改委等政府部门都有相应的资金或项目支持合作社发展，受制于各部门完全是垂直管理，缺乏平级单位之间的横向联络，经常会发生政策资金或项目集中到某一特定合作社，造成有限的财政资金过度集中和相对不足的矛盾同时存在。

另外，各部门对发展合作社态度也存在一定的差异，甚至矛盾，还没有达成共识。市场监管部门认为合作社数量越多，特别是空壳合作社（简称"空壳社"）数量越多，对于年报制度、抽检和日常巡查造成工作压力也

就越大，希望能够成立一家，规范一家，发展一家，注重合作社成立的效率。然而，农业农村局等行政机构，认为合作社应该先发展再规范，以规范促进发展，希望先发展更多的合作社，再逐步加强管理，因此极力推动合作社的数量增长，而把质量提升暂时放到了次要位置。

（二）法定监管手段有限，难以形成有效管理

2013 年 10 月 25 日，李克强总理主持召开国务院常务会议，部署推进公司注册资本登记制度改革，力图通过推进商事制度改革，解决企业登记环节设立成本高、程序复杂，法律不确定和市场准入门槛高等问题。合作社市场参与门槛也相应降低，法律环境逐渐宽松。但是，该政策虽然初衷是为了促进合作社发展，但是从结果来看，由于监督手段有限，原有的验资等制度被取消，导致合作社鱼龙混杂，良莠不齐。目前，市场监管部门对于合作社经营状况的监管主要依靠年报制度和双随机抽检。其中，年报制度规定每年由合作社等市场主体自主填报，如果合作社当年不提交年报，虽说可以由系统自动归类到"异常"名录，三年连续不提交年报可以纳入"黑名单"。但是，合作社一旦补交年报，马上就可以从"异常"名录或者"黑名单"中划归到正常名录之中，手续非常简单，而且没有任何成本。相比起来，一旦进入税务部门的"黑名单"，合作社需要交纳 2000 元以上罚款才能被提取出来，市场监管部门却没有任何惩罚措施，对市场主体的约束力不强。

由于年报制度规定提交内容由市场主体自己填报，年报内容是否真实可信，也由申报合作社承担相应责任。市场监管部门为了防止年报弄虚作假，规定每年从年报名单中抽取 3% 的市场主体核实其年报的真实性。然而，合作社总体数量较少，每年能够被抽到合作社的比例很小。即便是被抽取到，检查内容也往往主要围绕登记注册内容是否真实，产品质量是否合格，并不涉及组织体系是否完善，是否按照一人一票进行民主管理等内容，导致对合作社的经营范围、出资真实性、内部治理等方面的监管基本上流于形式。虽然还有一些"重点行业检查"和"常规性片区检查"，但是总体来讲涉及合作社的检查次数少，监管的公信力不足。

另外，近些年，一些合作社、联合社开展了资金互助业务，规模不断扩大，潜在风险也日益提升。有些地区的融资规模达到了数千万元，70% 的

收入来自资金互助。甚至部分地区还出现了跨地区的资金互助社，业务范围覆盖了生产服务、饲料加工、资金互助等多个方面。如何强化对这些合作社的市场监管还是空白。

（三）职工少、老问题突出，监管能力不足

合作社市场行为监管主要由市场监管局和下属分所承担，目前，普遍存在编制少、人员少以及老龄化等问题。基层分所反映该部门需要承担企业等多种市场主体的监管职能，只能派出一个人具体负责本地区的合作社监管工作，面对数百家合作社，常常感觉到力不从心，指导力量明显过于薄弱，远远满足不了当前合作社的快速发展需求。另外，市场监管局是由原工商局、质监局、食药监局三家刚刚合并而成的新机构，人员虽然不少，但是年龄普遍超过 50 岁，大部分关键岗位的领导没有到退休年龄，限于编制，老年人退出去，年轻人也进不来，大量的基层工作仍然需要中老年职工负责，不但要跑基层，还要处理电子文档，体力、精力和学历上都有些力不从心，难以向合作社提供有效服务，监管难度更大。

（四）空壳社问题较为突出，增加行政成本

调研发现各地普遍存在大量流于合作社形式、没有开展任何业务活动、但是又没有注销的空壳社，大部分市场监管部门认为当年没有提交年报的合作社，可能是没有开展相关业务的合作社，成为空壳社的可能性最大，因此采用"当年已申报年报的合作社数量÷当地登记注册合作社总数"，即合作社"年报率"来判断空壳社的数量和比例。按此标准，陕西省凤翔县反映，2014 年、2015 年该县的年报率不足 80%，2016 年经过多方努力，年报率达到了 100%。四川宜宾县 2016 年合作社年报率达到 98.1%，完成了上级规定的 95% 的目标要求。但是，几乎所有的基层市场监管部门都认为，上级政府对年报率的考核制度和政府干预造成年报率数据不同程度的失真，两地市场监管部门都认为，"合作社自主提交年报的积极性不高，如果完全实行自主年报的话，年报率可能下降到 30%—40%"。

调研了解到造成"空壳社"的原因是多方面的，首先，从政府角度来看，部分地方政府为了政绩要求各村成立合作社，但是申办人自身对于注

册登记合作社实际上没有任何需求，完全是为了应付。合作社注册登记结束之后，也不开展任何活动，造成空壳或者休眠。特别是近几年，部分县级政府在开展精准扶贫工作中，要求每村都要建立扶贫合作社，使其或者承接项目或者承接政府资金，但是实际经营很少，人为提升了形成空壳社的风险。例如，某县政府发现一个村创立合作社精准扶贫成功典型后，要求全县 601 个行政村村村建立精准扶贫合作社。在政府的大力推进下，截至 2018 年 10 月底前，全县全部完成了所有合作社注册登记。但是，调研期间，其中的一个精准扶贫合作社法人代表表示从未参与过精准扶贫合作社的业务，也不知成员是谁，村干部让他担任法人，所有手续不用他负责，承诺每个入社贫困户可以给合作社带来 5 万元无息扶贫贷款。但是，成立一个多月以来，没有任何消息。对此，不少基层市场监管所也反映，合作社发展最快的是 2008—2012 年，之后逐年递减，但是，2017 年受到扶贫政策的影响，扶贫办要求成立合作经济组织，出现了排队登记注册的情况，其结果必然又要制造出不少空壳社，形势堪忧。另外，从合作社角度来看，部分农民成员认为申请了合作社就可以拿到国家资金扶持，拉着自己的亲属，盲目办理。但是由于自身规模小、经营管理制度不健全，不符合申请政策资金的条件，拿到营业执照之后实际用途不大，放到家里，待机而动，造成空壳。还有部分农民是轻信谣传跟风办理，看别人办理，自己也要办理，担心万一错失什么机会。没有用的时候，也就往家里一放，也没有任何损失。还有一些农民在注册登记合作社之前，缺乏对市场准确判断，自有资金较少，难以长久发展。例如，原州区 5 年前发展马铃薯合作社达到 130 家，后来因为市场不景气，目前实际运转的不到 15 家。

对于空壳社问题，市场监管部门都认为必须坚决清理空壳社，但是理由略有不同。基层市场监管局认为空壳社的大量存在加大了工作强度，加大了监管难度。特别是目前实施年报率考核，每年需要花费大量的人力、物力敦促合作社理事长上报经营情况。另外，省市场监管部门认为，目前采取检查对象随机、检查人员随机抽调的"双随机"抽样检查机制，空壳社的存在，增加了分母，扩大了检查市场主体的数量，对市场监管部门的监管工作造成了较大压力。但是，农业农村局则认为合作社经营不经营都在掌控之中，空壳社的存在对自身工作没有直接影响，不过，存在借合作社名义发布虚假广告、行使诈骗的情况，容易让上级部门误认为农村发展欣欣向荣，一派生机，误导国家有关农村发展方针制定与执行。合作社理事长则认为空壳社的存在挤压了其获得国家扶持资金的空间，影响了真正需要扶持的合作社发展，浪费了国家有限的行政资源。

（五）注销程序烦琐，合作社难以清算退出

部分合作社在没有运营的情况下，每月还要交纳一定金额的代理会计费用，感觉得不偿失，希望注销合作社法人资格。目前，各地都有一定数量的合作社注销了法人资格，但是大部分有需求的合作社并没有付之行动，主要原因是注销手续过于烦琐。按照相关规定，注销合作社必须满足三个条件：在市级以上公办新闻上发布声明 45 天，提供《清算清单》和《完税证明》。然而，一是发布声明需要支付 400—500 元的费用，很多合作社认为注册的时候没有花钱，为什么注销要花钱，不能理解，非到万不得已，不愿意承担注销费用。二是农业经营大部分具有季节性特点，在农闲期间成员流动性较强，外出打工之后或者回家，或者留在当地不回本乡。理事长即便想退出也很难找到本人签字，无法提交《清算报告》。特别是部分合作社在成立的时候有不少是借用了别人的身份证，清算时既不认识成员，更别说找到本人签字，造成难以获取有效的《清算清单》。三是合作社在成立初期，我国的合作社纳税制度尚不完善，合作社到底是归国税局管理还是地税局管理，长期没有明确。等到明确之后，又没有及时通知合作社，导致合作社欠税。而且，政府一直宣传合作社免税，并没有说明即便没有经营活动也要向税务部门"零报税"。很多合作社误认为"不纳税"就不需要去报税，被列入"黑名单"，在没有缴纳完罚款的情况下，难以获得《完税证明》。

四 促进农民专业合作社规范发展的政策建议

（一）完善县级联席制度，合力推动合作社发展

建议由县委或者农工委等牵头，市场监管部门等职能部门参与成立县级合作社工作小组，将目前分散的资金资源、政策资源整合起来，各部门协调

使用。同时，通过信息共享，加深对相关部门业务内容的了解，提升相互业务水平，形成合力促进合作社发展，解决政府在市场经济中的"错位""越位"和"缺位"等问题，切实有效地支持、引导和推动合作社健康发展，帮助解决合作社发展面临的各类问题，为其营造一个宽松的发展环境。

（二）加强宣传，提升合作社成员风险意识

合作社不积极提交年报、盲目申请注册以至于对扶持政策心怀不满，很大程度上是因为对政策的不了解。只要合作社成员明白相关政策初衷、需要承担的风险之后，往往都能够做出理性的选择。建议市场监管等职能部门进一步采取有效方式加强对合作社的宣传教育，让拟申请注册登记合作社的农民不但要充分认识发展合作社的积极意义，了解和掌握其基本性质、内涵和组织形式、职能作用，增强合作意识，也要同时告知成立合作社必须承担的法律责任、管理成本，使发起人和成员都能够明白自己的权责，使其可以在法律框架之下，合法、规范运营。

（三）加强培训，提升合作社成员管理素质

要采取"请进来"与"走出去"相结合的方式强化合作社成员培训，以合作社理事长、财务人员等为对象重点培训政策法规、运营管理、市场营销、信息化建设、项目建设、市场融资、品牌建设、财务管理等知识。在有必要的条件下，组织其领办人赴国外考察学习，借鉴外地的鲜活经验和成功做法，拓展思路，切实提高其领办人的办社能力和管理能力。

（四）加强处罚力度，推动合作社内部监管

合作社是具有公益性功能的互助性经济组织，因此国家给予了免税等优惠政策，还优先提供农业扶持。但是，基于公平公正的基本原则，合作社应该承担向纳税人汇报其经营情况的义务。建议加大对未如期公示年报的合作社给予罚款等略重于其他私营企业的处罚。例如，像税务部门一样，申请从"黑名单"中剔除时，必须缴纳一定金额的罚款。同时，鉴于合作社是民建民管民自治的农民组织，在法理上来看，所有成员对于合作社的管理都应承担一定的连带责任，如未能完成年报的，不应仅仅处罚理事长

等主要负责人，而是必须追究所有成员的责任，并把所有成员纳入"黑名单"，限制其出行、贷款等活动，推动合作社内部监管。

（五）引入"简易注销程序"，降低注销成本

2014 年 9 月 25 日，全国企业信用信息公示系统上线运行，企业年度报告公示制正式实施。商事登记制度改革之后，各地开始实施"简易注销程序"，在免去了拟注销企业清算组备案的登记手续，取消了原清算组备案手续中的登记材料，减少了清算报告和股东的确认清算报告文件，同时由市场监管部门代企业履行公告义务，将报纸公告改为政府网站公示，45 天的公告时间缩短为 10 天，由此，注销手续最快可在 10 天内办结，并且可以节省拟注销主体的注销成本。但是，合作社并没有被列入简易注销程序的适用对象。对满足一定条件的合作社，建议将合作社注销纳入《工商总局关于全面推进企业简易注销登记改革的指导意见》（工商企注字〔2016〕253号）适用范围。在合作社不存在债券债务问题，不存在违法未尽社会义务的情况下，允许其采用简易注销程序消灭法人资格。合作社只要通过国家企业信用信息公示系统《简易注销公告》专栏主动向社会公告拟申请简易注销登记及全体投资人承诺等信息，公告期 45 日后就可视为公告有效，减轻合作社注销成本。登记机关应当同时通过国家企业信用信息公示系统将合作社拟申请简易注销登记的相关信息推送至同级税务、人力资源和社会保障等部门，减少合作社的注销程序。但是，鉴于《清算清单》《完税证明》涉及保护小股东权益以及保障国家税务体系正常运转等问题，仍然应该给予维持。

参考文献

［1］苑鹏、曹斌、崔红志：《空壳农民专业合作社的形成原因、负面效应与应对策略》，《改革》2019 年第 4 期。

［2］苑鹏、曹斌：《创新与规范：促进农民专业合作社健康发展研究》，《中国市场监管研究》2018 年第 4 期。

［3］苑鹏、曹斌：《农民专业合作社发展现状、问题与展望》；魏后凯、闫坤编《中国农村发展报告——新时代乡村全面振兴之路》，中国社会科学院出版社2018 年版。

［4］叶贞琴：《在全国农民专业合作社发展论坛上的讲话》，《中国农民专业合作社》2017 年第 10 期。

［5］农业部农村经济体制与经营管理司、农业部农村合作经济经营管理总站：《中国农村经营管理统计年报（2016 年）》，中国农业出版社 2017 年版。

权宜性选用：转型期乡村社会
纠纷解决的实践逻辑

——以华北一起土地纠纷为例①

张浩

一 研究问题：转型期乡村社会的纠纷如何解决？

中国乡村社会正处于快速而深刻的变迁和转型过程中。依据孙立平的说法，中国的社会转型是一个"传统—社会主义—现代"或者"传统、社会主义—现代"的转型过程；或者如黄宗智所指出的，中国自近代以来就是一个长时期混合了不同类型的社会，在当下更是混合了资本主义与前资本主义、工业社会与前工业社会以及后工业社会等不同类型，因此"转型"一词用于中国，应被理解为一种持久的并存以及产生新颖现象的混合。[2]在这样的混合过渡之中，旧有的规则不再管用，新的规则尚未建立，新旧纠葛，青黄不接，治理的实现和秩序的维系就成了问题。中共十九大报告提出实施乡村振兴战略，要求加强农村基层基础工作，健全自治、法治、德治相结合的乡村治理体系。2018年一号文件进一步指出：乡村振兴，治理有效是基础，必须把夯实基层基础作为固本之策，建立健全党委领导、政府负责、社会协同、公众参与、法治保障的现代乡村社会治理体制，坚持自治、法治、德治相结合，确保乡村社会充满活力、和谐有序。本文主要

---

① 原文刊载于《北京工业大学学报》（社会科学版）2019年第3期，作者系中国社会科学院社会学所副研究员、农村与产业社会学研究室副主任。

讨论转型期乡村社会的纠纷解决问题。

乡村社会自身存在一套纠纷解决系统。研究者的田野观察表明，一起发生在乡村社会的纠纷所经历的解决过程大体是一致的：最初或许是谋求在邻里之间获得解决，若此路不通，便会由村里的调解委员会出面调解，再不行，才会上诉法庭，寻求由国家法律权威来做出判决。[3] Michelson 提出一种"纠纷宝塔"理论，指出中国农村纠纷解决中包括双方协商、信访、法律渠道等在内的多种方式，构成了一个类似于宝塔形的系统，在这一系统中使用正式司法系统的可能性在很大程度上受到农民个人与政府关系的影响，通常情况下非正式的协商和当地干部的调解在纠纷解决中发挥着重要得多的作用，只有极少一部分纠纷在正式的司法体系中通过法官和律师解决。[4] 在刘思达看来，Michelson 的纠纷宝塔理论固然抓住了农村纠纷解决机制的本质，但是这一理论假设纠纷解决的多种共存方式相互排斥，忽略了纠纷解决系统不同层级之间的互动。刘思达转而从法律服务提供者的视角提出一种职业层级系统理论，指出多元的法律服务提供者既无法形成通往法院的目的性路径，彼此之间也并非相互排斥，而是根据自身在系统中的生态位置来对不同的纠纷做出不同的反应。因此，农村纠纷解决的模式呈现出高度的个案化，从现场协商、冗长的双方谈判、干部调解、行政信访、直到法律诉讼，一切皆有可能。[5]

在由多种规则、机构和人员构成的乡村纠纷解决"场域"[6]中，信访的作用和影响受到研究者的充分关注，[7—10] 而"通过司法实现社会正义"[11]，则被人们寄予更多期望。进入改革时期以来，依法治国成为治国方略。一方面，各种法律法规的数量以惊人的速度增长。截至 2010 年年底，已制定现行有效法律 236 部、行政法规 690 多部、地方性法规 8600 多部，国家最高立法机构负责人宣布：中国特色社会主义法律体系已经形成[12]。另一方面，司法制度改革大张旗鼓，一些法律法规相继付诸实施。然而，尽管一批批的法律法规"下乡了""上门了"，实践中也不乏"迎法入乡"[13—14] "依法抗争"[15—16]乃至"以法抗争"[17—18]的例子，眼见的事实是，法治的理想图景并没有实现：很多法律法规被制定出来，却并没有得到切实有效的实施；而部分法律的实施非但未能解决问题，反而引发更多的社会矛盾，法治固然意味着法律被实施，而单单法律的实施却并不意味着就是法治。

在法学界，这一问题通常被置换为由法律移植所导致的"制度断裂"问题。[19]苏力对盲目的法律移植提出质疑，认为中国法治进程的推进需要回到中国社会自身，从中国传统社会的特性以及正在进行的社会制度变革中寻求一种"本土资源"。[20]梁治平对中国传统社会中的民间习惯法进行了深入讨论，并借助于实际案例研究了当下乡村社会中民间习惯法的持续存在及其与国家制定法的互动关系。[21—22]苏力与梁治平的研究一方面打破了法学界长期以来只关注理论命题和法律法规的探讨而缺乏实证研究的状况，一定程度上促成了20世纪90年代后期以来学界关于乡村社会中的法律的实证研究，另一方面促使研究者将目光投向法律之外，从一个更大的社会系统中来审视法律及其实践。[23—30]

既然诸多方面的因素都影响到纠纷的解决和法治进程的推进，那么，在实际的社会生活中，那些大量出现却又难以通过某种单一途径和方式加以解决的纠纷，其具体的解决过程究竟如何？不同的途径和方式对纠纷解决各自起到怎样的作用和影响？透过位于"纠纷宝塔之顶"的司法诉讼在纠纷解决过程中的实践和表现，能否向我们传递出"中国正在走向法治"[31]的积极信号？

费孝通先生在《江村经济》一书中指出，社会变迁策略的制定，需要基于"坚实的知识基础"，"正确地了解当前存在的以实事为依据的情况，将有助于引导这种变迁趋向于我们所期望的结果。社会科学的功能就在于此"。[32]本文尝试通过华北乡村社会一起土地纠纷案例，讨论乡村社会转型中的纠纷解决，以期能够为认识当下中国乡村社会转型的"实事"提供些微助益。

二　研究案例

河村①是华北平原一个大村，拥有人口近4000人，各类土地8000亩。

---

① 自2005年以来，笔者先后多次进入该田野调查点，查阅和收集相关资料，并累积了大量对村干部、村民、县乡干部、县法院法官、代理律师等的口述访谈资料。在该村1999年3月至2011年11月有据可查的359次村庄会议中，41次会议（占比11%，文字记录约3万字）涉及本研究案例（其中26次为专题会）。关于本案例的更详尽介绍，参见张浩的《规则竞争：乡土社会转型中的纠纷解决与法律实践》，中国社会科学出版社2014年版。

村南 300 米处，一条县域公路自西向东从农田穿过。中华人民共和国成立初期，西乡供销社在河村租用原属一户地主的房子办了一个代销店，20 多年过去了，小小的代销店渐渐无法满足村民需要。1976 年年初，西乡供销社与河村大队签订协议，选定村南马路边一处地块建设供销社分站。当年 10 月 1 日，县革委会下发《关于国家建设征用土地的批复》，表示"经地、县同意征用"。由于实际占地面积和补偿额度有所变化，双方签订了补充协议。之后，乡供销社出钱出物，河村出工出力，拥有门店及库房 38 间的供销社分站建成并投入运营。

> 兹有西乡供销社需在河村大队盖分站，经公社批准，西乡供销社与河村大队协商，河村大队愿将村南耕地让西乡供销社占用。……共计叁亩柒分，由西乡社给河村大队产量赔款每亩 150 元……（协议书，1976 年 3 月 15 日）
>
> ……以上地 4.04 亩为我大队一级地。按国家规定每亩价格 120.00 元，共价 484.80 元。农业税和产量，均按国家规定减免。（补充协议，1978 年 3 月 10 日）

1983 年，根据中央一号文件精神，供销社恢复合作商业性质，吸收生产队和社员入股，河村大队缴纳股金 1000 元，成为供销社分站社员，并分别于 1984 年、1987 年、1990 年、1992 年领取股金红利 70 元、91 元、300 元、180 元。进入 1990 年代，供销社系统渐趋萎缩。与此同时，分站所占土地的经济价值却日益凸显。随着河村人口的增加和居住条件的改善，村庄渐渐南扩至公路边沿，公路两边陆续出现一些商铺。1992 年，村两委在这里规划建起一条长约 1500 米的商业街，分站正处在商业街核心地段。

1997 年年初，在时任社主任魏某的操纵下，西乡供销社将河村分站以 8 万块钱价格转让给同属供销社系统的县生产资料公司经理董发。河村听到风声，派出村干部和村民代表前往交涉，声称分站土地属于河村，应优先由河村买下。乡社主任当时应允，但过后还是私下与董某达成交易，后者随即向县土地局申请办理了为期五十年的国有土地使用权证。根据河村干部的说法，魏某之所以坚持将分站卖给董发而不是河村，是因为对私不对公便于私下索取好处，也因为董发是"道儿上混的人"，有钱有势。

1997 年 8 月 13 日，董发特意选在晚上带人来到河村，意图使用分站，结果与当时照看分站的原分站职工谢文发生争执，董发指使带来的人划破了不少谢文存放的化肥，并强行将分站房屋上锁。冲突惊动了村里人，村干部被紧急通知汇合，不少村民也闻讯赶来。群情激愤的村民将董发团团围住，推推搡搡地把他轰赶了出去。

一场波及众多、旷日持久的纠纷由此开始。

（一）协商与强制：软硬兼施的法外世界

轰走董发的第二天，河村村委会向西乡供销社发出通知，宣称将分站的土地和房屋收归村里管理。随即占据分站四间北库房作为办公室，并将剩余门店租给原分站职工谢文，供其销售化肥使用。

董发通过熟人向河村干部递话，并许以好处，结果再次遭拒。"道儿上有人"的董发不免心生恶气，在 1998 年年初的某个夜晚带人手持棍棒闯入河村，砸了租用分站的谢文的门，杀死他的狗，又闯入当时村主任家中，打砸一通，扬长而去。闻听声响的村主任匆忙自室内后窗爬出，翻墙逃脱，免遭挨打。村里虽然报了案，但终因缺乏证据而不了了之。（多位村民访谈）

（二）审判与调解：司法运作及其限制

1998 年 8 月 25 日，董发一纸诉状将河村告上法庭。七个月后，河村村委会收到了自法庭转来的起诉状。村里随即递交答辩状，坚持对分站土地的所有权。县法院派出法庭组织合议庭审理此案，并于 2000 年 3 月 14 日做出一审判决，依据村庄和村民作为供销社股民的购买优先权，驳回原告的诉讼请求，认定西乡供销社与董发的买卖协议无效。

法院判决的依据、村民据以认为村里应当胜诉的理由及二者之间出现的偏差，值得在此稍作讨论。中国社会过去几十年来变动剧烈，鉴于数十年来剧烈的社会变动，土地制度变更频繁，土地权属认识模糊，由此出现了为数众多的土地纠纷，其中相当一部分属于剧烈社会变动产生的历史遗留问题，本案例即属此类。为化解此类问题，在《土地管理法》之外，国家土地管理部门特别出台《确定土地所有权和使用权的若干规定》（1995），对不同时期的情况予以限定和澄清。其中第 16 条明确规定："（自一九六二年九月）《六十条》公布时起至一九八二年五月《国家建设征用土地条例》公布时止，全民所有制单位、城市集体所有制单位使用的原农民集体所有的土地，有下列情形之一的，属于国家所有：1. 签订过土地转移等有关协议的；2. 经县级以上人民政府批准使用的；3. 进行过一定补偿或安置劳动力的；……"在本案例中，最初乡供销社与河村签订用地协议是在 20 世纪 70 年代，那时供销社性质为全民所有制商业企业，基层社既是国营商业的基层单位，又是人民公社的一个组成部分，由公社党委实行一元化领导，所以适用上述条款。除了土地管理部门的这一规定，国家其他相关部门也曾先后针对一些典型案例给出指导意见或发布相关文件，例如中华全国供销合作总社、国土资源部曾在 2002 年对河南一起类似的供销社土地权属纠纷案例分别给予复函作答，明确认定那一时期供销社所占用土地的国有性质[33—34]。然而，显而易见，在本文案例中，不但村民对相关法规一无所知，因而始终坚持自己的"情"和"理"，认定分站土地属于村里；连司法机关相关人员对此也相当隔膜，缺乏对法律适用的掌握，因而只是笼统地援引《民法通则》作为判决依据。这一事实耐人寻味。一项法规，倘若未经广泛讨论、未得到大部分民众的了解和认可即行颁布，其合法性和有效性难免令人生疑。

宣判当日，董发提起上诉。市中级人民法院认为原判决认定事实不清、证据不足，裁定撤销原判决，发回县法院重审。重审的结果，认定西乡社与董发的买卖协议合法有效，河村村委会败诉。

败诉的消息传回，河村一片哗然。同一个法院前后作出截然相反的判决，令村民们感到困扰和愤怒。村委会很快提起上诉，与先前的答辩状不同，上诉状有意识地强调了股民购买优先权，而不再坚持对土地"所有权"的声索。然而，最终传来的消息还是令人失望，2003 年 7 月 27 日，东市中院作出终审判决：驳回河村村委会上诉，维持原判。

从法院和辩护律师那里，村干部和村民们得知，法院两审终判，案子不大好翻了。抱着仅有的一线希望，他们向市中级人民法院递交了再审申请书，向市检察院递交了抗辩申请书。2006 年 3 月 6 日，东市中院发文驳回河村村委会的再审申请。

然而，尽管终审判决已下，董发却难以松一口气，因为他很快就看到，河村村民决心要阻止在他们看来不公的判决的执行。

2003 年 11 月，县法院发布公告，责令河村村委会限期搬出占用的房屋。村两委班子开会商讨对策，会后向县委县政府及相关部局递交材料进行申辩。限期来到，法院暂未执行。2004 年 2 月 12 日，县法院再次下达通知，明确告知本月 24 日法院执行庭将来人强制执行。村委会随即展开一系列应对行动。14 日上午，两委干部首次开会讨论应对策略，会后再次打印数十份材料，附上众多村民的签名，紧急送往县委县政府及相关部局。17 日，五名村干部前往县法院执行庭探听消息。19 日上午、22 日下午、23 日下午，两委会连续开会讨论，决定在执行日当天召开全体干部、党员、村民代表大会，阻止执行庭来人执行，同时决定暂时空出村主任一职，以防执行庭追究责任和抓人。2月 24 日终于到来，大型会议如期召开，会议一开始就围绕着分站官司和应对法院执行，前一天定下的会议主题只字未提。会议拖得时间很长，但一直不见法院来人，所幸散会后也没有来，一场执行危机就此度过。（分别参见 2 月 14 日、19 日、22 日、23 日、24 日河村两委会会议记录）

一次没来，不等于以后不来。当年 9 月，执行压力再次出现，村干部到县里了解情况，被告知中央下达了指示，各地累积案件都要在 9 月份集中清理完毕①，供销社的案子最迟缓解到当月 20 日。9 月 17 日、18 日、20 日，村里接连召开两委会和扩大会，商量如何有效阻止执行。有人提出派几个老党员天天守护办公室，更有人灵机一动，提议成立一个村老年活动中心，既方便村里老人聚在一起下棋聊天打发时间，又可以凭借这些老人天天守护办公室，随时阻止法院执行。于是，在最后期限前夕的 19 日下午，"河村老年活动中心"挂牌成立。

> 村里办了老年活动中心，不让法院执行。那时候我跟两个老头说：他们要是来了车，我躺在前边，你躺在后边，让他们前后走不了，把他们的车给砸了！（村民 SQM 访谈，2006 年 7 月 18 日）

---

① 2004 年 6 月，最高人民法院发出通知，要求各地法院于当年下半年开展集中清理未结执行案件、执行款物及执行案卷活动。另据最高人民法院工作报告（2005 年 3 月 9 日）对 2004 年工作的回顾，地方各级人民法院全年共执结案件 2150405 件，执行标的金额 3320 亿元。

县法院执行庭终于又没有来人。为什么县法院始终不曾来人呢？从大的背景看，执行难是长期以来积重难返的社会痼疾。就本案来讲，河村人多势众，又占据一定情理优势，在涉及广大村民的问题处理上，县乡政府非常慎重，县法院对此是清楚的。

> 那片地方涉及村委会和村民，存在很多不稳定因素，现在提构建和谐社会，你强制执行吧，就影响和谐稳定。现在很多案子都是社会问题，在社会转型过程当中出现的，光靠法律解决不了。但是所有这些问题和矛盾，都集中到了法院，这是我们基层执法的无奈，我们也很挠头。（县法院副院长，2006 年 11 月 20 日）

判决了，却无法执行，事情依然无解。不得已，法院再次捡起"调解"这一颇具中国特色的法宝。县法院院长比较了判决与调解两种纠纷解决途径的优劣：

> 执法既要讲究法律效果，也要讲究社会效果和政治效果，要考虑社会稳定，考虑为党委政府保驾护航，这是中国执法的特点。……要是判决，按程序来，两天就判了，要是调解，两年都不一定调解得了，因为得做大量工作；但是判决的案子，很难执行，遗留的社会矛盾很多，调解虽然工作量大，但是双方满意，都能履行，社会效果好。（所以）所有的案子到了县法院，先去调解。（县法院院长访谈，2006 年 11 月 20 日）

事实上，早在案子受理之初，法庭便试图通过调解化解纠纷，只是当时双方分歧太大，数次尝试下来，未获成效，不得已才进入审判程序。在之后断断续续的审理与判决的过程中，调解和协商的途径依然持续敞开。其中一次是在 2000 年，在市中院人员协调下，时任村支书与董发当面达成一致意见，土地归河村，河村支付董发 10 万块钱，但在签协议时董发反悔，调解遂告失败。

与前几次调解有所不同，此次严格说来应被称作执行和解，因为先前判决已在产生影响了。鉴于案情特殊，法院院长亲自出面主持执行和解的工作，协调由河村拿出 15 万元，换取董发放弃分站土地，不料董发张口索要 40 万元，由于双方的要求相距甚远，此次执行和解终告无功。

（三）上访与干预：司法外的运作

如果说执行难可以被视作法院的软肋，那么上访一票否决就是地方政府的软肋。作为一项维护民众权益、拉近政府与民众关系的制度安排，信访在一定程度上发挥了其作用，但是随着维稳成为基层政府的头等大事，信访指标考核日渐成为悬挂在基层政府官员头上的达摩克利斯之剑。

在司法运作过程中，董发与河村干部双方都曾通过电话、信件或走访的方式向市县有关方面反映情况和诉求。在河村一方，重审败诉后紧急向市、县相关机构发出多封上访信，表达村民对判决的不满和困惑；终审判决出来后，再次向市、县递交上访材料。在等待终审判决的时候，村干部们从一位法官那里了解到，只有推翻董发的土地证，翻案才有希望，他们因此专门到县土地局去，质问对方为何在董发与乡供销社签订协议后的几天之内就给他办理了国有土地使用证（按照《土地登记办法》的规定，土地登记应有一定的公告期），迫使县土地局表态：只要中院改判，立刻注销董发的国有土地使用证。

在董发一方，多次找市县法院和政法委要求强制执行，未获回应后曾试图将情况捅给媒体（被县法院劝阻），他老婆甚至跑到县政法委大闹（县法院副院长访谈，2006 年 11 月 20 日）。执行和解无果后，董发一怒之下跑到北京上访。国家信访局的反馈随即一层层下到县里。

事情惊动到中央机构，县里自然不敢怠慢，县政法委书记紧急召集相关部门商议，责成县法院院长具体负责，加快调解进度。县法院随即提出河村出 20 万、董发放弃土地的调解条件，软硬兼施迫使双方接受。考虑到河村一方是集体，作决定需要走程序且需要征得大多数百姓同意，所以县法院先做河村的工作，乡党委书记和县法院法警队先后去河村，劝说村干部接受这一安排。

2005 年 7 月 14 日上午，河村召开两委会讨论，村支书、村主任、副支书等几名主要干部认为村里在这件事上并没有太多回旋余地，因而倾向于接受 20 万要价。但是另有年轻气盛的副主任表达不同意见，认为一旦接受这一要价，村干部会因此背黑锅挨骂。最终讨论结果是只认可出价 18 万。鉴于兹事体大，第二天组织召开全体干部、党员、村民代表大会，投票表决这一决定。大会如期举行，党员和村民代表一如既往对分站土地属于村里进行了坚持，对官司败诉和历经长时间不能解决表示了不满，对干部做事是否尽心尽力提出了质疑。53 名党员、村民代表对两委会前一天的决定进行签字表决，同意 43 人，不同意 2 人，弃权 8 人。（2005 年 7 月 14 日、15 日河村会议记录）

7 月 21 日上午，县法院一行四人再次来村协调，带队的法警队队长的规劝颇有施压之意，却再次被村干部顶回。河村干部的表态令法院协调人员感到失望和恼火，但是任务棘手难办，却又要限时解决，协调人员决定加大对村干部施压力度，力争月底前一举解决问题。

7 月 26 日上午，河村主要干部村支书、村主任、副支书三人应法警队长之约前往县法院。不料，一次预想中的调解，演变成一场出人意料的铐人事件。

> 7 月 26 日上午八点半，我和支书、副支书应约去县法院法警队。刚到法警队，副队长××便拿出拘留手续说：村主任留下，你们两人回去做工作，今天下午五点之前必须拿出 20 万，把这事儿调解成。我说：我们是给河村老百姓办事的，拿不拿这 20 万，得由村民代表会议讨论决定，现在村民意见太大，我们得回去做工作。这时候法警队长×××进了屋，他说：如果你们今天拿不出 20 万元，或者村委会不搬出，明天就送村主任去拘留所。我对×××的说法非常不满：你们凭什么拘留我，我犯了什么法？法警队长叫来政治处主任，以态度强硬为由，强行给我戴上手铐，时间长达 63 分钟。（村主任上访信，2005 年 7 月 26 日）

当天回村，村主任立即写出上访信，第二天一早进城，要求县法院三天之内开除铐人者并赔礼道歉。法院院长表示认错，提出请吃饭作为赔礼；政法委书记表态法院做法过激了，会调查此事。三天之后，没有答复传来，村主任以身体不适为由抽身去了北京，面见其在某大医院任副院长、在当地拥有相当影响力的叔叔。村主任北上京城的同一天下午，村里召开党员、村民代表大会，村主任被铐的消息公开了。党员村民代表群情激愤，要求两委干部停止一切工作，集中全部力量为村主任讨公道。闻讯赶来的村民迅速向村小学校聚集，准备挺入县城。村支书一看局势要失控，紧急联系县乡，县乡即刻调集人马，由县委办主任带队、多部门人员组成的县乡联合工作组，当天傍晚开到村里。工作组甫一入村，首先安抚两委干部，对他们的努力和工作成绩表示肯定，接着到村主任家表示慰问，接着连夜到一些态度激愤的村民家里苦口婆心地做劝说工作。第二天上午，工作组组织召开两委干部、生产组长、党员、村民代表扩大会议，两百多名普通村民自发到场参会。工作组表态一定会给大家一个满意答复，二十多位村民先后发言，要求法院公开道歉，要求严惩铐人者，要求重新处理供销社案子。一番安抚工作，初步稳住了村民的激烈情绪。当天下午，工作组兵分三路，一组继续做村民安抚工作，处理被铐事件的善后；一组设法联系村主任，商谈其检查医治费用和精神损失的补偿；一组负责供销社案例的研判和重新处理。终于，一系列紧张工作之后，村里局势渐趋缓和，村主任也捎回了善意的口信。

然而一起突发事件的出现，使得局势急转直下——村主任的老伴儿得知村主任被铐消息，一时急火攻心，脑溢血病犯，死在了县医院。

> 7月31号，我的家属突然病了，出了这事儿后她思想上有负担，犯病了，大面积脑出血。我是8月1号早晨接到消息，上午10点赶到县医院，她已经不省人事了。当时县里派出工作组，乡里也参加，在县医院维持秩序。县领导立刻打电话到市里，派专家来全力抢救，一天花了两万多块钱，活了几个小时，下午3点多去世的。（村主任访谈，2006年7月16日）

村里的地块被人拿走，村里又莫明其妙成了被告，一个村主任家中被砸，另一名村主任更为此被铐、其老伴命丧黄泉，是可忍孰不可忍！村主任老伴猝死的消息传出，悲愤莫名的村民们迅速涌入县城，围堵了县委、县政府和县法院。一位村民估计，六七百人去了县城；另一位村民表示，去的人不上千也有七八百。

人命关天，维稳至上，县里顿时慌了手脚。被撇在一边的工作组眼看横生意外，下访功亏一篑，只好仓促回撤，在县城里继续斡旋。县委书记当时在外，自县长以下，县乡领导全部出动，竭尽全力做安抚工作。一村民形容当时的乡党委书记"就跟不是书记一样，就跟一个大队办事员一样"；村主任的弟弟回忆，法院院长兄弟长、兄弟短地叫他，他回敬道："你甭这么叫，也甭来这一套！"

就在县医院里，县乡主要干部与村主任商量妥善解决后事的办法，最终的协调结果是：铐人的两名法院人员公开赔礼道歉；由县里补偿村主任10万块钱，乡里和村里各自另出5000块钱；免除河村一年的农业税45300块钱，免费给村里提供300吨水泥硬化路面（两项相加计有12万）。除了花钱消灾，县长还亲自责成县法院院长搞定供销社的事情。法院院长保证，只要河村拿出20万块钱，他负责摆平。

依照当地丧葬习俗，逝者殡葬之后，第三日上坟，第七日上坟，之后每隔七日上一次坟，直到七七，丧事才告结束。9月21日，七七已过，距离铐人事件发生也已整整55天，县乡政府提出的补偿已经予以落实，这一天的下午，两委班子第一次召集在一起开会，结束了村里的无组织状态。

（四）"回到村庄"：共同体的坚固与脆弱

经历了村主任被铐以及其老伴去世的风波，村民们普遍以为，供销社纠纷可以借此"画上一个句号"，土地回归村里已是"板上钉钉"。村干部甚至开始讨论起如何开发利用那片土地。（河村两委会2005年9月21日会议记录）

然而，事情远非如此简单。河村干部拎着仓促借来的20万元送到县法院，却并没有换来预期中的最终了断。法院院长立下保证，亲力亲为，死追董发，迫其就范。董发情急之下，再递申请，撤销了原来的执行申请。依据《民事诉讼法》第二百三十五条，申请人撤销申请的，人民法院裁定终结执行。一旦终结执行，作为一桩司法案件，也便就此终结。院长颜面尽失，大为光火，却也无可奈何。村里只好把钱拿回来，赶在农历大年三十还给了借主，并为此支付了 1.8 万块钱的利息。（河村两委会 2005 年 12 月 29 日、2006 年 1 月 3 日、19 日会议记录）

案件到此为止了，事情本身却并没有结束。当下的局势令董发的期望彻底落空。失望之余，他决定退出，不过，退出却不意味着认输，而正可趁这退出之际设法出一口恶气。董发倒手将分站转给了河村一个地痞混混儿谢皮。谢皮果然"不负厚望"，很快就去找村干部吵闹，宣称董发将供销社土地房屋作价 28 万转让给他了，一切善后事宜由他处理。

村里再次舆论哗然，村民同声挞伐这桩"不义的买卖"，谴责谢皮"吃里扒外抄村里后路"，是个"十足的卖国贼"。村民普遍怀疑，谢皮一直暗中与董发勾搭，先前村主任家里被砸，就是他给指路认门儿；此次二人的协议很可能只是一个"假买卖"，谢皮不过是充当董发的一颗棋子，从中渔利而已。然而，村民的怀疑和舆论讨伐、村委会的拒绝提供证明（根据相关法规，办理土地使用权过户，需要先征得土地周围四邻的签字同意，供销社土地三面环绕村道，其过户必须经过村委会出具同意证明并签字盖章），都无法阻止谢皮之后的一系列举动：2006 年 2 月 6 日（农历正月初九），谢皮砌砖封死村委会大门（后经乡政府及派出所出面施压才重新打开）；4 月，占据了整排西屋，并在大院里拴了一条大狼狗；7 月中旬，连续锯断老年活动中心的三把门锁；8 月初，将村委会办公室及老年活动中心房屋屋顶掀翻；9 月份，在老年活动中心门前堆上两堆沙子，阻止老年人进出；年底，私拉村委会办公室电线至西屋装空调，导致村委会两个月耗费近两千块钱的电（村委会拒付电费，电管所断电，村喇叭自此断音，村两委也终止了办公室办公，此后每次开会都成了打游击）。在不断蚕食分站房屋土地以造成事实上的占有的同时，谢皮还试图通过恫吓村干部、抓村干部的"短处"迫其就范。每逢两委开会，他都去滋扰会场、施以威胁。在一封名为"关于河村主要干部大搞腐败的举报材料"的上访信中，他一口气罗列了时任村支书、村主任的七大罪状。考虑到村里不大可能出具证明，他干脆铤而走险，伪造了村委会印章，假冒村主任签名，制作了虚假的村委会证明，去土地局申请办理土地过户并竟然侥幸地通过了。不过，即便手持土地证，他终究还是心存忌惮，始终不敢明目张胆启用那片地方。直到他于 2011 年农历新年突然宣称以 59 万块钱价格将一半供销社分站土地转让给另一位村民郑增（村庄经济能人，与被铐村主任的儿子是"一挑儿"，在商业街核心位置经营着村里最大一个超市），他伪造公章、签名的行径才为村里觉察。（2011 年 2 月 24 日、3 月 16 日村庄会议记录；邹堂访谈，2011 年 4 月 29 日）

谢皮对自己成为村庄舆论的众矢之的丝毫不以为意，反倒是在他一而再地攻击举动下，原来团结坚固的村庄共同体开始土崩瓦解。正如董发所预期的那样，村里面对一个外来人可以做到同仇敌忾，而面对一个村内地痞的挑衅却束手无策。

村庄共同体有其边界，这一边界可以是有形的、物理的，也可以是无形的、象征的，边界的存在宣示了共同体的存在。抵制乡社与董发的卑劣交易、拦阻董发抢占分站，朴素的自发反应促成了村民的首次集体行动；村主任家里被砸，进一步增添了村民的义愤；从吃上官司开始，村民们被真正动员起来（在他们心目中，打官司是仇人之间才会有的事情，当地有个形象的说法"坐法院"，坐牢的意思，可见法院与牢狱之灾是连在一起的）；通过包括成立老年活动中心在内的一系列应对，成功阻止法院的强制执行，村民协作的力量开始显现；及至村主任屈辱被铐、其老伴病发身亡，引发村民悲愤围城、横扫官府，村庄共同体的巨大力量磅礴而出。在这时候，供销社分站那片地方，在村民心目中具有了特殊意涵，不再仅仅是一块土地或者一个泛泛的名词，转而成为村庄共同体的象征，成为共同体边界上牢固的一环。

然而，村庄共同体具有两面性，其边界并非严丝合缝，其内部并非铁板一块。及至谢皮搅浑其中，村庄共同体的脆弱一面就暴露无遗了。村庄成员权（土地是河村的，只能归河村人），是村民们的基本坚持和根本道理，也是村庄动员的主要武器，村庄能够团结起来一致对外，全赖于此。而一俟土地转往村内，即便接手的是令人不齿的小混混儿，村民的上述坚持和道理也就成了无的放矢。村里与董发的矛盾属于"敌我矛盾"，与谢皮的矛盾充其量只是"人民内部矛盾"，与董发可以对簿公堂，与谢皮则就万万不可了。同仇敌忾的激情一朝消退，村庄内部的纷繁纷争开始显现，事实上，在村民眼中，供销社纠纷从来都不是单独存在，始终与村里其他因素纠葛杂处。首先是乡村中的情面和私人关系。河村基本上还是一个熟人社会，讲究人情和脸面，村干部都是村民一分子，都不大愿意在短暂的任期中为了一桩公共事务而与村民结下仇怨。其次是家族势力及村庄权力格局。河村人众事多，家族合纵连横，派系势力林立，形成了复杂多变的权力格局，供销社一事屡屡沦为权力争斗的工具和把柄。再次是干部腐败和紧张的干群关系。村里因供销社纠纷先后花销十多万块钱，大部分都是白条入账，在村民眼中，打官司已成了村干部营私舞弊的机会。所有这些因素，彼此牵扯关联，都影响到河村团结一致向谢皮说"不"。

现在问题摆在了村干部们面前。从道理上讲，私刻公章是触犯刑法的行为，既然村里已经去县土地局查证，证明印章、签名都是假的，那就应当追究谢皮，撤销其土地使用证。但是，原被铐村主任、现在的村支书邹堂和他的两委班子却不准备这么做。毕竟，村里很快又要换届，多一事不如少一事；毕竟，村干部也是村民的一部分，做干部只是做一阵，在村里生活则是世世代代。在这里，乡村社会自身的逻辑再次显现。村两委会讨论的结果是：谢皮的土地使用证已办，毕竟他是村里人，干脆把地方给他算了，不过他得给村里交五万块钱，算是给全村百姓一个交代（2011 年 3 月 20 日村庄会议记录）。接着开党员和村民代表会，表决两委会决议，谁有不同意见举手。大多数党员和村民代表显然有不同意见，但是没有人举手，会场静默一片。村支书于是宣布：既然形成不了意见，就此散会；10 天之内，谁有不同意见，就来反映（村民 ZT 访谈，2011 年 4 月 29 日）。10 天过去，自然不会有人去反映。既然村干部都不愿领头追究，那些党员、村民代表和普通村民，纵使心有不满，谁又愿意直接出头与一个地痞混混对着干呢？

2012 年农历新年前后，村里新一届两委换届选举，很大程度上受对供销社事情的处理的影响，邹堂黯然下台。2013 年 6 月 8 日，笔者再次去到供销社分站，偌大个院落，只留下半堵斑驳的墙，上面隐约能辨识出"保障供给"四个字。这片土地最终会"保障供给"给谁呢？

三　权宜性选用：转型期乡村
社会纠纷解决的实践逻辑

一件看似普通的土地民事纠纷，持续近二十年之久，其间几经波折，案中套案，前后将村干部、普通村民、县乡党政部门、县市法院悉数卷入，乃至引发一场轩然大波，迄今余波荡漾，悬而未决，这本身就构成一个有待解释的问题。

从纠纷出现的原因看，民众对国家相关法规的隔膜与不认同是至关重要的因素。国家法规与民众普遍认知的情理相背离，需要检讨的，便是国家法规的内容及其制定了。法律的制定和实施，需要考虑民众的认知、意识、情感和态度。到什么山上唱什么歌，法律文本无法脱离具体的时空和制度背景，任何的法律如果要发挥实效，就必须首先成为一种适合当时当地情势的"地方性知识"。体制与法律的变革可以是跳跃的、间断的、急剧的、刻意人为的，而农民的认知固然也在发生变化，但是这种变化却是平缓的、连续的、缓慢的、自然而然的，有着极强的前继性。

从纠纷解决的途径和过程看，多种方式和规则相继出现，交互并存：协商、强力（武力或武力威胁）、非正式调解、信访、司法审判与调解、党政权力，等等。在其中，司法途径虽然被寄予了解决问题的期望，但由于其自身存在的问题和受到的限制，其实践和表现却未必能够满足这一期待；相应地，在民众眼中，它也只是解决问题的一个可能途径，与其他解决途径相较并不享有优先或者权威的地位。应当说，历经过去三十多年的改革，司法还是取得了不小的成绩和长足的进步，卓有成效地解决了大量的问题、矛盾和纠纷。在本文研究案例中，案子最初是被作为普通民事纠纷处理的，尽管它无疑肇始于"总体性秩序"时期笼罩一切的党政权力。应当看到，在社会转型期，这种将历史遗留问题做"一般化"和"脱敏化"处理的机制和策略，是有可能奏效的，虽然这样的处理策略和尝试在本案中没有成功（如果最初是由河村村民或集体买下分站土地，尽管从性质上土地已经转成国有，但是一来村民不见得了解和理解这一地权转换，二来反正是由村里人实际占用，所以也许就问题不大；如果初期的协调能够有效，董发接受了，那么也许同样问题不大；或者，法院判决为双方接受了，也同样不会有太大问题）。在涉入纠纷解决之初，司法权力也基本上能够作为一个不偏不倚、独立自主的裁决者和调停者出现，这表明了国家与法律的转型在一定程度上的成功，国家治理方式与以前相比已有所变化。但是，司法途径自身的缺陷和所面临的困难（如执行难的问题）极大地限制了它的角色承担和作用发挥。在本文研究案例中，一场铐人风波，成为关键转折点。为什么会出现铐人事件？这虽系偶发的意外，却有必然的因素蕴含其中。首先，它反映出转型期乡村社会纠纷的解决难度之大，竟使得法院迫不得已出此下策；其次，作为具有相当位阶的执法人员，不可谓不知法懂法，却轻率以铐人相威胁，逼迫一方当事人就范，司法系统之鄙薄简陋，体制机制之不健全，人员专业素养之缺失，一叶而知秋矣。判决和铐人引发村民的愤恨与围攻，院长以其身份之尊亲自参与和解却终遭董发拒绝，铐人事件与执行和解破功又招致党委政府的不满与批评，司法的权威非但不能彰显，反在相关各方那里皆不受待见，转型期法院的尴尬、委屈与郁闷，由此可见一斑。铐人事件的发生，使得案子溢出民事纠纷的范畴，演变成为一个具有社会政治敏感性的事件，地方党委政府的中立态度和超脱地位也随之不复，在司法权力之外，党政权力的政治解决手段由此出场。铐人事件给法院落下个执法犯法的不光彩印记，宣告了以相对自主、不偏不倚面目出现的司法解决尝试的失败和黯然退后，同时也成为党政权力出场展开政治解决的开端。之后尽管司法途径依然开放，司法工作依然开展，但是其性质已迥然不同了，此时它所履行的已不单是解纷止讼的职责，更多的是在完成一项政治任务，想方设法摆平理顺，消除社会不稳定因素。党政权力由原来的超脱事外到后来的不得不出场，正体现了社会转型期的一个重要特征，司法途径难以独担大任迫使它时不时出面施以援手，但是悖谬的是，它的每一次出场，都对脆弱的司法造成负面影响。不过，毕竟法治已经成为治国方略，法律至少需要表面上的尊重，司法还是在一定程度上坚持了自己的程序和做法。当董发申请执行的时候，法院就执行和解；当董发主动撤销申请的时候，案子也便就此终结，法院院长纵使不满，却也无可奈何。尽管受到其他种种因素的影响和制约，但是没有人明目张胆地违抗法律的程序和权威。这一点不是无意义的，它反映了中国法治进程在一定程度上的推进。

因此，我们看到，在乡村基层民众眼中，纠纷解决的各种途径和规则相互之间并无严格的区分，司法审判、调解、信访、党政涉入等都属于"上边""政府"的"断案"，都是为老百姓解决问题的。纠纷出现后，一旦初始的常规尝试无法奏效，当事者就面临下一步采取何种方式途径、何种行动策略的选择。在纠纷之初，一些解决途径尚未尝试的时候，当事双方均对于己一方有利的解决有所期待。在经历了一些途径尝试之后，各自发现事情解决并未如己方预想的那般容易，在认清现实不再抱有幻想后，对各种解决途径和手段的有效性和成本也有所了解，然后又重新捡起先前使用过的一些途径和手段。

民众对各种途径和规则的选择、使用，取决于其对各种规则的熟悉和接受程度，各种规则选用上的方便程度，规则是否管用和管用的程度，等等。对规则的选择是权宜性的，目的只有一个，以对自己有利的方式，在朝向自己希望的方向上解决纠纷，获得自己最满意而对方亦能接受的结果。从对途径和规则的选用看，这种对规则的偏好、比较、排序、筛选显示了各种规则机制在被用来解决问题时存在竞争和互斥。

与此同时，转型中的社会事实过于复杂难料，而任何一种规则各有其利弊短长，都不能一下子一劳永逸地解决问题，都只是在将问题推向解决（或复杂化）的过程中起到部分作用。从这一方面来看，各种途径和规则之间又存在着相互促进和合作的关系。

如此一来，转型期的纠纷解决，就如同通竹竿，不求务必一下全通，不求毕其功于一役，而是通一节算一节，一节节通下去，直到通完为止。至于每一节如何通、在通的过程中采用何种方式，并无定规，全在当事者权宜性地权衡何种方式有效有用，法行则用，无效则扔。

经历了权宜性的选择和尝试，事情进入似是而非的模糊之中，但是这不是一团乱麻的模糊，而是有迹可循的模糊，乡村社会的某些特征蕴含其中。每一个阶段和场景都存在模糊之处，每一方都有部分道理同时各有其软肋，每一条规则都只是部分有效，每一种解决途径都只能发挥部分作用。多元规则并行使用的结果，便是一个折中、妥协和权宜的解决，由此形成一个所有当事人都不满意同时却又都不得不勉强接受的结局，一种表面看去四面光但是危机蕴含其中的结局。转型时期的社会秩序就生成和存在于这种似是而非之中。在本文案例中，事情演变的结果耐人寻味。土地最终回到了村里，但却是以一种村民最不甘心最不情愿的方式。一方面，土地终于没有直接回到以村委会为代表的河村，尽管先前村委会反复表明这宗土地只能由村委会来接。以国家相关法规为支撑，董发通过这一转手倒出的动作，一定程度上贯彻了自己的意志。强大的司法体制和政府都未能令村民屈服，然而一个人的搅局却令村民犹如被点中穴道般束手无策，这表明国家法规最终否决了村民的地方认知。另一方面，土地毕竟落在了河村村民手里（尽管是个边缘村民），民众的诉求尽管没能完全实现，却也在一定程度上得到了尊重，国家法规在这里体现了其妥协。在法理与情理的纠葛中司法判决没有被推翻，但是也没有完全照此执行，河村百姓总算将土地留在了村内，但却是在表面上承认了司法判决的前提下和基础上。无论如何，这也算是一种解决了，尽管这是令所有人都感到不能满意的一种解决，在这一解决的后面，村民的不满在郁积，村庄被进一步撕裂了。

四　简短的结语

在完成于 1948 年的著作《乡土中国》中，费孝通先生指出，中国正处于从传统乡土社会的礼治秩序向现代社会的法治秩序蜕变的过程中，但是，当时的司法制度在乡村的推行发生了很特殊的副作用，它破坏了原有的礼治秩序，却并不能有效地建立起法治秩序。法治秩序的建立不能单靠制定若干法律条文和设立若干法庭，重要的还得看民众怎样去应用这些设备，以及在社会结构和思想观念上还得先有一番改革。[35]

七十多年的时间过去了。即便是在费先生写下《乡土中国》的年代，传统乡土社会就已经渐行渐远了。在七十多年后的今天，原来的乡土社会蜕变成什么样子了呢？当下乡村社会的纠纷是如何解决的呢？人们得着法治的好处了吗？本文以华北一起土地纠纷作为研究案例，尝试回答上述问题。本文认为，在依法治国成为治国方略的今天，法治建设在一定程度上得到了有力和有效的推进；与此同时，司法途径自身的缺陷和所面临的困难，再加上转型期社会矛盾冲突的极端复杂性，极大地限制了它的角色承担和作用发挥。中国的法治进程依然任重而道远。

需要指出，本文关于乡村社会纠纷解决的讨论是对一个有限范围内的单一案例进行微观考察的结果，这一考察无疑具有局限性。但是转型社会的最为复杂也最为引人入胜之处，便在于"实事"的多个面向，任何研究所揭示的都只是复杂面向中的某个或某些方面的内容。本文无意否定既有研究所涉的事实和所做的贡献，而只是尝试提供和补充复杂"实事"的其中一个方面、一点内容。就此而言，笔者并不讳言指出，本文案例在一定程度上也具有较广泛的意义，因为存在着大量类似的纠纷案例，它们有着共同的过程、机制和逻辑，我们可以由此触摸转型期乡村社会纠纷解决的某些特征。

参考文献

［1］孙立平：《社会转型——发展社会学的新议题》，《社会学研究》2005年第1期。

［2］黄宗智：《认识中国——走向从实践出发的社会科学》，《中国社会科学》2005年第1期。

［3］赵旭东：《权力与公正——乡土社会的纠纷解决与权威多元》，天津：天津古籍出版社2003年版，第2页。

［4］刘思达：《割据的逻辑：中国法律服务市场的生态分析》，上海：上海三联书店2011年版，第39页。

［5］刘思达：《割据的逻辑：中国法律服务市场的生态分析》，上海：上海三联书店2011年版，第40—42页。

［6］布迪厄：《法律的力量——迈向司法场域的社会学》，《北大法律评论》，北京：法律出版社2000年版，第496—545页。

［7］应星：《大河移民上访的故事》，上海：上海三联书店2001年版。

［8］胡荣：《农民上访与政治信任的流失》，《社会学研究》2007年第3期。

［9］张泰苏：《中国人在行政纠纷中为何偏好信访》，《社会学研究》2009年第3期。

［10］冯仕政：《国家政权建设与新中国信访制度的形成及演变》，《社会学研究》

2012 年第 4 期。

[11] 贺卫方：《司法的理念与制度》，北京：中国政法大学出版社 1998 年版，第 1—84 页。

[12] 中新网：《"十二五"期间将重点加强加快转变经济发展方式、改善民生和发展社会事业以及政府自身建设等方面的立法》，[2011 – 03 – 14]，http：//www. chinanews. com/fz/2011/03 – 14/2904463. shtml。

[13] 应星：《"迎法入乡"与"接近正义"：对中国乡村"赤脚律师"的个案研究》，《政法论坛》2007 年第 1 期。

[14] 董磊明、陈柏峰、聂良波：《结构混乱与迎法下乡——河南宋村法律实践的解读》，《中国社会科学》2008 年第 5 期。

[15] 李连江、欧博文：《当代中国农民的依法抗争》//吴国光：《九七效应：香港、中国与太平洋》，香港：太平洋世纪研究所 1997 年版，第 70—141 页。

[16] 应星：《草根动员与农民群体利益的表达机制——四个个案的比较研究》，《社会学研究》2007 年第 2 期。

[17] 于建嵘：《当前农民维权活动的一个解释框架》，《社会学研究》2002 年第 2 期。

[18] 于建嵘：《当代中国农民的"以法抗争"——关于农民维权活动的一个解释框架》，《文史博览（理论）》2008 年第 12 期。

[19] 强世功：《法治与治理：转型国家中的法律》，北京：中国政法大学出版社 2003 年版。

[20] 苏力：《法治及其本土资源》，北京：中国政法大学出版社 1996 年版。

[21] 梁治平：《清代习惯法：社会与国家》，北京：中国政法大学出版社 1996 年版。

[22] 梁治平：《乡土社会中的法律与秩序》//王铭铭，王斯福：《乡土社会的秩序、公正与权威》，北京：中国政法大学出版社 1997 年版，第 415—487 页。

[23] 强世功：《乡土社会的司法实践：知识、权力与技术》，《战略与管理》1997 年第 4 期。

[24] 赵晓力：《关系/事件、行动策略和法律的叙事》//王铭铭，王斯福：《乡土社会的公正、秩序与权威》，北京：中国政法大学出版社 1997 年版。

[25] 赵晓力：《通过法律的治理：农村基层法院研究》，北京大学博士论文，1999。

[26] 郑戈：《规范、秩序与传统》//王铭铭，王斯福：《乡土社会的公正、秩序与权威》，北京：中国政法大学出版社 1997 年版。

［27］苏力：《送法下乡——中国基层司法制度研究》，北京：中国政法大学出版社 2000 年版。

［28］张静：《土地使用规则的不确定：一个解释框架》，《中国社会科学》2003 年第 1 期。

［29］刘思达：《法律移植与合法性冲突——现代性语境下的中国基层司法》，《社会学研究》2005 年第 2 期。

［30］刘思达：《割据的逻辑——中国法律服务市场的生态分析》，上海：上海三联书店 2011 年版。

［31］苏力：《送法下乡——中国基层司法制度研究》，北京：中国政法大学出版社 2000 年版，第 1—2 页。

［32］费孝通：《江村经济》//《费孝通文集》，北京：群言出版社 1999 年版，第 2—4 页。

［33］中国农村综合改革研究中心：《中华全国供销合作总社关于渑池县西村供销合作社土地权属纠纷问题的复函》，［2011 - 07 - 22］. http：//znzg. xynu. edu. cn/a/2017/07/18100. html。

［34］《国土资源部关于供销合作社使用土地权属问题的复函》//中国土地矿产法律事务中心、国土资源部土地争议调处事务中心：《土地矿产争议典型案例与处理依据》，北京：中国法制出版社 2006 年版，第 364—365 页。

［35］费孝通：《乡土中国》//《费孝通文集》，北京：群言出版社 1999 年版，第 363 页。

论整体性视角下农民组织的发展[①]

兰世辉[②]

一 从整体论角度看农民的组织需求与发展

(一) 整体论

人类学提倡把人类社会与文化事项的过去、现在和将来视为一个动态的整体，对其进行共时性和历时性的双重观察，作生物性与文化上的综合分析。因为人类的历史本来就是连续的、动态的，作为人本身的需求也是整体性、综合性的，任何以偏概全或断章取义，都无法反映人类生活的整体真相。为更好说明整体，美国著名社会学家帕森斯还用了另一个词：系统。系统方法，主要就是把对象作为一个整体来加以认识和改造的方法。具体说来，就是从整体出发，始终着眼于整体与部分、整体与层次、整体与结构、整体与环境的相互联系、相互作用，综合地处理问题的一种方法（常绍舜，1984）。系统更为强调是一个有机整体，即其各个部分的不可分割性。整体绝非部分的简单相加，整体的特性不能简单还原，正如具有鲜活生命的"人"绝非所有器官的简单相加，而是一个典型的复杂系统，一个紧密相关的有机整体。生命以整体结构的存在而存在，更以整体功能的密切配合而存在。把一个生命系统剖分成各个部分，不过是一个死物，或

---

① 本文系国家社会科学基金项目"中国农民专业合作社功能拓展研究"（11CSH016）的阶段性成果。原文刊载于《农业经济》2018 年第 3 期。

② 作者系江西财经大学人文学院社会学系讲师。

是一个失去了生命活力的物体。"许多学科都得出结论：过去把研究对象分析为许多组成成分的办法是行不通的。……从整体出发认识部分，实践证明是有成果的，甚至有些研究对象只能一开始就从整体来研究才有可能"（皮亚杰，1984，p. 3）。

本尼迪克特认为人类学最重要的特质就是整体观。马文·哈里斯认为人类学所谓的"整体论（Holism）"，指的是方法论上的全观性，既看到人的生物性，也看到人的社会性；过程论上的完整性，既看到事物的发生与发展，也看到其发展走势及其影响；既看到人类发展的整体方面，也看到其经济、政治、社会和文化等局部；最后，要从综合的角度（语言的、历史的、文化的、社会的、心理的等角度）看到人类某些事项发展的来龙去脉（W. 高斯密，2000）。

根据马凌诺夫斯基的功能理论，人类社会的各种社会组织和制度安排是为了满足人类的需要，人的需要分为基本的需要、衍生的需要和整合的需要。基本的需要主要是生理上的需要，包括新陈代谢、舒适、安全的需要，衍生的需要是人的社会和文化需要，比如经济、法律和教育的需要，整合的需要则是指精神上的需要，比如信仰、巫术、宗教、艺术等（马凌诺夫斯基，2002，pp. 25—30）。按照心理学家亚伯拉罕·马斯洛的说法，人的需求是有分层次的，从低到高依次是生理需求、安全需求、社会需求、尊重需求、自我实现需求。这五大需求构成一个需求金字塔，需求的满足按照阶梯一般的次序排列，从低级向高级发展。从低级向高级发展的过程。只有当人从生理需要的控制下解放出来时，才可能出现更高级的、社会化程度更高的需要，如安全的需要、社会交往的需要（A. H. Maslow，1943，pp. 370—396）。我国目前已经解决温饱问题，正迈入全面小康时代，人们的需求已超越基本的生理需求。人们的需求是全方面的。从这个角度而言，我们应该发展整体性的社会组织来帮助解决整体性的需求。不过，要注意的一点是，从人性角度而言，人的欲望是无穷无尽的，人性也是非常复杂的，人不能任由无法填满的欲望和需求控制我们的生活，相反，我们应该切合实际，适度控制我们的欲望和需求。从这个角度而言，也需要经由整体性的社会组织，通过文化教育与社会实践，将这一理念有效传输给组织成员，引领健康、积极的文化氛围，维持农村社区的公序良俗，使得农村社区即使有了良好的经济发展水平也不至于过着夸张、攀比和浪费的生活。

（二）整体性组织的整体性发展

首先，农村的发展必须要靠自生动力，农民组织就是一台发动机，经济、社会、文化、教育四大功能服务犹如车之四轮，构造四轮驱动之农民组织，是农村社会组织创新发展的根本之道。

现代社会的发展特征之一就是不断往围观方向上细分，比如现代医学中对人身体疾患的内科、外科、骨科、口腔科、肝胆科、泌尿科等细分，现代教育体系对学科的细分等，这并非没有其积极意义。但是一旦在微观细分发展的方向走过了头，就会导致"头痛医头、脚痛医脚""只见树木、不见树林"等问题。事实上，医学上已经发现了这一问题的弊病，有不少国内外医学院都成立了"整合医学"学科。人们的生活，经济与社会、文化问题是整合在一起的，许多经济问题的根源往往在于社会与文化领域。比如贫困问题，如果仅仅从经济角度对某些贫困户进行"精准扶贫""产业扶贫"，这种扶贫是可以持续的吗？我们看到很多的懒汉、赌徒、家庭暴力者、身体残障者是多么难以走出贫困，就算接受了外力资源走出贫困，当外力资源中断后依然会再次陷于贫困。因此，相较于单一功能的社会组织而言，发展整体性社会组织，经济与社会、文化、教育等方面多管齐下，综合施策，成效定然更佳。

其次，组织搭建起来，如何管理？需要整体论的思维。

组织的管理和运营不是一个学科领域的知识可以包干解决的，而是需要多学科综合视角，换言之为整体论的视角。整体观是一个方法论，也是一个具体的研究策略和方法。人类学对人的观察既要看到其生物性，也要关注其社会性与文化性，人类学对组织的研究也是一样。当我们在看到农民组织的组织架构、制度和框架等"机械性"时，也应该关注农民组织的文化及其精神和价值等"人性"问题，以此作为一个整体来考虑。"作为文化的组织"这一观念提醒研究者将组织的各个层面看成一个整合的系统，这个系统的每一个方面都是相互关联的，就是作为一个由人的结合而组成的组织，贯穿其中的不仅有冰冷的经济理性，而是同时存在大量的"人情""关系"等感情。费孝通先生在 20 世纪三四十年代提出来的"差序格局"

在我国农村地区依然广泛存在，社会学理论随后将此转化为"强关系""弱关系"等分析概念，讲述的仍是同样的道理。人类学还有大量关于农村礼物、交换、互惠的研究，都强调在农村这样一个熟人社会圈子里，仅仅从经济的视角不足以解释一个组织、一个社会的发展状况。农村社会，甚至整个华人社会的经济往来不仅讲经济上的"利"，也讲道德上的"义"。"义利结合"，才是儒家文化圈的经营之道。"义"不仅指的是生活中为某些事情而疏财仗义、拔刀相助的"义气"，同时，也指人们日常生活的意义构建。人类的生活离不开经济，但人类的生活绝非为了经济，经济是手段不是目的。人类生活的意义绝不是经济方面的指向，而是尊严、价值等目标的建立与实现。生活的目的在于每个人心中的意义构建及其实现。一个好的组织应该是帮助人们成长和提升并最终实现其意义的组织，山西永济市蒲韩乡村社区就是其中的一个典型代表，它通过开展农民辩论让人发现不足之处，通过组建农民学校和外来培训提升农民技能和水平，通过消费引导建立正确消费观念，通过社区服务承担社会责任，让每一个身居其中的成员在这一过程中都能得以提升和成长，并在身心愉悦中实现其个人价值和社会价值。

二　从"嵌入"角度看经济与社会、文化之间的关系

"嵌入"理论是卡尔·波兰尼对经济与社会、文化关系思想的一个重要贡献。经济是价值的创造、转化与实现过程，是满足人类物质文化生活需要的活动，社会与文化可被视为一种互为表里的关系，即社会是一套制度化设置下的地位—角色结构性的互动模式，而后者则是社会互动赖以发生的有序的意义体系和象征体系。

在卡尔·波兰尼之前，多数人认为经济是一个相对于社会和文化的独立领域，是一个自足的、外在的系统，经济与社会、文化是互不相干的领域。然而，在波兰尼看来，19 世纪以前的人类社会，经济始终是嵌入于特定社会关系和社会网络之中的，是附属性的，经济是社会的有机组成部分，经济是从属于政治、文化、宗教与社会关系的。对此，卡尔·波兰尼用了

"嵌入（embededness）"一词来说明经济和社会的关系。"人类的经济是浸没在他的社会关系之中的。他的行为动机并不在于维护占有物质财物的个人利益，而在于维护他的社会地位、社会权利以及他的社会资产。只有当物质财物能够服务于这些目的时，他才会珍视它……在每一种情况中，经济体系都是依靠非经济动机得以运转的。"（卡尔·波兰尼，2007，p. 39）简言之，卡尔·波兰尼认为经济并非独立存在，而是必须放到与社会、文化、政治、道德、伦理等层面共同作为一个整体去理解。

19世纪以来，西方资本主义市场经济的发展，使得经济可以挣脱社会与文化等整体性的约束而独立发展，是为"脱嵌（disembededness）"，其后果是形成一个经济吞噬社会与文化等传统领域的"市场社会"，即将市场的原则滥用到了社会、文化与生活的方方面面，进而凸显金钱无所不能的威力，社会与文化领域的一切事项均可用于交易买卖，由此造成传统的社会领域中的公平正义、道德良知遭受重大挑战。与市场社会的不断扩张相伴随，社会的各种力量会集聚起来保护社会免受侵害，这就是社会保护的"反向运动"，二者共同构成所谓"双向运动"（卡尔·波兰尼，2007，p. 85）。

卡尔·波兰尼的理论能否解释中国的现实情况并非本文简单讨论所能说清，但其借鉴和启示意义重大。尽管我国已经是一个历经重大变迁的社会，但乡村社会和文化结构变迁较为缓慢，某种程度上仍具卡尔·波兰尼所言"前现代社会"之特质。在当代中国，卡尔·波兰尼的经济与社会文化"互嵌"理论提醒我们经济理应与社会、文化协调发展、统筹发展、可持续发展。发展经济必须关注经济之外的政治、宗教、道德、伦理等方面因素，这些层面之间不是简单的拼凑叠加，而是有机联结为统一整体。发展农民组织，需要考虑与此相关的整体性背景和各层面之间的相互关系。发展自由市场经济社会可能不可避免会伤害到社会，农村的养老保障、子女教育、医疗卫生、治安环境、经济发展等问题可能正是由此而来。因此，组织相应的社会保护是必要的，开展相应的道德伦常、人心教化等工作也是必要的。二者是一个"双向运动"，可以同步进行。

三　发展整体性的农民组织，保护农村社会生活

基于上文所述，在农村开展组织工作需要发展整体性组织，开展综合性服务。文化与教育的引领工作非常重要，甚至要优先于经济工作，组织开展经济工作自始至终都不能离开文化的贯穿引领。农民虽然不至于仍然像晏阳初在20世纪二三十年代所判断的"愚、穷、弱、私"，但农民毕竟存在诸多劣根性，比如一盘散沙、善分不善合的特点，斤斤计较、缺乏公心、普遍受教育水平不高、长期缺乏组织生活等，如果组织尚未能形成凝聚力，缺乏作为一个组织的向心力和战斗力，仅仅由于经济利益而组织起来的话，那么这种组织是难以持续的，其功能和作用往往也是非常有限的。日、韩农协和我国台湾地区农会均以其百余年来的发展经验告诉我们，开展农村与农民的组织工作是一项长期的事业，需要持之以恒才会有较为明显的成果。农村工作的根本实际上是人的工作，人的工作中最根本又是对人的教育工作。毛主席当年说过，最重要问题的是教育农民。通过多种渠道和方式，让农民认识到什么是自己想要的生活，他们将会做出自己的理性决策。教育还可以提升农民实际的技能，为自身的发展赋能。所以，充分尊重并发展农民的主体性、参与性，必将激发他们强大的积极性和创造性，成为我国全面深化改革这一历史进程中新一轮的历史创造者。历史由人民所创造，人民是历史的英雄。

农村弱势的留守儿童、妇女和老人群体，如何面对市场经济的大潮？他们必定是市场竞争淘汰的对象，那么他们的权益与发展何以保护？任何外来的组织、单一经济功能的组织、没有经济功能的组织都无法解决这三大群体的现实问题，只有兼具多目标功能的社会组织才有可能。道德问题、环境问题、信仰问题的解决，涉及文化、教育与价值观念的深层领域，离不开农民对自己生活的反思和对"好生活"的重新定义，以及由此衍生一系列抵抗"市场社会"的社会保护运动，其实质是保护和重建农民的社会生活。

作为普遍的人类群体之一，农民也不例外，他们追求的是更好更幸福

的生活，发展农民组织也应该把农民生活的改善、幸福感的提升作为使命。如果我们任由自由市场中的资本介入农村生产与生活，那么逐利的资本将会带来一系列社会问题，比如当代农村面临着现实的养老、教育、医疗等问题以及现代性所带来的日益严重的道德问题、环境问题、信仰问题，那么农村旧有的乡土秩序将随着资本与权力下乡而分崩离析、难以为继，其结局将是田园风光不再，乡愁无处寻找，灵魂无处安放。农村该往何处去？为了保护乡村的社会结构与生活秩序，抵御来自"市场社会"的侵袭，我们需要构建一种涵盖经济、文化和社会功能在内的整体性的农民组织，以组织联合的形式来构筑社会保护体系，推进社会保护运动。

参考文献：

［1］常绍舜：《谈谈系统方法》，《社会科学辑刊》1984 年第 2 期。

［2］马凌诺夫斯基著，费孝通译：《文化论》，华夏出版社 2002 年版。

［3］卡尔·波兰尼著，冯钢、刘阳译：《大转型：我们时代的政治与经济起源》，浙江人民出版社 2007 年版。

［4］ A. H. Maslow, A Theory of Human Motivation, *Psychological Review*, 1943, p. 50.

探寻乡村振兴的"袁家村力量"

魏丽莉[①]

袁家村走过的历史像一滴水折射出中国农业农村40多年发展的历史。所不同的是，袁家村率先走到了中国农业农村农民现代化的终点，实现了农民富、村庄美、产业兴的乡村全面振兴。袁家村从一个普通的关中农村在一无地理交通优势，二无自然资源文化优势的条件下，奇迹般地"无中生有"，硬是在"人往城里走"的城镇化和市场经济大潮中闯出了一条属于自己的"袁家村道路"，吸引来自全国各地的党镇干部、企业集团、文创团队来此学习取经，其发迹的秘密何在？其发展道路和经验值得深思，决定袁家村兴盛的"袁家村力量"值得探源。

一 袁家村的前世今生

袁家村地处关中平原，位于陕西省咸阳市礼泉县栖霞镇，九嵕山下唐太宗昭陵旅游景区南面。距离咸阳国际机场38公里，距省城西安65公里，咸阳市区50公里，礼泉县城20公里。临近福银高速，国道312线，关中环线内附近（图1）。袁家村原住民62户，286人，经过多年发展，常住袁家村人口已达3600多人，加上周边外村在袁家村打工的人口，大袁家村社区（由袁家村辐射带动周边西周村、东周村、西屯村、马玉寨村、官厅村、上古村、山底村形成）已经容纳1万多人在此工作和生活。

---

① 作者系中共青岛市委党校经济学教研部副教授，经济学博士。

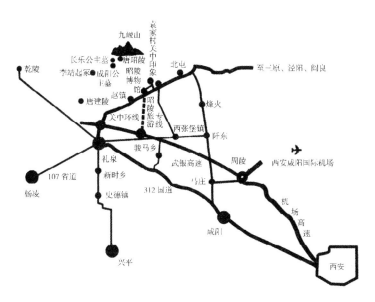

图 1　袁家村地理位置

袁家村的发展经历了这样几个历史阶段：

一是 20 世纪 70 年代中期到 80 年代初"农业学大寨"。20 世纪 70 年代以前人民公社时期，袁家村是远近闻名的"烂杆村"，"地无三尺平，砂石到处见"，"耕地无牛，点灯没油，干活选不出头"，全村 37 户人口大都居住在破旧、低矮的土坯房，其中有 15 户还居住在低洼潮湿的地坑窑里。1970 年 24 岁的郭裕禄出任袁家村第 36 任队长，在他的带领下，全村挖坡填沟、平整土地、打井积肥，把 503 亩靠天吃饭的坡地、小块地变成了平展整齐、旱涝保收的水浇地，粮食亩产从 1970 年的 160 斤，逐年提高到 246 斤，504 斤，712 斤，1580 斤，1650 斤，此后一直稳定在 1600 斤。袁家村不仅解决了百姓的吃饭问题，还从过去年年吃返销粮到户户有余粮，给国家上缴商品粮，一举成为全省乃至全国农业战线的一面旗帜。袁家村用 5 年时间，集中全村人、财、物等资源，进行农业基础设施建设，艰苦创业拔穷根，粮棉大获丰收，到现在还流传着袁家村青年突击队战天斗地变荒山为良田的感人事迹。

二是 80 年代初到 90 年代中期发展乡镇企业积累"第一桶金"。袁家村背靠九嵕山，山上石头碳酸钙含量高，是生产石灰、水泥的好材料。"靠山吃山"，在解决了吃饭问题以后，在郭裕禄书记的带领下，袁家村人烧制砖瓦，打石灰窑，办起了砖瓦厂、水泥厂等一大批村办企业。1983年投资建设的水泥厂由年产2万吨，扩展到5万吨，一直到1994年的15万吨，是八九十年代村上的支柱产业。1990年，村上又先后投资460万元建起了硅铁厂、印刷厂、海绵厂，为扩大生产规模和拓宽产品销路，又成立了运输队和基建队，形成了农、工、商一体化综合化发展格局。1995年，由"袁家工农商联合总公司"改组的"袁家集团公司"通过拍卖、转让、出售、兼并、合资、重组等市场化经营方式不断拓宽发展领域，逐步形成了集建材、餐饮、旅游、运输、服务、房地产开发、影视、制药等于一体的大型企业集团。村集体的影视公司投资500万元，拍摄了20集电视连续剧《黄土源》，主要剧情就是以袁家村为原型改编的。到2000年，村人均年收入由1970年的29.6元增加到8600元，集体资本累计达到1.8亿元，成了全市乃至全省闻名的富裕小康村。

三是挖掘关中民俗发展乡村旅游，村庄华丽转身。2000年以后，受国内外宏观经济环境的影响，村集团企业遇到了恶性竞争、产能过剩、资金链断裂等一系列转型发展的难题，村集体未来出路在哪里？2007年恰逢县委县政府大力发展乡村旅游的政策机遇，袁家村在新任书记郭占武的带领下果断调整产业结构，向乡村旅游业进军。但是在当时与西安兵马俑等旅游产业相比并无"地利"竞争优势的情况下，要发展什么形式的旅游业成为村支两委思考的重要问题。在经过多方考察学习和专家学者的共同商议下，袁家村决定将原汁原味的关中老百姓生产生活的场景展示为原型，起名为"关中印象体验地"的创意应运而生，以体验农业、创意农业，为城乡居民提供发掘和了解关中民俗和农民生产生活方式的多样化、融合发展的乡村产业形态就初步勾勒出来。袁家村通过引进周边村镇的手艺人先后做起了豆腐、面、醋、油、辣子、关中小吃、酸奶等产业，以招商引资的方式同开发商共同开发了回民街、祠堂街、书画院等街区，所得收益由袁家村村民和外来商户共同享有，使得袁家村逐步发展成为城乡要素资源深度融合、宜居宜业宜游的特色美丽古镇（表1）。今天的袁家村村民家家有股份，人人是创业者投资者，户均年收入少则十几万元，多则二十万，村集体年接待游客600万人次，年营业收入6亿元，成为实力相当的企业集团。

四是实施进城出省走出去战略，助力多地乡村振兴。近年来，面对有限资源和竞争激烈的市场环境，袁家村积极调整发展思路，实施进城出省走出去战略，输出袁家村做法、经验和品牌，在西安和咸阳高端商业综合体内，由村民共同出资设立袁家村关中特色小吃体验店。在曲江银泰城的袁家村餐饮体验店，村民入股 600 万元，9 个月就收回投资，陆续开业的其他连锁店和投资项目都表现出很强的盈利能力，受到资本市场的追捧。此外，袁家村和青海西宁、山西忻州、河南郑州、湖北十堰等地方政府合作，复制有当地人文化、饮食特色并由当地人自己经营的"袁家村模式"，助力各地美丽乡村建设。

表 1　袁家村不同街区开发时间与经营模式

街区名称	开发时间	经营内容	开发方式	商户经营方式及与村集体分配方式
农家乐街	2007 年	餐饮、住宿	原为袁家村本村村民居住区，由村民在村里统一规划指导下设计建设	村民自己经营，或承包给别人经营，收益由村民自己享有
康庄老街	2007 年	织布、木雕、蜂蜜等作坊，剪纸、中医等关中民俗以及城市新型经营业态	村集体最早开发的街区，原为小吃街和作坊所在地，现为关中民俗的展示区，后又引进外来商户经营新业态，形成老传统与新事物相融合的经营形态	商户独立经营，收益由村集体统一分配
作坊街	2008 年	面、醋、辣子、酸奶、醪糟、豆腐、油等加工、销售	村集体开发，引进外来手艺人，与本村村民相继成立作坊合作社，是村主导产业	各作坊合作社独立经营，收益纳入集体统一分配
小吃街	2009 年	90 余种关中小吃	村集体开发，引入外来手艺人，与本村村民或其他商户组成小吃街合作社	各商户独立经营，收益纳入集体统一分配
酒吧街	2012 年	酒吧、咖啡	由村集体开发，出租给商户	商户独立经营，收益不参与集体统一分配
艺术长廊	2014 年	文艺创作	由村集体开发，出租给商户	商户独立经营，收益不参与集体统一分配

续表

街区名称	开发时间	经营内容	开发方式	商户经营方式及与村集体分配方式
回民街	2015 年	回族特色小吃	与外地开发商合作开发，开发商利润的 15% 留给村集体	商户独立经营，收益与村集体分成
祠堂街	2015 年	全国各地特色小吃	与外地开发商合作开发，由开发商对外招商，利润与村集体分成	商户独立经营，收益不参与集体统一分配
书院街	2016 年	传统手工艺、特色小吃	与外地开发商合作，由开发商对外招商，利润与村集体分成	商户独立经营，收益不参与集体统一分配

二 解密乡村振兴的"袁家村模式"

"袁家村模式"最根本的是在村党支部一班人的带领下，把农民组织起来，自主创新，发展村社一体的股份合作制集体经济组织，形成袁家村以三产带二产促一产，城乡融合发展格局，最终实现全体村民共同富裕。概括起来讲，这个模式有如下特点。

（1）具有企业家精神和"懂经营、会管理"职业经理人团队的村支两委是袁家村发展的"火车头"。在袁家村，村党支部书记是全体党员干部和全村群众的领导核心，党支部领导下的村委会一班人是全村群众的领导核心。党支部的战斗堡垒作用以及党员干部的先锋模范作用的发挥是袁家村成功的关键。从最初创造农业学大寨和乡镇企业大发展奇迹的郭裕禄，到带领袁家村二次转型创业的郭占武，袁家村由"书记定思路，支部出方案，群众跟着走"，创造了袁家村奇迹。更重要的是，在市场经济条件下，党支部战斗堡垒作用的发挥和党员干部先锋模范作用的发挥不是空洞的，不是就党建抓党建，而是将党建同农民群众的生产生活，同农民群众对美好生活的需求紧密结合起来。它从制度上（家庭经营和集体经营相结合的双层经营体制）和组织上（村社合一的袁家村企业集团）以及经济上（家家有股份，人人是股东，村民和集体共同富裕）构造了村集体同农民群众的坚实纽带。将个人利益和集体利益捆绑在一起，将个人积极性发挥和集体统一经营有机结合起来，将股份制和合作制有机结合起来，将我党的民主集中制原则与"袁家村村民掌握自主权和控制权，同时发挥资本作用"的股份合作制优势结合起来，在这个过程中，村党支部书记和村支两委发挥了在城乡要素双向流动、乡村资源要素市场化定价过程中的企业家角色和职业经理人团队的作用。用一句通俗的话来讲，袁家村是在红色资本家，即村支两委，领导资本家，即村民，实现共同富裕的利益共同体。

（2）一、二、三产融合发展的产业形态。从产业的微笑曲线看，生产阶段是最不赚钱的，微笑曲线的两端研发和销售是生产链和产业链，同时也是价值链的高端。袁家村产业发展的格局目前已经处于输出袁家村品牌，输出袁家村乡村旅游建设标准的阶段。在生产端，袁家村早已没有农业种养，小吃街所有商户需要的原料全部来源于外地，面粉和辣子的种植基地在渭南和兴平，豆类、粮食谷物种植基地也在外地。袁家村面、醋、粉条、豆腐、油等加工、销售在袁家村，销量最大的酸奶只保留一部分生产能力，大部分生产基地在临近泾阳县工业园区。袁家村是以乡村餐饮、旅游、度假、休闲、娱乐等第三产业为核心的，带动农副产品加工、销售等二产发展，同时第二产业发展又产生了对优质农副产品原材料的需求，从而带动了一产发展，是三产带二产，二产促一产，一、二、三产融合发展的产业形态，是一种城乡融合化、多样化、综合化发展的格局。

（3）城乡要素融合发展形态。在当前其他的乡村要素单项向城市流动的情况下，袁家村逆风向潮头，城乡资源要素在市场"看不见的手"和政府"看得见的手"双重引导下双向流动优化配置。袁家村城乡要素融合表现在：一是城乡产业互融。袁家村将乡村正三角形的"一二三"产业同城市到三角形的"三二一"产业形态和结构相融合，形成了以农元素为核心、集体验农业、教育农业、休闲旅游农业于一体的既有城又有乡，城乡互融的新产业、新业态、新模式。二是城乡土地资源合一。发展之初，袁家村将农民的地集中统一起来，以入股形式发展村办产业，在礼泉县和咸阳市两级政府建设用地指标调规支持下，村庄用地从农业用地逐步以农业旅游为核心的餐饮、度假等三产用地。袁家村在土地资源利用上牢牢把握资源主权，任何同袁家村招商引资开展合作的企业，只要在袁家村的土地上投资建设，利润的 20% 要归袁家村集体所有。三是城乡人才互通。同其他美丽"空心村"不同，袁家村已经吸引了众多城市白领、建筑师、设计师等各类人才在此创业生活，"梧本堂""两碗茶""竹风堂""绒花阁"等袁家村都是城市市民下乡和资本下乡在袁家村打造的精品民宿、茶饮、咖啡等新业态。四是城乡文化交融。在袁家村，城市酒吧文化与农耕、民俗文化交织在一起，现代城市文化与传统乡村文化相互融合。在这里，城市的元素和乡村的元素得到了很好的混搭。

（4）构建了共同富裕的新型集体经济组织，创新了农村"统一经营"内涵。正如诺贝尔经济学奖得主诺斯在研究西欧国家竞争的规律时发现的，有效率的经济组织是一个国家强盛的根本原因。从一定意义上来讲，正是袁家村这个产权清晰、激励与约束相容的村社合一的股份合作制集体经济组织是袁家村走到今天的重要法宝（图 2）。它是由袁家村村民在村党支部村委会一班人的带领下，按照全民参与、入股自愿、钱少先入、钱多少入、照顾小户、限制大户、风险共担、收益共享原则建立的相互交叉持股，既发挥个人积极性，又发挥集体统一经营规模经济优势，股份制和合作制相结合，公司制和合作制相结合的组织形式。

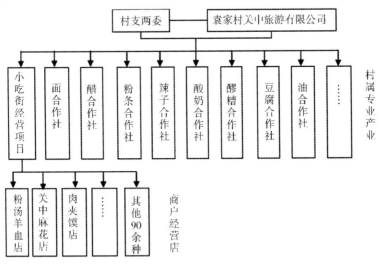

图 2　袁家村股份合作制集体经济组织结构

表2 袁家村经营项目（合作社）情况

合作社名称	股东数量	总股本（万元）	成立情况与经营范围
面合作社	40	101	最高入股40万，最低入股5000元。主要从事面粉加工、销售
醋合作社	108	345	2015年村里出让200万股，从咸阳引进开醋厂的老板，和村集体共同开发。从事醋加工、销售
粉条合作社	53	190	2012年成立，和油合作社同一个老板（马秋凤，泾阳人）。主要从事粉条加工、销售、餐饮
辣子合作社	164	400	前店后厂。从事辣子加工、销售
酸奶合作社	140	331	前店后厂。酸奶制作、销售。因需求量大，输出袁家村品牌，在泾阳县云阳镇另有生产和加工基地。公司名为陕西省礼泉五谷丰裕有限公司，和旅游公司、村委会是"一套人马"
豆腐合作社	96	230	2007年开始经营，最初引进周边手艺人，原料由村集体统一供应。2012年成立合作社并搬到作坊街，主要从事豆腐加工、销售
油合作社	33	200	2007年开始经营，2012年成立合作社，2014年搬到作坊街，原址康庄老街老油坊作展示用。主要从事油加工、销售

袁家村股份合作制集体经济组织的股份设置大致分以下几种：①基本股。凡属袁家村村民，在全民参与、入股自愿原则基础上参与袁家村各产业项目投入的股份。②混合股。袁家村集体保留38%的股份，其余62%量化到户，每户20万，每股年分红4万元，形成个人股和集体股相结合的混合股。③交叉股。袁家村村民或商户可以以资本入股，也可以技术入股，也可以管理入股；既可以是本村村民，也可以是周边村民；旅游公司、合作社、商铺、农家乐相互持股形成的股份。④限制股。针对各商户盈利水平差异，袁家村将盈利高的商户变成合作社，分出一部分股份给低盈利的商户，以缩小各经营商户之间的贫富差距。利润分配时股份超过限额的分红相应减少比例，股份少的可以得到较高分红，通过限制股既调动大家入股参与积极性，又发挥了集体统一均贫富的二次调节分配，使得这种集体经济组织成为大家共同富裕的体制机制和制度安排。

袁家村各经营项目或品种均由全体村民按照限制大股、小额分散原则组成合作社，村民和商户可选择不同经营项目或品种加入，经营收益由村集体统一按均贫富原则分配；如小吃街合作社（投资经营项目）70% 以上是外来商户（个体经营，私人资本）经营，由各商户自主选择经营品种，为避免恶性竞争，各商户竞相选择效益好的品种，村集体按照择优竞争，末位淘汰的方式，选择经营效益好的品种经营。由于各商户（包括雇工），以及全体村民彼此交叉入股组成合作社，合作社是一荣俱荣、一损俱损的利益共同体，一家生意兴隆，大家都赚钱，从而形成了袁家村家家有生意、人人能就业的繁荣发展局面。

袁家村集体经济发展也为政府精准脱贫任务的完成提供了良好平台。政府为袁家村安排了 200 户脱贫任务，袁家村将其中 100 户有自理能力的，在袁家村本村安排公益岗位和就业岗位，每月工资不低于 1800 元/人，剩余 100 户鳏寡孤独，没有自理能力的，由政府贴息，农信社给每户贷款 5 万元，但是这钱不发给贫困户本人，而是成立袁家村关中民俗文化有限公司，由村集体企业统一向各个合作社入股，合作社或各个产业经营收益返还给贫困户（政府规定每年经营收益的 10%，而袁家村各产业经营收益能达到 40%），政府扶贫贷款之所以能达到这么好的效果就是因为袁家村的产业发展的良好效益。

（5）打造了农民捍卫食品安全的诚信品牌。袁家村在发展初期就非常重视食品质量和安全，力图为游客呈现原汁原味的关中小吃。最初豆腐等作坊和小吃的原材料都是由村集体统一供应，这样既保证了原料可溯源，又降低了村集体运营成本。随着客流量越来越大，小吃街规模不断壮大，袁家村农业生产端产业逐渐外移，为了树立袁家村小吃品牌和诚信意识，小吃街各商户以"发毒誓"的方式承诺在农产品加工环节"零添加"，原料供应可溯源来捍卫食品安全。如粉汤羊血店门前的宣誓木牌上，赫然写着"店主发誓承诺：如果羊血掺假，甘愿祸及子孙。羊血，亲自采于礼泉县西关回民杀羊点。×××处，电话：×××××；豆腐、粉条、菜籽油均采自袁家村作坊"。酱菜店门前也写着"本店原材料选自西安先锋酱菜园，联系电话：×××××。秘制酱菜传统工艺炒制，不含任何添加剂及化学成分。店主重誓承诺，以上内容真实可信，如若违背后辈甘愿受穷"。

（6）政府支持为袁家村发展提供了重要保障。袁家村发展是靠自身集体经济积累，与此同时，政府在袁家村发展过程中也起了不可忽视的作用。袁家村发展初期，县委县政府和各部门积极推介袁家村，举办"桃花节"等活动邀请社会各界人士和游客到袁家村观光旅游，吃农家乐，住农家屋，为袁家村积攒了人气，扩大了声誉。县财政列支专项资金对袁家村的农家乐进行扶持，减免工商、卫生、消防等费用。每年将土地建设指标优先保障袁家村项目用地。并在燃气、水、电、交通、敬老院、幼儿园等公共基础设施和社会事业优先提供支持和保障。陕西省1号文件发文明确提出推广"袁家村模式"。

三 袁家村力量探源

袁家村走到今天，备受万众瞩目，其成功背后的原因是多方面。究竟是什么力量推动形成了如今的"袁家村模式"，笔者认为，最核心的有以下几种力量。

一是持之以恒的不断创新力。在袁家村，处处可见创新的力量。从最初"一无所有"，到"无中生有"发展关中民俗，乡村旅游，每一条街区布局，每个店面风格，每一个投资项目，都是郭占武带领的袁家村干部群众深入挖掘和构想出来的。从农家乐的规划、设计、开发到城乡资源要素融合的新业态、新模式，同样体现了郭占武团队"企业家"的创新精神，也是这一职业经理人团队善于经营管理的结晶。面对每一次转折的历史关头，袁家村都能够迎难而上，开拓创新，把握机遇，不断塑造和完善自我。

二是实现共同富裕的信仰力。90年代袁家村农工商企业，20世纪的袁家村集团企业，实质在市场经济发展初期就已经是党支部书记郭占武的私人企业，村民只是在企业领工资，这个村办集体企业完全可以向其他乡镇企业一样，走上一条私人经营不断扩张发展之路。但是袁家村党支部和村两委一班人却选择了和村民一起创业，带领村民一起致富。今天的袁家村已经成为"农民创业平台"和各类资源要素集聚的平台。郭占武设计的小额多份的股份合作制模式，限制大股，兼顾小股，防止贫富差距扩大，目的还是集体共同致富。袁家村走的路正是一条社会主义共同富裕的集体经济之路。不忘初心、牢记使命，"不让任何一个人掉队"根植于袁家村的信仰之中。

三是出于利益考量的市场激励力。袁家村股份合作制集体经济组织是充分发挥市场激励作用决定性作用，更好地发挥村集体计划调节作用的有效率的体制机制和制度安排，这是袁家村力量的核心。村民入股不靠行政命令、不靠强制力量，而完全是自发自愿。这个自发自愿既是出自对集体经营的信心，也是出自农民对利益的追求。假使村集体发展没有那么大的后劲和潜力，村支两委率先创办的各种合作社产业赚不到一分钱，出于自身利益考虑的村民是不可能心甘情愿把自己的钱拿出来，一起发展致富产业。更重要的是，通过这样一种个人利益和集体利益相结合的组织创新，培养和锻炼了市场经济条件下的集体精神和合作意识，使得袁家村和袁家村村民没有在市场化的资本面前失去自主性和独立性，而是卓然屹立于市场经济大潮之上，以集体力量来抗衡任何资本市场的风起云涌。这在资本主导的时代和市场中具有标志性的意义。在某种意义上来说，这是市场经济发展中合作社制度的胜利，是集体经济制度的胜利。

四是传承传统文化的生命力。在袁家村，越老的东西越值钱，"老的就是好的"，"老的就是美的"，"旧的也是好的"，传统文化被发扬光大，农业多功能性和乡村的价值得到了充分体现。在袁家村，传统的力量不再被历史尘封，而是被市场挖掘，赋予价值和意义，生动地展示在众人面前。在这"去农村化""去农民化"的今天意义非凡。通过传统文化强大生命力的展示，乡村正成为人们心灵的依归，儿时的家乡。袁家村展示的是中华文明的精神家园，也是传统文化自信的表现。

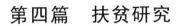

第四篇　扶贫研究

农民专业合作社参与精准
扶贫的现状、问题与思考[①]

——以重庆市城口县为例

曹斌　郭芸芸[②]

农民专业合作社（以下简称"合作社"）以人为本，为成员服务，谋求全体成员共同利益，作为弱势群体民主管理的自助性组织，有天然的群众性、扶弱性。在推进农业农村现代化过程中，秉承"有福同享、有难同当"的发展理念，成为助力广大贫困户摆脱贫困，提升市场竞争力，实现从传统农业生产向现代农业生产转型的重要载体。

我国政府高度重视合作社在减贫中的独特作用。早在20世纪80年代中期，政府在全国范围内开展了大规模的开发式扶贫，鼓励发展包括农民合作经济组织在内的各种服务中介组织，解决贫困地区农民缺技术、缺资金、缺市场渠道等问题。1994年，《国家八七扶贫攻坚计划（1994—2000年）》实施后，政府在加大对贫困地区财政投入的同时，积极动员社会力量参与扶贫，以社区为载体的农民互助组织的发展成为贫困县创新扶贫方式的一种重要形式。进入21世纪，国务院出台《中国农村扶贫开发纲要（2001—2010年）》，合作社逐步成为整村推进、产业扶贫等专项扶贫的重要载体，为贫困农民提供技术培训、市场营销、农资购买等专业服务。

---

①　本报告是"2018年国家市场监管总局委托课题——农民专业合作社参与精准扶贫研究"阶段性成果。

②　作者简介：曹斌，中国社会科学院农村发展研究所副研究员；郭芸芸，《农民日报》三农发展研究中心。

近年来，随着合作社的发展规模、区域覆盖面及带动农户数量的快速提升，尤其是各地涌现出一批经营实力强的合作社，在实施脱贫攻坚战略中的地位显著增强，日益成为落实政府产业扶贫战略的重要载体。2018 年 10 月 14—19 日，笔者前往国家级贫困县——重庆市城口县调研，与县发改委、扶贫办、农委、工商局、供销社等机关座谈，实地走访沿河乡红岩村"城口县沿河茶叶股份专业合作社"、沿河乡三湾村"城口县绿乡情蔬菜种植专业合作社"、厚坪乡熊竹村"厚坪乡阳辉养猪农民专业合作社"和鸡鸣乡"祝乐村股份经济合作社"（城口县鲲鹏食用菌种植股份合作社）以及 1 个精准扶贫基地和数名贫困户进行了访谈。本报告以实地调研结果为基础，总结目前合作社在帮助贫困户脱贫、促进小农户增收致富中的主要作用，分析存在的困难与问题，提出相关政策建议，以期更好地促进合作社参与脱贫攻坚战略的实施。

一 重庆市城口县农业农村基本情况

城口县地处重庆市最北端，长江上游地区、渝川陕三省（市）交界处的大巴山腹地，全县辖 2 个街道 23 个乡镇，31 个社区 173 个行政村，人口 25.3 万人，其中农业人口 21.65 万人，城镇化率 14.4%。全县面积 3292 平方公里。城口县处于秦岭—大巴山中国南北地理分界线上，亚热带山地气候明显，物种十分丰富，是全国生物多样性保护重点区域，森林覆盖率达 67.5%，享有"中国生态气候明珠"等称号。境内有天麻、太白贝母等名贵中药材 500 多种，城口山地鸡、城口老腊肉、城口蜂蜜等已成为知名旅游商品，被誉为"国家级生态原产地产品保护示范区""中华蜜蜂之乡"。截至 2017 年，城口县山地鸡出栏量达到 204.5 万只；生猪出栏量达到 22.72 万头，生产城口老腊肉 3600 余吨；中蜂养殖 12 万箱，蜂蜜产量达到 600 吨；食用菌种植面积达到 477 亩，产量达到 200 余吨；中药材在地面积达到 35 万亩，产量达到 6.3 万吨；干果种植面积达到 55 万亩，产量达到 6000 吨，全县农业总产值达到 13.68 亿元，同比增长 5.1% 左右。

但是，重庆市城口县地处秦巴山区，大部分地区处于 1200 米以上，属典型的高寒深石山区，县域经济发展水平低，特色产业优势不突出，集"老、边、山、穷"于一体，大山区、大农村劣势明显，小城市小经济特征突出，基础设施滞后，生态环境脆弱，目前，仍然是重庆市唯一没有铁路、高速公路、航空覆盖的地区，1986 年、1994 年、2001 年和 2011 年四次被确定为国家级贫困县，2014 年贫困发生率 14.3%，居重庆市第 2 位，分别高出全国、全市 5.8 个和 8.3 个百分点；70%以上贫困人口居住条件恶劣，因灾因病因学返贫率常年在 9% 左右，高于重庆市平均水平 4 个百分点。2017 年城口县农民人均可支配收入虽然增加到 8661 元，但只达到全国水平（13432 元）的 64.5% 和重庆市平均水平（12638 元）的 68.5%，是重庆市 4 个深度贫困县之一，也是全国 585 个国家级贫困县。

二　重庆市城口县农民专业合作社发展情况

截至 2017 年年末，在城口县市场监管部门注册登记的合作社共有 586 家，其中种植业 297 家，占比 50.7%；其次是养殖业 230 家（39.2%）；其他 26 家（4.4%）；农产品销售 24 家（4.1%）；与农业生产经营有关的技术、信息等服务 4 家（0.7%）；农产品加工 3 家（0.5%）；农业生产资料的购买 2 家（0.3%）。

表 1　重庆市城口县农民专业合作社登记情况（2017 年）

科目	合计	农业生产资料的购买	农产品销售	农产品加工	与农业生产经营有关的技术、信息等服务	种植业	养殖业	其他
数量（家）	586	2	24	3	4	297	230	26
占比（%）	100	0.3	4.1	0.5	0.7	50.7	39.2	4.4

资料来源：重庆市城口县市场监管局。

根据城口县供销社对全县合作社开展了摸底调研结果显示，截至 2017 年 7 月，城口县农民专业合作社达到 564 家（股份合作社 220 家），其中国家级示范社 2 个，市级示范社 32 个，县级示范社 7 个。涉及全县 25 个乡镇（街道）、涵盖所有农林产业。其中，种植业 226 家（中药材种植 117 家，蔬菜 21 家，茶叶 8 家，食用菌 8 家，种植其他农经作物的 72 家），占 40%；养殖业 265 家（毛猪饲养 73 家，中蜂养殖 64 家，山地鸡养殖 52 家，山羊养殖 28 家，黄牛养殖 10 家，其他养殖 38 家），占 47%；林果业 39 家（水果 12 家，干果 21 家，笋竹 6 家），占 7%；其他综合服务业 34 家，占 6%。按发起人类型来看，主要发起人为农村现职村干部的 197 家，占 35%；农村能人、返乡青年发起的 344 家，占 61%；其他以龙头企业等发起的 23 家，占 4%。从产品情况来看，城口县县合作社产品中有包装 25 套，商标 31 个，条码 12 组，名牌产品 4 个，著名商标 2 个，绿色食品 6 个，有机食品 13 个。

城口县要求工商注册后的合作社需在农业委员会备案，以便于管理。截至 2018 年 9 月，已备案的且具一定规模的合作社 231 家，占总数的 36.6%。其中国家级合作社 5 家，市级合作社 16 家。按经营模式划分主要有以下四种类型：一是"合作社 + 基地 + 农户"模式，即以农业企业为主体从农民手中流转农地，建立生产基地，再返租倒包给农户或者雇佣农户开展农业生产的模式。例如，城口县飞锋中药材种植股份合作社成立于 2014 年，流转土地 150 余亩，以天麻种植及销售为主要经营业务。农户以土地进行入股及在基地务工获得收入，同时，基地提供技术指导和销路，帮助农户发展产业。二是"公司 + 合作社 + 基地 + 农户"模式，例如城口县兴中林业综合开发专业合作社和城口县丹凤灵芝种植股份合作社都是采取的这种经营模式进行运营，这类运行模式主要是由农业企业等与农户共同出资成立合作社，再以合作社为主体投资建设基地，并对农产品进行统一管理，产品再依托公司进行加工并销售。三是"合作社 + 农户"这类经营模式主要以养殖业为主，合作社对其成员统一提供农资、培训及服务，成员按照合作社要求进行生产，产出后由合作社进行统一收购并销售，合作社取得收入后对成员进行分红。四是"合作社 + 电商 + 农户"模式，例如城口县东安兴晨中蜂养殖专业合作社，该合作社委托蜂农生产蜂蜜，进行统一管理、统一包装，然后再借助电商平台对产品进行统一销售。

三　重庆市城口县农民专业合作社在精准扶贫中发挥的作用

（一）提供市场及政策信息

城口县合作社能够及时了解，并且能够准确掌握国内种植和畜牧养殖市场动态信息，实现一头联农户、一头联市场，帮助合作社成员分析市场行情，扶持贫困农户发展种植和养殖业。例如，厚坪乡阳辉养猪农民专业合作社由种植大户组成，社长认识到城口县猪肉需求从 3 月到年末呈现递增趋势，但是每年价格会发生一定变动，及时收集市场动态向贫困农户传递养殖信息，引导成员选择合理的猪仔购买期间，安排生产，适时出栏。并且积极宣传国家各种抚农政策，稳定种植和畜牧生产，借助社员力量大力推动贫困户发展种植和养殖业。

（二）开展良种调剂服务

城口县合作社为了扶持当地成员致富，积极推广并且优化农作物品种，采用统一订购、统一供种的方式，先后为成员提供优质农作物品种。例如，城口县传统土豆种植通常采取农户自己留种扩繁种植的方式，虽然种子成本较低但是久而久之容易出现品种退化，产量下降的情况，目前，城口县 1 斤土豆种子只能生产 8 斤土豆。2017 年，城口县绿乡情蔬菜种植专业合作社统一从巫溪县引进了优质土豆品种 10 万斤，并聘请专家实地指导，土豆单产得到极大提升，平均亩产增加到 15 斤，最高可达 20 斤，亩均增产幅度达到 87.5%。按照每亩地用种 200 斤计算，可增产 1400 斤，如果按照 2018 年土豆收购价每斤 0.7 元计算，合作社成员亩均增收 980 元。另外，该合作社还申请了当地政府的良种补贴资金，土豆种子进货价每斤 1.8 元，政府补贴 1.2 元，成员实际支付 0.6 元（建卡贫困户和赊账），每亩地实际降低成员成本 240 元。仅良种统一购买一项可帮助农民增收 1220 元。除此之外，合作社还免费为所有成员提供病虫害防治，签订购销合同，把成员发展为合作社种植基地，和农户之间建立了利益共享和风险共担机制，确保了成员增收。

（三）开展产品初加工服务

城口县位居深山，交通不便，大量鲜活农产品无法运出，本地市场规模又小，严重制约了农村产业发展。合作社为解决深山农产品销售问题，购入精深加工设备，开展初加工，增加产品附加值。例如，城口县绿乡情蔬菜种植专业合作社利用扶贫资金 30 万元购入了 1 台土豆去皮机、3 台烘干机，形成日烘干 1.5 吨土豆的加工能力。以往，当地每亩地都有 300 斤左右的小土豆，因为难以去皮加工，无人收购，被作为饲料喂猪。合作社把这些小土豆用机械去皮后，烘干，再卖给重庆各地，由于这些小土豆不用进一步切割，拿来即可使用，非常方便，深受餐饮业和青年家庭喜爱，产品供不应求，目前城口县批发价格已经涨到 10 元/斤，是普通土豆零售价格的 2 倍，仅此小土豆销售一项就可以增加农民收入 3000 余元/亩。另外，合作社针对土豆上市时间较为集中，价格波动较大的问题，把不能马上销售出去的土豆去皮、烘干后保存，可以在鲜食土豆供应淡季上市，提高了土豆销售价格，保障了合作社可以如约分红。

（四）提供农资供应服务

保证农资统一供应，是开展科技种植，帮助农民实现增收的重要手段。城口县合作社为了帮助该地区贫困农户发展农作物生产，统一开展农资服务活动，给农民送化肥，送农药，并且坚持就近供应的原则，率先帮助就近位置贫困农户，在保证农民使用优质肥、放心药的前提下，合作社还积极组织农业技术人员深入基层踏田巡诊。例如，城口县绿乡情蔬菜种植专业合作社为成员统一购买化肥，免费提供病虫害治理。另外，祝乐村股份经济合作社是两家村集体和企业投资成立的食用菌生产合作社，合作社利用 300 万扶贫资金和 200 万企业自有资金，共投资 500 万元修建了香菇菌棒生产工厂。合作社从陕西汉中市等地统一购入木屑、麸皮、石灰等生产资料，统一搅拌、灭菌、植菌、培养菌棒，计划把长满菌丝的菌棒销售给农户，产品按照合同收购，农户只要做好出菇管理即可。通过生产资料的统一供给并提供技术指导的方式，即减少了农民的固定资本投入，又降低了农民参与新产业的技术门槛，可以快速实现产业化经营，增加农民生产经营收入。

（五）提供统一销售服务

城口县地处大巴山区，农业生产较为分散很难形成规模经济，合作社将一家一户的农产品统一收购，即解决了小生产与大市场衔接问题，也解决了外地经纪人寻货成本。例如，城口县沿河茶叶股份专业合作社是一家茶叶收购、加工合作社，2017年帮助成员销售茶叶20吨。由于尖叶茶每人每天只能采摘1—2斤，大叶茶也只有6—7斤，零散农户日常太少，经销商往往不愿意跑到深山收购，茶叶存在销售困难的问题。合作社提前和川陕地区客商提前联系，确定订单数量，然后收购成员茶叶，并按要求或者提供鲜茶，或者加工成茶叶运送到客商指定地点，解决了成员销售难问题。另外，城口县厚坪乡距离县城约2个小时，交通不便，农户饲养规模小，难以达到外运猪仔的规模。阳辉养猪农民专业合作社发挥了桥梁作用，接到客户订单之后，以电话方式向成员确定可销售猪仔数量，往往半天就可以收集到一车20头猪仔的规模，合作社不收取任何手续费，按照10元/斤销售，往往高于周边散户销售0.5元/斤，增加了成员养殖收入。另一方面，经销商也避免了与一家一户农民谈判，提升了集货效率。

（六）增加农业就业机会

城口县是全国著名的锰矿厂区，硅锰合金、电解金属锰、废锰矿渣磁选精品锰矿具有规模性生产能力，但是随着环境治理力度加大，中小规模落后产能遭到淘汰，山村就业机会减少，年轻人去了重庆市，老年人、妇女难以找到工作。合作社积极发展特色产业为山村居民带来了新得就业机会。城口县绿乡情蔬菜种植专业合作社发展土豆产业，作为当地传统产业，技术难度低、易于生产、劳动强度也不高，为大量的老人妇女提供了就业机会。另外，祝乐村股份经济合作社为贫困户垫付2万元股份，并且为贫困户代销产品，免收手续费，还帮助贫困户发展党参等种植业，在园区内雇佣贫困户，每月支付2000元工资。厚坪乡阳辉养猪农民专业合作社利用玉米饲料制作酒糟，每月发3500元工资，解决了一家两口贫困户的就业问题。

2017 年经合作社成员同意，还赠予贫困户高博广一家怀孕母猪 2 头，4 个月后产仔 12 头，使高博广直接收益 7000 元。

（七）提供农村生活资料服务

城口县大部分地区交通不便，生产生活物资转运困难，合作社通过与供销合作社合作，延伸生产生活无资销售网点，丰富了当地居民的生活。理事长出资 40%，与县供销社共同组建城口县沿河茶叶股份合作社，在乡里成立了生活用品以及农资销售超市，并且为成员提供大米、土猪等产品销售平台，既满足了当地居民对生活生产物资的需求，也促进了当地农业发展。另外，该合作社还打算在村里修建婚宴场所，为当地居民提供婚丧嫁娶，老人用餐、祝寿等服务。

四 重庆市城口县农民专业合作社在精准扶贫中存在的问题

城口县合作社虽然数量发展较快，但仍处于探索发展阶段，普遍规模不大，并且还存在着诸多困难与问题。

（一）规模偏小，带动作用有限

据城口县市场监管局统计显示，截至 2017 年年底，全县 99.3% 的合作社成员人数不足 50 人，其中成员数量仅有 5 户，即仅仅为了登记注册而成立的合作社居多。另外，据城口县供销社调研显示，截至 2017 年 7 月，城口县 564 家合作社之中，运行良好的合作社仅占总数的 6%，运行基本正常的占 44%，运行不正常的合作社占总数的 50% 左右，情况不容乐观。

（二）资金缺乏，农村金融及保险滞后

资金缺乏是城口县合作社普遍存在的问题，一些经营成效较好的合作社在产品生产和销售旺季，苦于无法筹措足够的流动资金，只能缩减生产经营规模。据城口县市场监管局相关材料显示，出资额 100 万元以下的合作

社比例高达 52.2%，100 万—500 万元的达到 44.7%，大多数合作社都属于小微企业规模。但是，由于我国从 2014 年开始推行商事制度改革，原有的注册资本实缴制度改为认缴制度，实际出资含有大量水分，造成合作社自有资金不足。

表 2   按成员数量划分重庆市城口县农民专业合作社数量分布

科目	合计	50 人以下	50—100 人	100—500 人	500—1000 人	1000 人以上
数量（家）	586	484	24	25	26	27
占比（%）	100	99.3	0.5	0.2	0.0	0.0

资料来源：重庆市城口县市场监管局。

表 3   按出资总额划分重庆市城口县农民专业合作社数量分布

科目	合计	100 万以下	100 万—500 万元	500 万—1000 万元	1000 万—1 亿元
数量（家）	586	306	262	17	1
占比（%）	100	52.2	44.7	0.2	0.0

资料来源：重庆市城口县市场监管局。

（三）销售收入较少

从销售收入上看，据城口县供销社统计显示，2017 年全县合作社实现销售收入 3413 万元，其中年销售农产品总值 300 万元以下的有 527 家，年销售农产品总值 300 万—500 万元的只有 18 家。据城口县供销社汇报材料显示，推动扶贫攻坚政策以来，城口县将合作社作为政策资金的载体，加大了合作社建设，仅仅 2018 年 1—9 月，新增合作社 45 家，增幅达到 7.7%。但是，大部分合作社并没有开展经营业务，实力较弱，规模效应、示范带动作用不强。

（四）政策支持力度不够

近几年中央一号文件均提到了大力发展合作社，每年重庆市市级财政补助资金也有专门针对合作社的扶持项目，但是每年只有 2 个 10 万元项目，2018 年增加到 5 个 30 万元项目，扶持对象限定九部委认定的国家级或市级示范社及合作社联合社等发展绿色生态农业、开展标准化生产、专业化服务，农产品初加工、产品包装、仓储物流设施建设运营、市场营销等关键环节，名额少、扶持力度也不大，再加上城口县财政资金薄弱，对合作社的政策扶持力度还远远不够。

（五）实用人才严重匮乏

城口县是典型的贫困县，乡村青年人持续减少，农村实用人才占农村劳动力的比例更低，生产经营方面的人才较为匮乏。城口县多数合作社的经营管理人员素质不高，知识面较窄，视野不开阔，组织协调、技术指导、经营管理、市场营销能力不够。大部分合作社还处于发展初期阶段，合作社管理层与成员之间合作较为松散，大部分合作社的生产资料没有统一，生产规范化程度不高，产品销售也是各自为政。合作社服务深度广度不够，缺乏合作的吸引力和凝聚力。

（六）合作社管理不够规范

合作社在注册登记时虽有规范的"章程"和内部管理制度，但在实际运行中执行不到位。突出表现在：财务核算不规范，多数没有专门的财会人员，有的没有健全内控体系，大多数合作社根本没有开展财务核算工作。虽然，2016 年在县委县政府的支持下，城口县供销总社成立了"重庆市城口县农民合作社服务中心有限公司"（以下简称"服务中心"），为全县重点合作社和涉农企业开展免费的代记账业务，部分解决了合作社人才匮乏、无法建账、打白条、"包包账"的问题，为全县合作社规范提升工作起到了良好的促进作用。但是，截至 2018 年 10 月，服务对象只有 46 家，仅占全县合作社（631 家）比例的 7.3%。另外，民主管理有待加强，虽然城口县合作社普遍建立了以"三会"（理事会、监事会、社员大会）为主要形式的民主管理制度，但实际运行情况并不理想。有的合作社存在少数人说了算的情况，有的合作社存在财务收支、社务公开、经营决策等方面不透明，合作社内部联系较为松散等问题。

（七）扶贫项目同质性较强

城口县因地制宜的选择了城口山地鸡、城口老腊肉、中蜂、干果、中药材、食用菌、特色杂粮等扶贫主导产业，计划通过扶持七大农业产业实现精准扶贫，目前，已经基本形成了"一乡一业""一村一品"的产业发展格局。但是，农产品品种与周边市县等具有同质性，未来几年很容易造成供给过剩，出现增产增效不增收的问题。例如，以香菇产业为例，据中国食用菌协会统计显示，2016年全国香菇产量达到835万吨，人均年消费量6公斤，是日本的5倍，市场价格已经有十多年始终维持在每斤10—20元之间，相对价格持续下降。精准扶贫战略实施以来，全国又有75%的国家级贫困县将香菇等食用菌列为了支柱产业，随着各地基础建设逐步完成，未来几年香菇产业必定会出现产能过剩问题，这将有可能导致市场价格暴跌，削弱扶贫攻坚效果。

（八）难以规避国有资产流失

城口县为解决贫困户可持续增收问题，把财政投入各类农业经营主体，量化作为贫困户的股金，再与农业企业、合作社一起出资成立股份合作社，要求每年返还6%—8%的固定收益，使贫困户享受分红，解决贫困户无稳定增收项目、无经营能力、无劳动能力等问题。同时，城口县要求使用财政资金出资入股，只能用于购置固定资产，并对固定资产的处分做出了限制。然而农业固定资产投资往往具有一定的专属性，例如城口县鲲鹏食用菌种植股份合作社购置的菌包生产设备只能用于香菇、木耳菌包生产，无法用于中草药加工。企业或者合作社一旦出现亏损或经营不善的情况，专用固定资产很难再转为其他用途，结果会造成固定资产贬值，甚至废弃，实际造成国有资产流失。

（九）未能形成精准扶贫的内在动力

目前，部分合作社带动贫困户，更多是来自政府外部推力作用，还没有形成合作社的内在动力，合作社与扶贫还是"两张皮"。合作社吸纳贫困户，主要是为了获得政府的贴息补贴或者为评上示范社，对外宣传打基础、创口碑，这与合作社发展的不规范关系密切。部分运行良好的合作社实际上是领班人创建的私人企业，与贫困户之间基本是买卖关系，没有形成利益共同体。并且受到终端市场的约束，引入贫困户对合作社主业发展也没有带来正效应。例如，城口县沿河茶叶股份专业合作社的产品已经获得绿色食品认证，实行品牌化销售，对成员交售的茶叶品质要求较高，但是贫困户由于思想保守，接受新观念滞后，加上文化水平低、年龄大、技术能力弱，导致产品优质率低，甚至达不到合作社收购标准，合作社为保障品牌产品的品质要求，无法接受贫困户的产品，只能是出于公益心或满足政府要求，才按照市场价格、甚至是约定保护价收购贫困户的农产品。然而，一旦政府不再继续鼓励合作社扶持贫困户，那么合作社有可能会撤出扶贫领域造成扶贫难以为继。

五　农民专业合作社参与精准扶贫的思考与建议

（一）坚持合作社在参与精准扶贫中的重要载体作用

据调研显示，目前我国贫困户的致贫原因主要是缺资金、缺生产能力和缺劳动力，因此，我国在扶贫攻坚战略中将产业扶贫作为重要的扶贫措施。从制度安排看，合作社是引导贫困户参与产业扶贫的理想载体。因为与公司制度相比，合作社在制度设计上是成员自我服务的组织，具有弱者抱团过冬、大户帮小户的天然制度优势。而公司是股东投资者的组织，对缺少资本者具有天然的排斥性。合作社可以发挥自身优势引导贫困户与市场对接。目前我国的合作社发育仍处在初级阶段，总量规模大，但发展水平低，单个合作社的经营规模小、能力弱、管理不规范，制度安排的优越性还没有真正发挥出来，因此，政府应加大力度引导合作社规范化发展，通过内部规范化建设，完善成员制度、决策制度，加强与其他合作社及外部市场主体的联合与合作，做强做大做优。

（二）引导诱导合作社参与精准扶贫

合作社本质上是一个市场主体，要经受市场竞争的考验，首先是要在市场竞争中生存下来。目前合作社发展不是总量不足的问题，而是如何提升质量。因此政府应调整政策，不再继续要求村村建设合作社或引进合作社。从调研的情况看，这种做法不仅难以达到政府的预期效果，在一些地方还导致出现合作社的"假、虚、空"问题，损害合作社发展的社会环境。政府的工作重点应是引导现有合作社提升带动能力，并在同类型的周边村庄辐射，实现规模效应，或强化与龙头企业的联合与合作，打造有竞争力的农产品供应链。

（三）促进合作社持续扩大经营规模

合作社只有形成一定的规模，才能发挥规模效应，成为小农户与大市场之间的桥梁。虽然，按照自下而上上下贯通的基本原则在村民小组建立了合作社，在村里建立了合作社联合社，然而无论是合作社还是联合社的规模都不大，很难消化为农服务所需要的管理成本。而且，设立合作社和联合社，需要两套管理班子分别管理，即便可以由成员合作社负责人兼任联合社理事，也会无形中增加合作社的财务管理等成本。因此，在政府的扶持下，推动合作社由数量增长向质量提升转变，鼓励合作社之间的合并，实现"一村一社"甚至"一乡一社"，通过增加合作社业务数量的方式提升合作社自身经营实力，使合作社能够更好地服务成员。

（四）加大对合作社的扶持力度

目前，我国大部分合作社的发展尚处于发展初期阶段，急需政府扶上马，送一程。政府应鼓励农业部门、供销部门通过购买社会服务的方式，加大对合作社会计托管业务的扶持力度，扩大合作社服务范围，降低合作社经营成本；推动一、二、三产业融合发展，实施市场差别化战略，鼓励合作社延长产业链、提高产品附加值；通过补助申请费用等方式，支持合作社开展"三品一表"认证申请；由政府出资与企业管理相结合的方式，在淘宝、京东等网站建立城口县特色产品销售网站，宣传城口县产品，增加合作社销售渠道。

（五）加快构建长效扶贫机制

过度增产容易导致农产品供给过剩，既浪费资源，也容易使市场供需失衡，价格下跌，最终损害农民利益。建议坚持"扶贫不扶懒"的基本原则，鼓励贫困户以自力更生为主、政府扶持为辅的方式，逐渐脱贫。以提升贫困户竞争能力为目标，在加强业务培训、提供就业机会的同时，对于贫困户中有能力、有意愿参加农业生产的，给予金融、财政倾斜，按照实际生产总额提供一定比例的补助，使其能够获得与平原地区农业生产相同的竞争力；加快助学体制建设，对于九年制义务教育阶段的学生，补助住校生活经费，对于高中以上的学生，采取助学贷款和定向就业相挂钩的方式，在解决因学至贫问题的同时，保障学有所成的学生能够返乡就业促进故乡发展；完善城乡一体的医疗保险制度，防止因病因伤至贫，加大对建卡贫困户的保费以及治疗费用的扶持力度；推行农业灾害保险制度，防止因灾至贫，采取按照实际产出额赔偿的方式，提高保险金赔偿额度。

关于 2020 年后金融扶贫的战略思考

孙同全[①]

2020 年我国现行贫困标准下的扶贫对象将有望全部脱贫，贫困县将全部摘帽，全面建成小康社会的目标将得以实现，并转入建设社会主义现代化强国和全面推进乡村振兴的历史新阶段。在这个历史阶段转换时点上，2019 年中央一号文件提出要"及早谋划脱贫攻坚目标任务 2020 年完成后的战略思路"。

金融扶贫是我国扶贫政策和行动的重要组成部分，在脱贫攻坚中发挥了重要作用。金融扶贫既包括直接向贫困群体发展生产和改善生活提供信贷服务，也包括向贫困地区提供具有带动脱贫效果的企业融资、基础设施和公共服务项目建设融资、企业上市融资、农业保险，等等。金融扶贫不仅直接助推了贫困群体脱贫致富，还促进了贫困地区特色产业发展、基础设施改善和公共服务能力提升，激发了贫困地区内生动力，为贫困地区的可持续发展注入了活力。2020 年后我国是否还需要金融扶贫政策和行动？如果需要，金融扶贫战略是否需要调整以及怎样调整呢？

一 2020 年后我国贫困形势与特点

我国现行贫困标准只是略高于世界银行确定的针对低收入国家的贫困标准。如果采用针对中高收入国家的标准（2011 年购买力平价每人每日 5.5

---

① 作者为中国社会科学院农村发展研究所研究员。

美元），我国 2015 年还有 43% 的农村人口生活在贫困中。[①] 因此，持续提高低收入人口的生活水平、解决不平衡不充分发展的问题，依然是我国未来的长期任务。但是，2020 年后的贫困问题不同于以往，将主要呈现以下特点。

（一）以相对贫困为主

我国以往的扶贫政策与实践主要针对的是绝对贫困，即解决缺乏生存所必需的物品和服务等经济资源或经济能力的贫困。随着我国脱贫攻坚任务的完成，现行贫困标准下的绝对贫困问题将得到解决，但相对贫困将凸显。相对贫困主要表现为居民、城乡和地区之间在收入和福祉方面的较大差距。国家统计局公布的资料显示，2018 年，贫困地区农村居民人均可支配收入增速继续高于全国平均水平，但仍只相当于全国平均水平的 36.7%。[②] 这种差距短期内难以完全消除。因此，2020 年后的贫困将以相对贫困为主。

（二）面向多维贫困

改革开放以来，我国一直以人均收入水平作为制定贫困标准的基本方法，这只是针对经济贫困或者收入贫困，而没有充分考虑多维的致贫原因。2020 年后，在关注解决收入贫困问题之外，还需要关注致贫的多维因素，即应全面提高相对贫困人口的生活水平和质量，例如教育、健康、居住条件、基础设施和公共服务等。

（三）深度贫困地区依然是重点

尽管我国贫困地区的绝对发展水平已经有了比较明显提高。但是，资源禀赋缺乏、区位劣势明显的深度贫困地区不会因为脱贫攻坚任务的完成

---

① 吴国宝等：《中国减贫与发展：1978—2018》，社会科学文献出版社 2018 年版，第 314 页。

② 2018 年全国贫困地区居民人均可支配收入为 10371 元，全国居民人均可支配收入28,228元。见中华人民共和国中央政府网站：《2018 年全国农村贫困人口减少 1386 万人》，http://www.gov.cn/shuju/2019—02/17/content_ 5366306. htm；国家统计局网站：《2018 年居民收入和消费支出情况》，http://www.stats.gov.cn/tjsj/zxfb/201901/t20190121_ 1645791. html。

而快速进入与其他地区同步发展的轨道，2020 年后其扶贫任务依然突出。有研究显示，根据 2015 年全国县市统计数据，按人均国内生产总值排序，底层 10% 县市人均生产总值仅相当于全国人均水平的 1/5，相当于全国县市平均水平的 1/3，其公共财政收入只能承担财政支出的 14%。

（四）贫困人口老龄化

我国已经进入老龄社会，并成为世界上人口老龄化速度最快的国家之一。截至 2016 年年底，我国 60 岁以上的老年人口已占总人口的 16.7%。2000 年和 2010 年人口普查数据显示，我国农村 60 岁及以上老年人口比重均高于城市和镇的老年人比重，且增长速度更快。[①] 随着城市化进程加快和农村非老年人口大量外迁，农村老龄化的趋势会更加严重，其结果是农村贫困人口中老年人比重不断提高。

（五）城市贫困与农民工贫困问题将逐渐凸显

2020 年后虽然相对贫困人口仍然主要在农村，但是，城市的相对贫困问题也将凸显出来。这些相对贫困人口就是城市低保对象，因为他们如果没有低保就处于相对贫困状态。截至 2017 年年底，我国有城市低保对象 741.5 万户、1261 万人。[②] 此外，我国进城农民工的贫困问题长期被忽略。农民工户籍在农村，但生活和工作在城镇。他们既没有被纳入农村扶贫对象，也很少能享受到城市扶贫政策，更没有充分享受到城镇的养老、医疗和失业等社会保障福利。截至 2017 年年底，我国外出农民工约有 1.7 亿人，[③] 其中很多已成为实际上的城市常住人口。到 2016 年，进城农民工在制造业就业的比例为 30.6%，自主就业的占 30%。[④] 这些自主就业的农民工大多在非正规部门从事不稳定的职业，收入水平低且不稳定，如果没有

---

① 吴国宝等：《中国减贫与发展：1978—2018》，社会科学文献出版社 2018 年版，第 311 页。
② 人民网：《社会服务发展统计公报发布：去年全国共有城乡低保对象 5306 万余人》，http://politics.people.com.cn/n1/2018/0814/c1001—30226724.html。
③ 国家统计局：《中华人民共和国 2017 年国民经济和社会发展统计公报》，http://www.stats.gov.cn/tjsj/zxfb/201802/t20180228_1585631.html。
④ 吴国宝等：《中国减贫与发展：1978—2018》，社会科学文献出版社 2018 年版，第 317 页。

相应的就业和社会救助政策的扶持，陷入贫困的风险很大。

二 2020 年后金融扶贫的目标与任务

（一）融入乡村振兴战略

2020 年脱贫攻坚任务完成之后，我国将朝着实现乡村振兴、实现社会主义现代化和建成社会主义现代化强国的目标前进。金融扶贫应围绕这三项总目标，重点要解决不平衡不充分发展的问题。我国发展不平衡不充分问题在乡村最为突出。没有农业农村的现代化，就没有国家的现代化。乡村振兴是在打赢脱贫攻坚战的基础上，实现农业农村优先发展，进而实现全体人民共同富裕，建成社会主义现代化国家的重大战略。因此，金融扶贫应嵌入到乡村振兴战略规划之中。一方面要巩固脱贫攻坚成果，防止脱贫人口返贫，另一方面需要根据贫困新特点，重点解决相对贫困和多维贫困。

2020 年后金融扶贫的重点地区仍然是深度贫困地区，但同时需要重视城镇贫困问题；扶贫的重点人群除了刚刚摆脱贫困的农村低收入群体之外，防止他们返贫，还要特别重视农村贫困的老年人、城镇低保户和农民工；不仅要缩小扶贫对象与其他社会群体之间的收入差距，还要实现社会保障及公共服务均等化等问题，使扶贫对象得到公平的发展机会。

（二）融入普惠金融体系建设

2020 年后金融扶贫应融入普惠金融建设当中。2015 年年底，国务院发布了《推进普惠金融发展规划（2016—2020 年)》，提出要使有金融服务需求的社会各阶层和群体都能够平等地享受到金融服务的目标，其中，小微企业、农民、城镇低收入人群、贫困人群和残疾人、老年人是重点。这些重点人群与 2020 年后我国贫困人群几乎完全契合。因此，实现普惠金融的目标，也将落实金融扶贫的目标。围绕普惠金融的目标，普惠金融体系包含了普及金融服务的宏观政策法规、中观基础设施和微观的金融服务产品与机制。至今《推进普惠金融发展规划（2016—2020 年)》的目标远未实现，2020 年后，必须继续大力推动城乡普惠金体系融建设，尤其是适应减贫需要的金融政策体系、市场体系、组织体系和产品体系。这样，扶贫金融将成为普惠金融体系的有机组成部分，持续发挥减贫作用。

三　2020 年后金融扶贫的基本原则

（一）加强政策引领与扶持

"党和政府领导、群众主体、社会参与"的扶贫体制是我国扶贫开发的基本特点，也是我国扶贫取得成功的基本制度保障。在金融扶贫中同样如此。首先，政府应制定出明确且切实可行的减贫战略目标，并清晰描述金融在其中的地位、作用、干预领域、服务对象、运行路线图和预期效果等。其次，建立配套、协调的政策体系，形成组合拳，对金融机构形成有效的激励与约束机制，为金融机构参与扶贫创造良好的条件和氛围。总体上看，我国政府以往采取的各种财税、货币和监管等政策措施已经有效地撬动和引导了金融机构开展各种扶贫行动。因此，有必要继续调整和优化政策体系，做到既引领和扶持，又不越俎代庖。

（二）尊重和发挥市场在资源配置中的决定性作用

改革开放 40 年来，金融在扶贫中发挥着越来越重要的作用。这种趋势与中国从计划经济体制转向市场经济体制相一致。市场在资源配置中越来越多地发挥决定性作用。金融扶贫也应适应这一趋势。以往的金融扶贫中，行政的推动力量非常强大，一方面推动了扶贫工作的进展，但另一方面忽视市场规律，也埋下了一些风险隐患。例如，有些地方为完成脱贫攻坚任务，在扶贫小额信贷发放中不充分考虑申请借款人的信用和偿还能力，建立的风险补偿机制实际上成为变相的财政兜底，不仅容易引发借款人违约的道德风险和财政代偿损失，而且可能对当地的社会信用环境和金融生态带来长久损害。再比如，贴息贷款在很大程度上扭曲了农村金融资源的配置，阻碍了农村金融市场的发育，不利于贫困的持续缓解和贫困地区正常金融秩序的建立。

（三）培育贫困群体自我发展能力

贫困群体自我的发展意识和能力是其脱贫致富的关键。因此，金融扶贫应以扶贫对象的自我发展意识和能力为前提，以增强其自我发展意识和能力为方向。不仅要推广和树立"有借有还，再借不难"的信用观念，更要向贫困人口传授金融知识，提高他们了解和运用金融工具的能力。

（四）坚持双底线目标

国内外金融扶贫实践经验表明，为了能够长久地扶助贫困人口持续发展，在扶助贫困人口创收的同时，金融机构需要实现自身财务的可持续，这是金融扶贫的双底线目标，也是普惠金融发展的两项基本原则。因此，金融扶贫不应不计代价，而应做好风险定价和风险防控，处理好社会发展与商业利益之间的平衡。

四　2020 年后金融扶贫的治理体系

（一）建立和完善多层次、广覆盖、多元化的普惠金融组织体系

尽管我国已形成全社会（尤其是贫困村和贫困户）参与的扶贫治理体系，但是，这一体系总体上仍然以部门为基础、以地方政府为主体、自上而下形成和运行。其中，金融扶贫仍然主要依靠政策的推动，金融机构动力不足，扶持和引导的财政负担较重，民间金融资源远远没有得到充分利用。

因此，2020 年后金融扶贫治理体系建设的重点是调动金融机构积极性，发挥不同金融机构的作用。这有赖于建立和完善多层次、广覆盖、多元化的普惠金融组织体系。但是这一体系还很不完善，尤其是农村金融体系不完整、不均衡。一是农村合作性金融的发展严重滞后。农民自己的合作金融可以天然地克服外部政策性或商业性金融机构面临的信息不对称所带来的高成本和高风险问题，将面向贫困群体的金融服务变成具有商业可持续性的金融市场，从而彻底摆脱对金融市场产生扭曲作用的财政补贴。但是，

在农信社系统事实上已商业化的背景下，新兴的农民资金互助组织没有得到有效的促进和规范，农村内部金融资源没有得到充分挖掘和规范利用。二是致力于扶贫的、非营利的公益性小额信贷组织仍然没有得到相应的合法地位，在筹资和人力资源等方面都遇到巨大障碍。三是互联网金融、数字金融的作用尚未得到充分发挥。因此，改进金融扶贫治理体系的重点应该是支持农民合作金融组织、公益性小额信贷组织和互联网金融企业的发展。

（二）建立多层次的综合金融市场体系

金融扶贫需要在三个层面开展：一是贫困户，即解决贫困家庭脱贫致富的生产经营以及教育和医疗等生活需要的金融服务；二是区域性产业发展，即通过金融服务支持贫困地区企业发展生产，带动就业和经济的发展，从而带动更多人脱贫致富；三是发展生产的基础条件，即通过金融支持解决发展所面临的基础设施落后问题，包括道路、水电、通信、教育、医疗等涉及生产和生活的各个方面，解决长期可持续发展需要的基本物质条件和公共服务均等化等问题。与此相适应，扶贫的金融市场将在这三个层面形成，即为贫困者个体（包括小微企业）服务的金融市场、为区域产业发展（以扶贫效果明显的龙头企业为主体）服务的金融市场、为区域基础设施和公共服务建设服务的金融市场。这三个层面的金融市场又都包括支付结算市场、信贷市场、资本市场和保险市场等。在贫困地区基础设施建设方面，还可以 PPP 或特许经营权方式吸引社会资本参与项目融资。

（三）完善和提升金融服务基础设施，尤其是信用评价体系和信用担保体系

我国成功的金融扶贫实践经验之一就是"穷可贷，富可贷，没有信用不可贷"。信用评价体系可以改善个人和社会的信用状况。信用担保体系可以分担金融机构的业务风险，起到增信的作用。金融基础设施和信用环境的改善，不但可以增强金融机构在贫困地区开展和扩大业务的信心和决心，也可以为金融机构创新扶贫金融产品提供条件，从而增加贫困地区的金融服务供给。

（四）形成各类金融机构相互协作的机制

在金融扶贫中，各类金融机构应优势互补，相互协作。例如，开发行和农发行可以将自身的批发贷款优势与中小商业银行、公益性小额信贷组织或互联网金融企业的零售优势有机结合，开展扶贫转贷款；银行与保险公司协作，开发银保结合的扶贫信贷产品；等等。

五　金融扶贫不能解决的问题

金融扶贫不是救济手段，而是在扶贫对象自身具有基本的发展意愿和发展能力的前提下而提供的，增强其发展能力，帮助其抓住和利用发展机会而实现发展的扶持手段。对于无劳动意愿和劳动能力的贫困群体，不宜使用金融扶贫。

集体性策略下农民组织化方式
反贫困机制的构建①

桂玉

随着全部脱贫、全面小康目标的实现，特别是随着我国社会主要矛盾的转化，农村反贫困也从消除绝对贫困的攻坚阶段转向解决相对贫困的常态化新阶段，从政府主导下的运动式规模化资源投入的依赖性扶贫模式转向农民主体性、互助式、可持续反贫困模式，新阶段新贫困新方法。因此，构建农民主体性、互助式、可持续的反贫困机制是新时代的新任务新要求。集体性策略下农民组织化反贫困是农民主体性、互助式、可持续反贫困的有效途径，是习近平总书记"坚持群众主体，激发内生动力"[1]143内源扶贫思想的集中体现和生动实践。

精准扶贫过程中，因为识别难、瞄准难、精准难、见效难、脱钩难，所以也出现了"搞摆平""扶精英""大水漫灌""数字脱贫"等问题。与此同时，在扶贫资源分配过程中，面对贫困与接近贫困和非贫困、绝对贫困与相对贫困、物质贫困与非物质贫困等多维贫困的相对性，精准的过程无意中是对原有农村社会结构和文化结构解构乃至撕裂的过程，失准的过程更是消费公平正义的过程，是执政资源在农村流失的过程。[2]因此，扶贫不仅仅是一个经济问题，更重要的是一个政治问题、制度问题、文化问题和社会问题。对农村来说，贫困是一个治理制度的综合性问题。"运动式扶

① 本文为基金项目：河南省高等学校重点科研项目（19A630010）、教育部人文社会科学项目（18YJC710003）阶段性成果。原文载于《河南工程学院学报》（社科版）（2019 年第 4 期）。作者桂玉（1966— ），男，河南固始人，河南工程学院教授、博士。研究方向为农村社会发展与社会治理。

贫"中的大包大揽，一定程度上造成农村治理能力的弱化。在我国农村反贫困新形势新任务新转型的背景下，扶贫开发过程要从决策和资源配置上把社会团结作为重要目标，有效地设计相应的参与、合作和共建共治共享等机制。[3]贵州塘约道路的基本经验就是把农民重新组织起来，发挥集体经济的制度优势。[4]因此，发展合作社是贫困地区精准扶贫的有效途径[5]，是集体性策略下农民组织化方式反贫困的基本形式。要立足合作社理论与实践，聚焦合作制原则与利益联结机制，挖掘合作社益贫性的内在逻辑，形成以农民合作社为载体的农民组织化、主体性、可持续反贫困机制。

一　合作制原则下的反贫困价值共创与内生动力机制

国内外实践表明，在农业现代化进程中，农民组织化水平也将相伴而升。农民组织化发展过程的本质就是农业经营主体和经营方式现代化的过程，是通过组织现代化促进生产经营和服务现代化的经济样式，是在集体性策略下寻找一种可以实现合作条件、激发内生动力、降低生产成本、优化产业结构、提升产品品质、实现对外盈利的制度。农民合作社是农民生产、经营、服务的一种联合与合作，有利于打破一家一户的分散经营格局，实现农业生产专业化、标准化、产业化、规模化发展，进而巩固农业基础地位，提高农业经营效率。

（一）基于农民合作社的反贫困价值共创机制

合作社是经济上的弱者的联合体，是自治组织，是"自愿的""人的联合"，其存在的目的是"满足共同的经济和社会的需求"，因此，它是一个"共同所有和民主管理的企业"，闪耀着共同体思想的光芒。坚持自助、民主、公平和团结，强调自治与独立、教育与培训、关心社区等基本价值，崇尚利他、对弱势负责的价值导向。以互助为方式，以合力协作、共用共享为目的，投入自己所能投入的生产要素，主要是自身的劳力和小资本进行经济活动，它的出发点、生产经营和分配方式都与一般营利性企业不同，它通过社员内部互助互利的活动，规避个体之间的自由竞争，合作共享，为弱者造福。合作社社员既是所有者、劳动者、经营者，又是惠顾者，与一般企业组织的目的目标不同，一般企业成立的目的是为所有者谋利，投资者往往是经济上的强者，在利益获取上是排他的。而合作社成立的目的是为全体社员谋利益，是经济上弱者的结合，通过弱者的合作，互助协力向上，进而取得与强者平等的经济社会地位。一般营利企业的投资者是为谋利而结合在一起，而合作社社员则是理念理想、伦理道德的结合。随着合作社的发展壮大、形成联盟，能够更好地为社区和社会谋利益。

农民合作社是维护农民利益、促进农民增收的重要组织形式和经营方式。按照"民办、民管、民受益"的原则组建，农民占据主体地位，代表的是广大农民的利益。有利于激发农民的生产经营及合作的积极性，有利于通过合作经营、集约经营、规模经营的模式降低农产品的生产和流通成本、拓宽经营销售渠道，从而促进农民增收。农民组织化是农民主体性反贫困、走向共同富裕的基本途径，是实现小农户与现代农业有机衔接的有效载体。建设规范化高水平的农民合作社的过程，就是农民互助共富反贫困价值共创的过程，农民合作社内部治理机制就是农民互助共富反贫困价值共创机制。第一，在共同价值目标引导下合作。劳动者自愿加入，联合起来形成合作社，实行民主管理，个人依靠大家、大家依靠每个人，来获得所需要的服务和实现互利互惠。第二，在利益整合过程中创造共同价值。合作社通过外部性内部化降低交易成本，实现内部一体化。生产资料统一供给，技术标准统一规范，生产经营协调一致，重大事项民主决策，按交易量（额）返还盈利，资本报酬受限。第三，在内部治理规约下实现共同价值。合作社的基本组织结构由社员（代表）大会、理事会、监事会组成，社员（代表）大会是最高决策机构，理事会为执行机构，监事会行使监督权。理事会和监事会成员由社员从合作组织内部民主选举产生。一人一票是合作社的基本决策方式，在合作社发展实践中，有些仍然坚持这一原则，有些在此基础上灵活实行一人多票、一股一票或一股多票、按交易额（量）比例投票等多种方式。但是，无论怎么变，合作社平等互助的原旨不变。合作社不以营利为目的，盈利以不同方式返还社员，限制资本收益，突出劳动联合。

（二）基于农民合作社的反贫困内生动力机制

随着我国农村脱贫攻坚战的深入，越来越多的农民合作社成为参与精准扶贫的重要载体。[6]精准扶贫实践中，或专门设立精准扶贫合作社，发展农业产业，推动专业合作，提高农业产业化水平和市场化效益，降低经营成本，获取政策补贴，实现精准扶贫；或通过农民合作社吸纳贫困农民就业，增加贫困农民收入；或通过农民合作社定向帮扶贫困农户，为贫困农户提供生产指导、技术服务和包销合同，稳定贫困农户农业生产预期，提高贫困农户抗风险能力，保证贫困农户增产增收。这些都是特殊背景下的农民合作社扶贫模式，本文研究常态化语境下的普通合作社益贫模式和动力机制，即贫困农户为合作社社员，平等参与合作社各项事务，公平享受合作社各种利益，是主客体的统一，不是单纯的帮扶对象。如果只是把贫困农民作为单纯的扶助对象，就会造成部分贫困户发展动力不足，依赖心理严重，特惠政策"断奶"之日，可能就是其返贫之时。如果将贫困农民吸纳到农民合作社，作为普通社员，通过农民合作社特有的利益联结机制，就能更好地发挥其主体性作用。

解决不平衡不充分的发展问题，满足人民群众日益增长的美好生活需要，适应农村多维相对贫困新特征，必须激发农民特别是贫困农民的内生动力，扶贫扶志，发挥农民包括贫困农民在内的主体性。农民合作社路径下农民互助式精准扶贫是依靠农民反贫困的有效形式。农民加入合作社，不仅仅是为了获得自身利益，而且要对组织对他人承担责任，是权利和义务的统一，是在助人中实现自助。因此，合作社既能实现农民经济增收和为生活添彩，又能提升农民自信心和责任感，能够在其"多元减贫效应"中充分发挥农民主体作用。第一，通过利益联结提升农民合作能力。成员共同出资，民主管理、"一人一票"，合作社剩余按成员出资额或交易额返还，股份分配不得超过法定比例。可以更好地发挥对贫困人口的组织和带动作用，实现与贫困户的利益联结，进而提升农民的合作能力。第二，通过生产互助激发农民责任感。单个农户通过农民合作社实现资金、购销、技术、信息等生产生活多方面互助合作，不仅能够精准解决扶持谁、怎么扶的问题，而且能够在平等互助过程中激发对集体和他人的责任感。第三，通过增效增收树立农民自信。在农民合作社中，社员间信息共享，批量采购，降低成本，减少中间环节；延展产业内部链条，实现农业三产化；适度规模经济，防止恶性竞争，降低市场风险，稳定收入增长，培养农民依靠自己实现共同富裕的自信。第四，通过内部管理提升农民主体性。合作社能够增强农民合作意识和参与意识，提高参与能力和管理能力，改变农民封闭状态，增强其市场意识，充分发挥农民在乡村建设和脱贫攻坚中的主体作用。

二　多向度合作下的产业脱贫与共享发展机制

农民合作社的原本意义是农民专业合作社，合作范围集中在农产品的生产经营与服务领域。但随着现代农业功能的多样化和产品的市场化，农民合作社日益从专业合作走向综合性合作。更有利于"原子化"农民，特别是贫困农民以组织化方式提升市场竞争能力，形成共建共治共享格局。

（一）专业合作下的产业脱贫机制

产业扶贫是"五个一批"中"发展生产脱贫一批"的扶贫政策选择和实践路径，是扶贫开发工作的重中之重，是依靠农民实现可持续脱贫的重要保障，是优化贫困地区产业结构、转变产业观念的有效途径。自2001年《中国农村扶贫纲要（2001—2010）》正式提出产业化扶贫以来，自上而下出台了一系列产业扶贫或产业精准扶贫的指导意见和规划措施，比如，农业部于2016年联合九部委印发《贫困地区发展特色产业促进精准脱贫指导意见》、各省专门编制《"十三五"特色产业精准扶贫规划》，出台了诸多的产业扶贫举措，创造出产业发展带动扶贫模式、救济式产业帮扶模式、瞄准型产业帮扶模式等许多科学有效的模式与经验，或通过支持农业龙头企业等新型经营主体发展，或通过直接支持贫困农户发展生产活动，或利用产业扶贫资金开展资产收益扶贫。产业扶贫被喻为扶贫工作中的"牛鼻子"，是带动农民脱贫致富的重要引擎。但是，产业扶贫具有政治性、经济性、文化性、区域性、复杂性和绿色性，要立足资源禀赋、产业基础和市场需求，必须选准地方特色产业，打造优势品牌，发挥地区资源优势，完善利益联结机制，带动人均收入迅速提升。产业扶贫不能盲目跟风，一哄而上，造成过剩产能。更不能唯利是图上破坏资源环境的产业，甚至是集中资源"垒大户""堆盆景"，将大量扶贫资金用于产业扶贫，导致扶富难扶贫，偏离贫困户的实际需求，进而带来产业结构单一，后续管理乏力，最终导致产业扶贫后劲乏力等现实问题。要构建一个在制度和市场建设前提下的农民主体性、组织化、可持续产业脱贫机制。

　　农民合作社作为新型农业经营主体的一种重要形式，是现代农业经营主体多元化的必然结果，是构建现代农业经营体系、促进产业融合发展、实现产业精准扶贫的有效组织形式，有力地促进了农村分工分业的深化和农业专业化、产业化的发展。事实上农民合作社是农民专业合作社的简称，当然"专业"不是仅限于"同类"农产品或"同类"农业生产经营服务，还包括农村民间工艺及制品、休闲农业、乡村旅游资源的开发经营、农机、植保、水利等多方面的专业合作。面对农村日益精细的分工和农业专业化水平的提高，家庭生产方式下，单个分散的农户无力承担农业分工和农业专业化所带来的高额交易成本、考核成本、协调成本等一系列成本，难以承担农业专业化、产业化带来的巨大风险，从而限制农业分工的深化和农业专业化水平的提高。农民合作社通过专业合作，促进内部分工，"可以通过降低单个农户的有限理性、交易对手的机会主义行为、市场和交易的不确定性、资产专用性等对农户的不利影响来降低农户的交易费用，从而扩大参与分工的农户的净收益，推动农业分工演进"[7]。农民合作社还可以通过内部有效治理，降低对农业生产主体、生产过程和产品质量的考核成本，降低对分散农户、生产经营和服务各环节的协调成本，促进农业分工。农民合作社把分散的小农户有机联合起来，致力乡村振兴，对标农业农村现代化，落实新发展理念，坚持创新驱动，发挥协调优势，突出绿色共享。一是推行标准化生产，提高农业生产过程、农产品品牌和农业技术标准化水平；二是推行市场化经营，发展区域性优势产业，提高品牌竞争力和产业可持续发展力；三是推行公益化服务，对接农业公共服务体系，做实农业生产技术服务、销售服务和金融保险服务；四是推行信息化管理，构建产品信息网络体系，保证产品质量可控。农民合作社通过内部社员间生产经营和服务的合作互助，培养新型职业农民，培育现代农业产业体系，形成农业市场机制，绘制农民组织化、农业专业化、产业品牌化、收益高效化的现代农业生产经营图景。

（二）综合性合作下的共享发展机制

农民合作社"三位一体"（生产、供销、信用）综合改革是自中华人民共和国成立以来合作社实践的成功典范。"三位一体"的合作社模式根植于我国农村发展土壤，符合时代发展要求。[8]修订后的《中华人民共和国农民专业合作社法》自 2018 年 7 月 1 日起施行，明确了农民专业合作社联合社的性质地位，为农民综合性合作提供了法律依据。越来越多的"三农"研究者和政策制定者看到，中国不适合搞美国式的大规模家庭农场，中国农业经营主体的规模最终不是由微观经营主体的规模效益最大化决定，而是由城市化的进展能吸收多少农村劳动力决定的。在现阶段中国仍需要保留家庭小规模农业的条件下，需要在种植以外的经营环节，即各种服务上提高规模，以获得规模效益。这就需要把分散的农户组织起来，有效降低为农民提供服务的成本。因此，对于小规模的家庭农业，综合性合作模式是必要的，也是最佳的配套措施。综合性合作模式将农民合作社发展路径由生产合作拓展到合作购销、合作金融、农技推广、社会服务、社区教育和文化于一体的综合发展方向，可以满足农民日益提高的精神文化生活需求。改革开放 40 年来，我国农村基本解决了温饱问题。在物质生活提高之后，农民对精神生活的需求明显提高。青壮年农民大量进入城市，农村"三留守"问题突出，对老人看护、儿童照看、妇女文化活动的需求急切提高。这些社会类服务，现有的行政系统尚无力完全满足，需要提高农民的组织化，通过农民合作社促进此类服务的发展。

文化、社会、生态建设都不是农民自己能够做得了的，都需要组织。联合社、综合农协模式让乡村经济、社会和文化事业实现了一体化，创建了自循环能力，从共享经济走向了共享发展，形成了良好的共建共创共享发展机制。第一，通过批量购销、科技普及、产业创新等，让贫困户更多分享农业全产业链和价值链增值收益，提高扶贫成果可持续性；第二，通过会员间金融合作，解决贫困户资金缺乏和资金使用成本高的问题；通过社区互助卫生服务、托老服务、助残服务，实现公益与互助相统一，较好地发挥稳定保障功能；第三，通过教育培训、规范管理，增进农民市场意识和管理能力，发挥农民主体功能，实现精神脱贫。社会服务与社会文化活动对于农民合作社不是负担，而是发动、团结农民群众的有效方法。随着新时代社会主要矛盾的转化，社会服务与社会文化活动这类精神层面的活动已经成为农民的急切需要，农民合作社组织农民开展的多种文化活动，以及开展针对儿童、老人等人群的社会服务，对以往单纯依靠村两委系统进行的乡村治理是一个重要的补充。组织这些活动调动了农民对集体事业的热心，极大地融洽了合作社和农民群众的关系，增进了农民群众对合作社的亲近感。而且这些活动由农民自己组织，活动成本低，对合作社不仅不是负担，反而能给合作社带来多方面收获。

三 特殊组织功能下的反贫困资源整合与充分就业机制

农民合作社特有的利益联结机制使其具有天然的益贫功能和精准的扶贫效率，因此成为政府和社会力量输入扶贫资源、提升扶贫效率的重要平台，成为贫困农民就业的载体和中介。

（一）合作社平台功能下的反贫困资源整合机制

扶贫不是将各种资源简单地堆积到贫困户上，而是在对其他非贫困户不造成排斥的前提下提升贫困户致富奔小康的能力和积极性，"要对扶贫对象实行精细化管理，对扶贫资源实行精细化配置，对扶贫对象实行精细化扶持"[1]58，实现公平与效率的统一。政府主导下的"运动式扶贫"容易造成资源的浪费、农民主体性的丧失，容易造就自愿型贫困，乃至贫困有理。社会参与下的多元主体扶贫，难以有效整合各级政府、政府各职能部门、市场和社会扶贫资源，容易造成集体行动的困境和目标一致的困难，导致扶贫资源浪费，扶贫效率低下。如何做到"多个渠道引水、一个龙头放水"，激发多元主体积极参与，降低资源配置成本，促进多元主体功能互补，形成综合优势，提高扶贫效率。如何通过农民合作社，整合政府、市场和社会的资金、购销、技术、信息等多种生产生活资源，满足贫困户多样化、差异化需求，提高扶贫针对性。有必要构建一个以农民合作社为纽带、多元参与的农村反贫困资源整合机制。

习近平总书记强调，要"调动社会各界参与脱贫攻坚积极性，实现政府、市场、社会互动和行业扶贫、专项扶贫、社会扶贫联动。"[1]54反贫困是古今中外治国理政的一件大事，扶贫是当前我国最大的政治，我们党领导人民开展大规模的反贫困工作，就是巩固我们党的执政基础，巩固社会主义制度。各级政府、政府各职能部门要强化责任、上下衔接、内外协调、整合起来共同扶贫；市场在资源配置中起决定性作用，在解决扶贫问题中也有独特的优势，能够在扶贫政策框架下有效激发市场主体投身反贫困事业的积极性，能够有效反映扶贫资源利用的市场效益，最大化达到扶贫效果和总体效益；社会力量也是扶贫的重要组成部分，具有独特的作用，蕴涵无限的潜力，是目前我国扶贫工作的"短板"，特别是社会组织发育滞后，扶贫资源整合不足，扶贫效率受到质疑。政府扶贫、市场扶贫、社会扶贫"三位一体"需要有良好的机制进行整合，协同扶贫、合作扶贫是整合资源、增强协同、提高效率、精准扶贫的必然选择，农民合作社是协同扶贫、合作扶贫的组织平台和有效载体。农民合作社是小农户走向大市场的必然选择，是依靠农民自身实现全面发展的必然选择，具有天生的市场竞争力和社会聚合力，具有制度性和非制度性的资源整合能力。第一，农民合作社的健康发展要以持续有效整合资源为前提。资源整合贯穿农民合作社的创立、发展壮大，直至消亡的整个生命周期，有资源整合力就有持续发展力，丧失资源整合力也就丧失持续发展力。因此，农民合作社不仅具有对接多元扶贫主体的能力，而且具有主动对接多元扶贫资源的积极性，能够吸纳和协同社区多元主体与多种资源，从整合组织内部资源到整合组织外部资源，进而整合包括干部、群众、政府、企业以及其他农业新型经营主体所拥有的资源，为精准扶贫配置更多更好的资源。第二，农民合作社具有政治、经济、文化、社会多重特性。作为农民自组织，能够与村"两委"实现政治协同，组织动员群众，发展集体经济，参与村务管理，提升村民自治水平。作为市场主体，能够依赖相关法律、政策和社会契约等正式制度，形成市场机制，整合市场资源。作为文化组织，能够丰富社区文化生活，增进社区居民友谊，提升社区社会资本。作为社会组织，能够依赖村规民约、风俗习惯、人情世故等非正式制度整合社会资源。第三，农民合作社能够作为第三方，承接政府服务职能，参与政府扶贫工作评估。通过政府购买服务，推动政府职能转变，培育社会组织，统筹扶贫资源，实施精准扶贫，满足贫困农民个性需求。

（二）合作社公益性职能下的贫困农民就业机制

就业收入是贫困农民持续脱贫的基本保障，如何通过农民合作社让留在农村的贫困农民有工作、有收入、有保障，必须促进农民合作社冲破行政区域的藩篱，走向社区合作，发展社群经济，汇聚更多资源，开发新兴产业，创造就业机会。

社群经济是以社群为基础的成员间自愿合作与互助形式的资源配置模式，强调场域社会资本的积累与提升，重视成员需求与就业，着力综合发展，发展人力资源，突出开放包容，非政府组织与政府组织、非营利组织与营利组织等多类组织参与其中。社群经济是通过对自身所拥有的各种资源的开发利用和经营管理，从而达到创造就业、增加收入和提高社群福利的目的。农民合作社经济是社群经济的一种基本形态。"在发展观念上，有必要从传统的合作经济理念转向含义更广和实践性更强的社群经济发展理念"[9]。最新数据显示，截至 2018 年 9 月底，在工商部门注册的农民专业合作社总量达到 213.8 万家，入社农户突破 1 亿户，约占承包农户总量的48.5%。[10]如果农民合作社经济具有社群经济发展理念，一个或若干个农民合作社就能带动一个农村社区，融入几个城市社区，繁荣一方社群经济，就能够最大限度地促进产业融合，培育新兴产业，提升社会资本，增加农民就业。因此，农民合作社在优先吸纳贫困社员内部就业的同时，积极发挥社区公益性职能，发展社群经济，构建社群经济体系，服务农民就业。第一，要重视社群文化建设，树立社群共同体意识，引导成员互动，增强成员互信，注重社群社会资本，拓展就业空间；第二，要重视社群资源整合，特别是社群生态环境与山水林地等自然资源、传统工艺与特色文化等文化资源，提升社群服务能力，积极建设智慧社区，促进社群消费升级，开发社群新业态，繁荣社群新经济，创造就业机会；第三，要重视社群组织体系建设，树立社群居民中心思想，建立与社群内部各类组织间的良性互动关系，构建社群内外部组织体系，形成以农民合作社为中心的小社群—中社群—大社群、农村社群—城市社群等多层次多结点的社群综合体，提升社群发展能力和就业能力。

随着社会主要矛盾的转化，主要矛盾需求侧美好生活的需要日益增加，贫困内涵与维度随之变化，主要矛盾供给侧不平衡不充分的问题更加突出，多维相对贫困将长期存在，农民主体性组织化反贫困是必然性战略选择，发展壮大农民合作社具有重要意义。

参考文献：

［1］中共中央党史和文献研究院：《习近平扶贫论述摘编》，中央文献出版社2018年版。

［2］贺雪峰：《中国农村反贫困问题研究：类型、误区及对策》，《社会科学》2017年第4期，第57—63页。

［3］王春光：《扶贫开发与村庄团结关系之研究》，《浙江社会科学》2014年第3期，第69—78＋157页。

［4］徐祥临：《塘约经验是可以推广复制的》，《贵州民族报》2017－03－24（A2）。

［5］刘宗林：《合作促脱贫——对十八洞村依托合作社精准扶贫的调查与思考》，《农村工作通讯》2016年第17期，第55—56页。

［6］苑鹏，曹斌：《创新与规范：促进农民专业合作社健康发展研究》，《中国市场监管研究》2018年第4期，第59—64页。

［7］杨丹：《农民合作经济组织促进农业分工和专业化发展研究》，科学出版社2015年版，第96页。

［8］韦仲曦，谢元态：《农民合作社"三位一体"综合改革评析——合作社基本功能视角》，《中国集体经济》2018年第21期，第6—8页。

［9］路征，邓翔，廖祖君：《社群经济：一个农村发展的新理念》，《四川大学学报》（哲学社会科学版）2017年第1期，第120—126页。

［10］苑鹏：《空壳农民专业合作社问题不容乐观》，中国农民合作社研究网，http：//www.ccfc.zju.edu.cn/Scn/NewsDetail？newsId＝21985&catalogId＝332.2018－12－11。

第五篇　国外经验

日本促进小农户生产与现代农业
有机衔接的经验和启示①

曹　斌

　　党的十九大提出实施乡村振兴战略，是把握现代化建设规律和城乡关系变化特征，顺应亿万农民对美好生活的向往，对"三农"工作做出的重大决策。2018 年 9 月 26 日，中共中央、国务院发布《乡村振兴战略规划（2018—2022 年)》，明确了今后五年推动乡村振兴战略实施的目标任务、工作重点和政策措施，为全面建成小康社会和全面实现农业农村现代化指明了方向。然而，在乡村振兴背景下，我国仍然是小农经济国家，截至 2015 年，全国能够达到世界银行（2007）规定的"小农"（smallholders）标准②的农户有 1052 万户，仅占到农户总数的 3.9%。[1]促进小农户生产和现代农业发展有机衔接，对于加快农业现代化步伐，实现乡村振兴战略具有重要的意义。

　　日本与我国农业结构相似，都是以家庭经营为主体的小农国家，2017年，户均农地面积不足 1.1 公顷，农业经营呈现超小规模化③、兼业化、副业化特点。[2]然而，在资源禀赋极其不利的条件下，日本政府重视乡村发

①　基金项目：本文系国家自然科学基金项目"以农民合作组织发展为中心的农业产业组织体系创新与优化研究"（编号：71333011）及中国社会科学院"创新工程——促进小农户生产与现代农业有机衔接的阶段性研究"阶段性研究成果。
　　作者简介：曹斌，中国社会科学院农村发展研究所副研究员。
②　联合国界定为户均农地经营面积 2 公顷以上。
③　小农是以家庭经营为主体，不雇用劳动力，也无余力从事其他工作的家庭农场[4]，是以获取劳动报酬为目的的农业经营者[5]。达不到"小农"标准的小规模农户称之为超小规模农户，简称：超小农。本文将小农和超小农合称为"小农"。1961 年，日本规定小农是户均农地经营面积 2 公顷以上农户，2010 年增加到 10 公顷以上。

展，并把促进小农户生产与现代农业有机衔接作为重要的施政之一，逐步实现了农业现代化和缩小城乡收入差距等政策目标。据资料显示[3]，1975年，日本每公顷大米的农机购置费已占到生产成本的20%以上，农业机械化水平显著提升。大米生产的劳动时间从1954年的1866小时/公顷/年减少到1975年的820小时/公顷/年，劳动生产率明显提升。另外，1968年，日本户均收入120.5万日元/年，超出社会平均收入9.7%，农民收入反超城镇居民。因此，本文在乡村振兴战略背景下，深入研究日本推动小农户生产与现代农业有机衔接的背景、措施、问题，对于我国制定相关政策可以发挥决策参考作用。

一 日本促进小农户生产与现代农业有机衔接的背景

20世纪50年代，随着农技水平快速提升，日本农产品供给量不断增加，1962年，日本年人均大米消费量达到历史最高水平的118.3公斤。1963年，大米总产量也增加到了到历史最高纪录的1341万吨。然而，由于快速城镇化以及生活习惯的变化，日本人口增幅下降，食物需求趋于饱和，农业增产增效不增收的问题日趋严重，城乡居民的收入差距拉大。1955年，日本农户年家庭收入占社会平均收入的比例是77%，1960年下降到了68%[6]，城乡发展不均衡成为社会面临的主要问题。

速水佑次郎等（2003）[7]认为，通过劳动力向非农业部门的转移，减少农产品供给，保持农产品价格将会逐渐缩小两部门间的收入差距。但是，一方面，日本在第二次世界大战期间没有充分给予年轻人接受正规教育的机会，导致战后青年劳动力整体素质不高，缺乏在非农部门生存的技能，难以完全脱离农村留在城市，减少农业人口只能依靠新老农户交替，然而，这个过程往往需要几十年甚至上百年。另一方面，日本1955年加入关贸总协定，1959年农产品自由化率快速提升到了43.0%，大量廉价农产品涌入日本，"天花板效应"削弱了价格补贴政策的施行效率，迫使日本不得不调整农业生产结构，推动农业现代化发展。

20 世纪 50 年代，日本开始关注农村发展问题。1958 年推行新农村建设制度。1961 年施行《农业基本法》，将缩小城乡收入差距作为长期政策目标，首次提出以改善农村福祉为核心的乡村振兴思路，并通过规模化、机械化、组织化等措施把小农户生产与现代农业有机衔接起来，将增加小农户经营性收入作为乡村振兴的重要措施之一。

二　日本促进小农户生产与现代农业有机衔接的主要措施

（一）通过法律手段保障农业政策长期稳定

农业农村发展是一个漫长的历史发展过程，往往需要十几年甚至几十年。日本战后的小农户政策得以顺利实施，主要得益于通过法律手段管理农业，采取基本法与普通法相互结合的方式保障了农业农村政策有步骤、阶段性的扶持小农户发展。其中，《农业基本法》（1961）和《新食物农业农村基本法》（1999）是政策纲领性的法律，在法学上具有"母法"特性，用其规范农业农村发展方向。另外，针对农地、劳动力、资金等生产要素投入的不同特点，日本制定了相应的普通法，例如，施行《农业经营基础强化促进法》《农业振兴地区整备法》《农地法》，规范了农地所有、使用、收益和转让权限；施行《农业协同组法》《农地改良法》，规定了农民合作组织的功能、管理方式、运营模式。这些普通法即以基本法为基础，保障特定领域的政策执行与目标保持一致，同时又与其他部门的普通法相互关联，保障推进步调一致。基本法和普通法基本上贯穿了整个农业生产、流通、农业组织等各个领域，使日本农业促进小农户生产与现代农业有机衔接始终处于法律法规的约束之下，做到了有法可依，有效保障了政策的相对稳定性。

（二）强化农民主体地位，提升政策施行效率

1. 把农民合作组织作为链接政府与农民的政策渠道

日本基层政府的公务人员数量极其有限，负责的工作多而繁杂，很难

应对地区内成千上万的农户需求。第二次世界大战之后，日本政府大力推动以小农户为主体，采取一人一票民主管理的各类农民合作组织发展，并在各项农业政策的制定、施行、监管等环节逐步强化农民主体地位。

（1）把农民合作组织作为农业政策实施抓手。农业协同组合（以下简称"农协"）是由农业经营者为主体，农村社区非农居民参与组建的综合性、地区性的农民合作经济组织。20 世纪 50 年代以来，日本政府将农协作为政策抓手，通过农协落实政策资金发放、目标价格制度、大米收储制度等政策。例如，在农资补贴环节，日本政府规定对通过农协购买饲料的农户提供一定比例的饲料补贴；在产品销售环节，日本制定了液态奶价格补偿制度，要求农协监管奶农产量，并对通过农协统一销售液态奶的奶农，在市场价格下跌时提供一定比例的收入补偿；在调节市场供给环节，日本政府要求农协组织农户种植大米，并对减产或转产农户提供补偿；在农村信贷领域，日本通过综合农协开展征信工作，提升政策金融资金的使用效率，防止了数据造假、冒领补贴等情况的发生。

（2）把农民合作组织作为农村基础建设主力。土地改良区（以下简称"改良区"）是由 15 户以上的农民发起，采取"一人一票"民主管理，负责本地区农田水利基本设施建设的规划、实施、维护工作的互益性农民合作组织。成员按拥有的农地面积均摊运营经费，政府承担改良区行政人员的日常办公经费或派遣公务员辅助管理。项目制定由成员商议决定，提交给政府审议通过后，按照中央和地方财政补贴 50%—80% 建设经费的方式提供补贴，帮助农户完善农田水利基础设施。

（3）将农民合作组织作为地区农业的管理者。日本要求各类农民合作组织的理事长兼任"农业委员会""农民协议会"等农业管理机构的重要职务，代表小农户参与当地农业发展规划、农田基本建设规划等地区性农业农村政策的审定、评估工作，使制定的各项规划、政策更贴近农民，有利于地区农业发展。

2. 促进各类农民合作组织发展的具体措施

（1）扩大农民合作组织的成员规模。1961 年日本为解决农协规模过小问题，施行《农业协同组合合并援助法》，通过政府补贴办公费用以及最多

50%的设施建设费的方式推动农协合并。以具备金融功能的综合农协的数量变化为例，1971 年有 5688 家，2016 年减少到了 691 家，但是，同期社均成员数量却从 7312 人增加到 10370 人，规模效应显现，农协的销售额和服务能力得到大幅度改善。

（2）提升农民合作组织的经营能力。日本对于农协等合作经济组织购置成员共同使用的加工设施、农机具等提供不高于总额 50%的补贴，个别地方政府在此基础之上再追加 20%—30%的补贴，剩余部分可以申请政策金融机构的贴息贷款，大大降低了农协农用设施设备的购置费用，也间接降低了农民的生产成本。

（3）提升农民合作组织的服务能力。日本每年从财政预算中划拨给农协中央会一定费用，用于支持农协开展技术推广活动、农产品市场开发、农业经营人员培养以及研究等公益性活动。2011 年日本政府共投入 386 亿日元扶持农协发展，平均每家综合农协获得 6.7 亿日元。

（三）促进农业规模化经营，提升农业竞争力

1961 年施行的《农业基本法》明确"小农"是经营面积 2 公顷以上的"自立经营"农户，并且根据农业农村内在矛盾的发展制定了相应的规模化经营政策。

（1）逐步放宽农地管制。截至 20 世纪 60 年代，日本仅允许农地在农民之间流转，严格禁止工商资本购买农地。随着农业人口减少，农村空心化、老龄化问题日趋严峻，2000 年，日本允许工商资本通过参股农业生产法人的方式从事农业生产。2003 年，试点工商资本在指定区域内开展租地务农业务。2008 年，修改《农地法》，进一步降低了工商资本务农门槛，允许其在全国范围内租地务农。

（2）加大财政扶持力度。日本政府为降低农地流转成本，对于农地连片后的农地平整、农田基本建设以及引进先进机械和设备的农户提供补贴。以平整 0.3 公顷的农地项目为例，1968 年财政补贴比例占总费用的 8%，1990 年提升到 50%。同时，还对集约农地之后需要资金的农民，优先发放政策性贴息贷款。

（3）设立农地流转中介机构。为解决好农地流转中出现的信用缺失，信息不对称等问题，日本先后允许农协、农业委员会开展农地流转中介业务。1980 年日本颁布《农用地利用增进法》，允许农民以村落为单位组成各种法人形式的"集体营农"组织，统一协调社区农业生产，农地租赁条件由本村农民共同商议决定，"集落营农"组织代表农民进行谈判，以保障农民权益。2014 年设立了"农地流转中间管理机构"制度，由政府与农协共同出资成立公益性社团组织，采取市场化运作方式提供农地租赁信息、平整、转租等服务。由于这些机构都是政府支持的，具有公益性功能的事业单位，在当地具有较高的威信，能够监督租赁人严格按协议使用农地，并且保证地权所有人如期回收权力。

（4）促进小农户之间合作生产。日本设立了"农事组合法人"制度，鼓励实力有限、但是有意愿增加农业经营性收入的小农户开展合作生产。该制度允许 3 户以上的农户成立类似于我国的农地股份合作社、农机合作社、农业设施共同使用合作社等合作经济组织，实行按劳分配、一人一票民主管理。政府对农事组合法人购买农机具、土地流转等给予一定的扶持，农协将其吸纳为团体成员，并在农资购买、产品销售、融资等领域给予帮助。

（四）完善农村金融体系，降低农民融资成本

日本认为，仅靠市场并不能充分满足农业农村发展对低息资金的需求，完全依赖商业金融往往会形成较高的融资成本，损害小农户利益。政府应该建立以合作金融为主体、政策金融及商业金融为辅的农村金融制度体系，把农民的资金留在农村，促进农业农村发展。

（1）完善合作金融制度。日本合作金融体系自下而上，由基层社综合农协、省级专业联合社、全国专业联合社构成三级构成，以成员现金出资、一人一票民主管理、内部融资为主要特点。其中，基层农协负责解决农户对小规模、短期融资的需求，联合社作为基层社的补充，解决基层农协不能满足的大规模融资需求。由于日本基层农协同时为成员提供购买农资、代销农产品等服务，非常清楚成员农户的日常流水，征信成本低、效率高。以贷款 5 年期、500 万日元为例，在农协通过内部征信，给予免息和免交担

保费用①的情况下，受贷农户可以节省 11.3 万日元成本。

（2）提升政策金融支农能力。1952 年日本施行《农林渔业金库法》，1953 年，由政府全资组建了"农林渔业金融公库"（Agricultur Forestry and Fisheries Finance Corporation）②，为农村发展提供基本农田改造、农地流转、设备设施购置改造等中长期、大规模低息或免息融资。贷款期限最长的可达到 55 年，贷款金额可达到项目总额的 80%。1961 年，日本施行《农业现代化资金助成法》，由中央政府提供贴息的方式撬动合作金融、商业金融资金进入农业。这些政策性金融资金主要通过合作金融机构代为发放宣传资料、帮助农户填写申请材料和开展信用评级，同时给予代办机构每笔贷款 5 万日元的手续费，既降低了政策金融运作成本，也支持了合作金融的发展，提升了为农服务的精准度。

（五）完善职业农民培训制度，提升农民素质

（1）设立农民再教育专职机构。日本除过农协系统经常开展短期技术推广活动之外，1968 年还创立了"农民大学"制度，由政府或民间团体出资建立了面向有意愿长期从事农业经营的高中毕业生开展农业职业培训的专职机构。截至 2015 年，日本共成立了 47 所农民大学，设置有农业、园艺、畜牧、经营等专业，每年全国招生 3000 余人，学制 1—2 年。教师由地方农业技术推广员、农业科研院所研究人员兼职，授课以实践培训为主。"农民大学"运营经费由地方财政补贴，学费仅是全国大学平均学费的 1/3，另外，学生还可以申请政府以及公益性团体的奖学金或无息定向贷款。

（2）提升青年农民的务农能力。日本设立了"新农人培养专项资金"，鼓励刚刚毕业的大学生和青年农民去种养殖大户、农业企业开展研修活动，提升农业经营能力。研修期间可长达两年，每月可从政府领取与大学四年本科毕业生薪酬水平同等的生活补贴。同时，日本对于接受新农人实践学习的农业经营者提供一次性 50 万日元财政补贴，既弥补了专业农户雇工不足的问题，也为农业可持续发展提供了良好的实践机会。

---

① 大部分日本农业贷款需要农业信用担保协会担保，并由农户向其交纳一定比例的担保费用。

② 2008 年与国民金融公库、中小企业金融公库、日本贸易银行合并为日本政策金融公库。

三 日本促进小农户生产与现代 农业有机衔接中遇到的问题

（一）直接税制度抑制了地方政府的积极性

日本地方财税收入主要来源于不动产税、个人所得税等纳税人直接税负，与行政区域内居民数量增减成正比。由于发展农业规模化、集约化经营要求将农村富余农民流转出农业，在当地非农就业机会不充足的情况下，往往会出现地方财税收入锐减的情况。因此，虽然日本中央政府出台了不少缓和农地流转限制，促进规模化、机械化经营的政策，但是，地方政府更愿意围绕"如何能够留住人"这一政策目标，推动代耕代管服务以降低劳动强度，并且推行一、二、三产业融合、休闲农业等项目增加当地就业机会，把老人、妇女牢牢地吸引到农村。2015 年，日本拥有 0.1 公顷以下农地或者年销售额不足 15 万日元的农户达到 141 万户，占同期农户总数的39.5%，较 1975 年增加了约 37 个百分点。其中大部分小农户都是年龄超过65 岁以上的老人，主要收入来源于养老金，农业生产仅仅为了健身、娱乐。

（二）农地私有化阻碍规模经营快速发展

自 20 世纪 50 年代末，日本城镇化速度加快，用于工厂、住宅以及公共设施建设等非农目的的农地开发项目持续增加，耕地面积减少，农地价格以流转需求较为旺盛的城郊地区为中心逐年上涨，随即产生涟漪效应，带动了远郊、农村地区地价价格暴涨，农户持地待估意识高涨，即便不种地也不愿意放弃农地所有权。同时，随着老龄化速度加快，日本撂荒农地面积也不断增加，1980 年只有 12.3 万公顷，2015 年增加到 42 万公顷。然而，在资本主义私有制体制下，日本政府只能采取财政补贴、提高不动产税等方式促进农地集约，2008 年，还修改了《农地法》进一步强调了农地具备保障国家粮食安全的公益性功能，但是，由于缺乏有效管制手段，农地撂荒与农地集约难的矛盾始终无法得到有效解决。

（三）经营性收入对农民增收贡献持续下降

通过农业组织化、规模化、机械化经营发展，推动小农户生产与现代农业有机衔接，能够实现增加农民经营性收入。但是，截至 2015 年，日本全国仅有 1.9% 的农户达到"自立"标准，绝大多数小农户仍然或多或少依靠非经营收入。据日本农产品市场学会原会长神田健策先生介绍，1950 年至 2002 年，日本农户经营性收入由 75.7 万日元/年增加到 102.1 万日元/年，但是，占总收入的比例却从 68.2% 下降到 13.1%。另外，据日本农林水产省统计显示，2013 年日本农民平均收入中，退休金等收入占 39.5%，工资性收入占 32.6%，农业相关收入与农业经营性收入仅占 27.9%。说明完善社会保障制度对日本农户增收的贡献明显高于农业现代化政策所带来的福利。

四 日本促进小农户生产与现代农业有机衔接的启示

（一）慎重推动直接税制度改革

日本在直接税体制下，中央与地方政府之间存在一定的利益博弈。日本中央政府自 20 世纪 50 年代末，一直提倡推动规模化经营，以推动农业机械化、现代化发展。但是，地方政府不愿意看到人口减少弱化地方财税能力，更愿意因势利导的推动托管代耕社会化服务、乡村工业和乡村旅游等项目，借以把人留在农村，但是，这样却严重弱化了实施规模化、机械化政策效率。建议：我国应该因地制宜、循序渐进的推动直接税改革，既要考虑到改革对社会资源分配带来的好处，也要考虑到对农业现代化发展产生的负面影响，慎重试点、稳步推进。

（二）加强乡村振兴立法保障

小农户生产的兼业化是一个长期而漫长的历史过程，日本通过法律手段保障了小农户与现代农业有步骤地阶段性的有机衔接。其中，作为政策纲领的《农业基本法》和《新食物农业农村基本法》明确了农业发展的方向，《山村振兴法》《半岛振兴法》《农林渔金融金库法》《六次产业化及地产地销法》等普通法确保了政策目标得以实现，保障了特定领域政策执行与目标一致。这使日本推进小农户生产与现代农业有机衔接始终处于法律的约束之下，做到有法可依，保障了政策的稳定性。建议：必须立足于我国社会主义初期阶段的基本国情，逐步完成乡村振兴战略相关法律法规设计，将"农业农村优先发展""坚持农民主体地位""推动城乡融合发展""人与自然和谐共生"等基本原则通过立法方式予以固化、细化、实化，为保障乡村振兴战略的平稳实施提供法律法规及政策保障。[8]

（三）巩固农村基本经营制度

日本在资本主义私有制制度下，无法通过强制手段征收撂荒农地，只能通过说服、提高税率、加大补贴力度等经济手段诱导，效果较差，客观上影响了有意愿的小农户扩大经营规模。因此，即便将农地所有权完全赋予农民，如果缺乏有效的退出机制，农地使用效率和农民经营性收益或者财产性收益的增长仍然难以得到保障。建议：保障农村土地承包关系长期稳定；完善农村承包地所有权、承包权、经营权的"三权分置"制度，稳定承包权，放活经营权；加强对农用地用途的管制；研究农地承包权退出机制，例如：依法收回撂荒农地承包权、经营权等，提高农地利用效率。

（四）强化以农民为主体施政机制

农民是各项农业农村政策的直接利益关系人，农业农村政策是否有效，关系到农民的切身利益。在促进小农户生产与现代农业衔接的过程中，日本在相关政策制定、实施、监管各个环节不断强化农民主体地位，让农民成为几乎所有农业农村政策自觉参与者和真正受益人，既尊重了农民的首创精神，也激发了农民的主人翁精神，还提升了政策实施效率。截至2018年年底，中国农民专业合作社（以下简称"合作社"）总数达到217.3万家，但是，作为农民利益代表，严格按照经典合作社运营原则，进行"一人一票作"民主管理，按惠顾额进行返还的合作社仍然不多，规模不大，功能也相对不足。[9]建议：进一步提升合作社规范化水平，完善合作社监管制度、财政资金审计制度、登记退出制度等；鼓励合作社联合社发展，促进合作社合并，减少数量提升质量；完善合作社为农服务功能，稳步推动资金互助社发展，发展生产、供销、金融为一体的综合型合作社，赋予其丰富乡村文化、活跃乡村市场等功能；并且在农业农村政策制定、执行等层面提升合作社的参与程度，使其成为政策抓手，提高政策实施效率。

（五）加大对小农户的支持力度

促进小农户生产与现代农业有机衔接，要围绕农业生产要素供给加大财政扶农力度。日本在农业发展的不同历史阶段，针对农业农村相关问题，逐步完善了农地集约、人才培养、金融扶持等相关制度，投入了大量资金，有效保障了相关政策的稳步推进。建议：采取以农村社区为主导、相关受益农民出资与政府按比例出资的方式逐步改善农户的农业生产条件；完善农村职业教育体系建设，提升农业预算中对于小农户的人力资本投入；鼓励地方农村信用社或农村商业银行与当地的农民合作组织合作，通过允许小农户以土地承包经营权抵押，开展信用等级评定、风险保险标单抵押等多种形式，弥补小农户贷款信用不足；加大政策性贴息或风险金担保金补偿力度；采用普惠项目制，增加政策资源公开透明程度，让符合标准的农户都能够享受政策支持。

参考文献

[1] 农业部农村经济体制与经营管理司、农业部农村合作经济经营管理总站编：《中国农村经营管理统计年报（2015 年）》，北京：中国农业出版社 2016 年版，第 6 页。

[2] 曹斌：《小农生产的出路：日本推动现代农业发展的经验与启示》，《农村经济》2017 年第 12 期。

[3] 晖峻众三著，胡浩等译：《日本农业 150 年（1850—2000 年）》，北京：中国农业大学出版社 2011 年版。

[4] 高冈熊雄：《小农保护问题》，东京：同文馆，1915。

[5] 横井时敬：《小农研究》，东京：丸善，1927。

[6] 速水佑次郎著，朱钢等译，李周校：《日本农业保护政策》，北京：中国物价出版社 1993 年版。

[7] 速水佑次郎，神门善久著，沈金虎等译：《农业经济论》，北京：中国农业出版社 2003 年版。

［8］曹斌：《乡村振兴的日本实践：背景、措施与启示》，《中国农村经济》2018 年第 8 期，第 117—129 页。

［9］国家工商总局个体司促进农民专业合作社健康发展研究课题组：《创新与规范：促进农民专业合作社健康发展研究》，《中国市场监管研究》2018 年第 4 期，第 59—64 页。

附　　录

北京农禾之家咨询服务中心
2018—2019 大事记

2018 年

2 月

2 月 5 日，2018 年一号文件即《中共中央　国务院关于实施乡村振兴战略的意见》发出后，北京农禾之家咨询服务中心立即着手策划百乡工程。

2 月 23 日，内蒙古克什克腾旗经棚镇书记李旭东和永胜合作社理事长曹国利专程赴京，要求农禾之家到经棚镇试点百乡工程。

2 月 26 日，农禾之家理事长杨团、基金会秘书长范洵与四川达州黍苗乡村服务中心辜家齐、张家齐、胡壤线上讨论百乡工程定位和内容。

3 月

2 月 28 日—3 月 7 日，农禾之家员工吕松波、杨照宇参与由台湾国立政治大学中国大陆研究中心组织的中国台湾考察，通过第五届两岸社区发展论坛，实地学习和考察了中国台湾社区治理，农民合作组织运营与管理，社区养老，文化保护等内容。

3 月 4 日，杨团到北京平安福生物工程技术股份有限公司，与其董事长殷汝新一行共商发起百乡工程事宜，确定农禾之家与平安福公司、黍苗公益共同成为百乡工程创始机构，平安福公司负责在内蒙古克旗经棚镇试点中的微生物技术落地和检测。

3 月 12 日，农禾之家与平安福公司签署战略合作协议，共同发起和推动"百乡工程"落地。

3 月 14—17 日，应内蒙古克什克腾旗经棚镇镇党委书记李旭东的邀请，杨团带队赴经棚镇考察，同行有范洵、中国社科院农村发展研究所研究员刘建进、平安福公司技术支持部工程师张佳良等。经协商取得一致意见，于 3 月 16 日双方草签了百乡工程试点的第一份协议。

3 月 18—22 日，中国光彩事业促进会、上海来伊份公益基金会、农禾之家共同发起的"为爱筑家乡"乡村扶贫训练营项目，在云南省文山壮族苗族自治州展开前期调研工作。

3 月 27 日，杨团、范洵与中国扶贫基金会秘书长刘文奎、副秘书长王军等商讨百乡工程合作事宜。刘文奎表示，对于百乡工程经棚镇试点派驻青年工作队项目可酌情支持，其他部分需要进一步讨论。

3 月 28 日，农禾之家与平安福就百乡工程项目签订了战略合作协议。

3 月 29—31 日，为推进复退军人在乡村振兴中发挥中坚作用，中国拥军优属基金会与农禾之家共同设立了"中国拥军优属基金会百乡工程工作委员会"，并在全国选点进行实地调研。

工作委员会主任杨团、副主任张晓军、顾问史维勤一行三人赴山东邹城后八里沟村、山东沂源刘家沟村和燕崖镇考察退役军人在乡村振兴中的优秀事迹，为今后推动退役军人深度参与乡村振兴的政策倡导和实务支持做准备。

4 月

4 月 7—9 日，杨团、范洵赴成都市金堂县开展百乡工程试点建设调研，并初步确定将金堂县作为百乡工程试点县。

4 月 17—21 日，范洵带领"百乡工程"团队赴内蒙古克旗经棚镇开展第二次考察，重在发掘本地未来的农业产业发展方向。团队成员有中国农业科技下乡专家团食用菌专家组组长、鲁东大学原副校长蔡德华，中国畜牧兽医学会养羊学分会副理事长、中国农科院羊资源与育种创新团队首席科学家杨博辉，内蒙古农科院杂粮专家、作物所研究员吴宝华等。

4 月 22 日，杨团、范洵、农禾之家总干事葛宁等人先后两次（5 月 3 日）与神州农业总经理张丹丹等人洽谈百乡工程的战略合作事宜。神州农业将会作为技术及服务的支撑机构，提供数据、技术、客户体系、数字化等助推百乡工程为三农服务，农禾之家将会把神州农业提供的服务整合在给试点的整体规划中。另禾力计划将会尝试在神州农服合作制作专业视频并开辟专门频道进行推广。

4 月 26—27 日，杨团、范泡、杨照宇、贾会娟等赴河南省周口市和平舆县开展百乡工程试点调研。

5 月

5 月，农禾之家在百乡工程·内蒙古经棚试点开展了第一期微生物技术服务农业实验。范围涉及 4 个村的 350 亩地，涵盖了蔬菜、水果、小杂粮（亚麻籽和燕麦等）。肥料投入固体肥 15000kg、液体肥 230L。平安福为整个过程提供技术方案和指导，黍苗公益派驻的青年工作队跟踪调查并进行效果评价。同时，此次试验的产品送谱尼检测机构进行检测。

5 月 9—17 日，杨团、范泡、上海来伊份公益基金会秘书长胡笛、办公室主任王安永、商道纵横咨询师熊思聪一行分两批赴新疆喀什、弥勒、巴楚、图木舒克市（兵团农三师）莎车等地开展"为爱筑家乡"乡村扶贫训练营项目调研。杨团、范泡一行在新疆维吉达尼公司的支持下，走访了多地的村庄，考察扶贫项目，并与上海和深圳援疆指挥部讨论百乡工程支持新疆乡村振兴的前景。

5 月 18 日，杨团、范泡到诺信金融服务集团北京部门约见该集团副总裁温宏建及其一行，商讨共建百乡工程事宜，诺信同意为百乡工程提供必要的财务和项目咨询支持。

5 月 24 日，百乡工程试点地，克什克腾旗经棚镇实现试点的组织目标，举行了"克什克腾旗经棚镇农业发展合作联合会"成立大会，标志着"经棚镇乡村振兴工作平台"的正式成立。

5 月 29 日，"百乡工程"新闻发布暨乡村振兴供需对接会在中国社会科学院学术报告厅举行。农业农村部、国家发改委、中国科协和全国供销社 4 部委的政府代表，来自全国 10 个县、乡的地方政府党政代表，28 家企业、33 个社会组织及 30 多位科技和社科专家共计 200 多人参加了会议。农禾之家杨团理事长、平安福公司殷汝新董事长、黍苗公益辜家齐理事长为三家机构共同发起的"百乡工程"点亮启动。中国社科院社会学研究所副所长王春光致开幕词，表明中国社科院社会学所和中国社科院社会政策研究中心将支持百乡工程并作为百乡工程指导单位。内蒙古克什克腾旗经棚镇、四川金堂县当场签约成为百乡工程第一批试点单位。诺信金融集团、神州土地公司、布瑞克农信集团、中国蔬菜流通协会、北京永真公益基金会分别作为百乡工程的金融服务、土地管理大数据、农产品流通大数据、农产品流通和市场资源对接、乡村儿童教育创新服务的提供方现场签约，成为百乡工程首批战略合作单位。会议宣布中国农技协联手中国农大等机构发起百乡工程科技专家联盟，中国农技协监事长张晓军出任联盟主任。会议提出，乡村振兴是当代中国政府公益和民间公益高度统一的大公益，百乡工程就是在做这样的大公益，打造为大家服务的公共品牌。百乡工程要通过政产学研社农六界的社区集群平台，以"做规划、好产品、卖好价，搭平台、建组织、推人才"为方式，以产业振兴为龙头，以组织和人才为保障，与政府互动多地试点探索乡村振兴的落地路径。

6 月

6 月 12 日，杨团、范洵、葛宁到平安福公司讨论百乡工程试点工作。

7 月

7 月 8—10 日，杨团考察云南昌宁县，并应邀作乡村振兴百乡工程的讲座，商讨进入百乡工程试点的可能性。

7 月 18—19 日，范洵一行赴烟台考察，参观了烟台塔山食用菌科技有限公司和中华菌校，系公益性食用菌培训学校。邀请蔡德华老师作为百乡工程技术专家。蔡老师与农禾之家达成初步意向，在食用菌技术和产业上全面支持百乡工程，并在时机成熟时，将百乡工程引入烟台地区。

7 月 19—24 日，范洵带领"百乡工程"团队赴内蒙古经棚镇开展第三次考察。此次考察重在为当地农牧民引进种植技术及大数据服务。

7 月，农禾之家禾趣计划暑期夏令营分别在河南民权、河北内丘、安徽太和召开。覆盖学员共计 140 余人。活动得到了家长、学员、合作社员工的积极反馈，同时也发掘了值得持续培养的合作社骨干。

8 月

8 月 10 日，杨团应邀参加中国智慧三农大会并作乡村振兴百乡工程的讲演，与农分期等多家涉农公司讨论农村消费升级与渠道下沉问题。

8 月 14 日，范洵带领农技专家北京市农业技术推广站宗静、中国农业大学教授潘灿平赴内蒙古经棚镇进行草莓冬季示范实验种植技术指导。

8 月 22 日，杨团应邀参加爱德基金会主办的 2018 乡村振兴峰会并作大会总结。

8 月 23 日，百乡工程发起单位布瑞克农信科技集团与莱西市政府合作的"莱西大数据平台"在莱西启动，同时召开高峰研讨会。杨团、范洵受邀参加。杨团做了"乡村振兴是未来中国最大公益"的主题发言。莱西市委书记庄增大当场要求杨团将百乡工程引入莱西，并派农业农村局局长张洪才、副局长宋永良与农禾之家联系。会后考察，结识了莱西的合作社及农业公司领军人。

8 月 28 日，农禾之家联合新疆维吉达尼公司，在新疆喀什举行"为爱筑家乡"乡村扶贫训练营项目"爱家乡讲师培训"，培训为期三天。

8 月 28—29 日，杨团应邀参加福建永泰乡村振兴与社会创新研讨会并在当地考察。

9 月

9 月 7—9 日，农禾之家参加 99 公益日活动，推出"百乡工程青年人培训"项目做社会众筹。

9 月 13—15 日，中国拥军优属基金会百乡工程工作委员会杨团、张晓军、史维勤赴山东聊城展开退伍军人参与乡村振兴的调研。

9 月 19—20 日，范洵受邀参加中国农大张福锁团队在曲周召开的"科技小院十周年"纪念活动，介绍了"百乡工程"生态人文的规划方法，张福锁院士希望农禾之家参与曲周和其他地区农业绿色发展规划的设计和实施，与"百乡工程"形成更紧密的合作。

9 月 20—22 日，农禾之家参展深圳慈展会。农禾之家参与此次慈展会的重点在于进行百乡工程项目的推广，希望更多的人能了解百乡工程和农禾之家。

9 月 21—24 日，杨团、张晓军、史维勤，中国社科院农村发展所研究员、北京农禾之家咨询服务中心综合农协研究组成员刘建进，赴四川蒲江和渠县作实地调研，了解退役军人返乡创业，退役军官带领退役士兵投身农业的事迹。

10 月

农禾之家在百乡工程·内蒙古经棚试点开展了第二期微生物技术实验，时间为 2018 年 10 月至 2019 年 3 月。此次在永胜合作社进行了草莓的冬季示范实验，肥料为平安福肥料和中国农大潘教授提供的纳米硒。由北京农技推广站宗静老师提供技术指导，农禾员工和以黍苗公益为主组成的驻点青年工作队负责跟踪采集。根据两次的示范，总结出了《2018 年内蒙古微生物肥料提质增效评估报告》和《农禾之家有机肥施用标准》。

12 月

12 月 9—10 日，"乡村振兴·百乡工程首届论坛暨 2018 农禾年会"在四川蒲江圆满召开。此次会议聚集了近 300 位县乡政府、农民合作组织、涉农企业和社会组织代表，推出了由北京农禾之家咨询服务中心、布瑞克农信科技集团、恩派共同发起的百乡工程论坛，农禾之家与无锡灵山慈善基金会共同推出的禾力—春辉计划。张福锁院士被授予百乡工程首席科学家的称号。会议还将精挑细选、涵盖种养产业、农技推广、村庄环境治理、人才培养、社区服务等多领域的 16 个项目展示出来，以布瑞克开发的百乡工程网为工具，为到会各方提供供需对接平台，受到与会代表的欢迎。其中，张福锁院士领衔并阐释的科技小院被 20 多家机构要求落地签约。会议代表还考察了蒲江鹤山果品协会、成都新朝阳公司、箭塔村、长秋村等参观考察。被农禾之家联盟成员称为最接地气的一次年会。

12 月 15 日，杨团、范淘、百乡工程科技专家联盟主任暨中国拥军优属基金会百乡工程工作委员会副主任张晓军一行，赴新发地公司会见张玉玺理事长，商讨百乡工程农产品销售与新发地对接事宜。

12 月 18—21 日，杨团、范淘赴河南新乡考察，与新乡小店镇党委书记共同研究城乡接合部农民组织建设模式和试点；并与当地商超供应商联合会会长田洁女士探讨在百乡工程平台上开展合作。

12 月 20 日，杨团、刘建进撰写的《乡村退役军人是助力乡村振兴的重要人力资源》，刊载在《中国社会科学院要报》并被《国务院办公室专供信息》2018 年 499 期采用。

12 月 27 日，葛宁带队到中共中央党校南校区（原国家行政学院），与其音像出版机构达成合作意向，双方将就线上课程开发推广、线下培训基地运营、论坛举办开展合作。

12 月 28 日，葛宁与灵山慈善基金会秘书长王文、副秘书长李秋瑾等就禾力春晖计划相关事宜开展讨论，双方筹划开展禾力春晖首期寒假调研招募。

2019 年

1 月

1 月 9 日，农禾之家就发展方向向顾问陈智慧进行了咨询，确定了以"百乡工程网的学习板块为突破口"的发展目标。

1 月 15 日，农禾之家与布瑞克农信集团商定合作事宜：将共组百乡工程公司；投资百乡人才线上培训；探索多方合作共建项目的标准化流程。

1 月 16 日，农禾之家与"玉米姐姐"洽谈产业合作，双方将就商业模式探索、玉米种植区域产业化水平提升等方面开展合作。

1 月 21 日，农禾之家召开讨论会议，决议通过百乡工程公司组建、百乡人才培育及基地建设相关事宜。

1 月 22 日，杨团、范洵与深圳市辉腾金控公益基金会理事长张荷莲座谈，就百乡工程达成合作意向，双方将合作研发农业咨询产品——主要服务于综合性合作社的科技、金融、流通的管理系统。

1 月 20—27 日，农禾之家与无锡灵山慈善基金会合作开展的禾力春晖计划首期寒假乡村调研营圆满结束。共计 149 支大学生团队与 239 名个人于 24 个省市的数百个村落进行了调研。

1 月，农禾之家禾趣儿童寒假成长营项目于河北内丘、安徽太和、广西隆安、山东菏泽四地开展，服务儿童 400 余人；并通过儿童活动联动乡村社区开展老人服务等其他支持服务类活动。

2 月

2 月 18—19 日，杨团受邀参加河北内丘新农村综合发展合作协会举办的美农空间春节联欢活动，并与邢台市妇联主席交流，双方就百乡工程乡村妇女骨干培养计划达成合作意向，邢台市妇联负责乡村妇女需求调研，农禾之家将针对需求引入禾力计划培训课程。

2 月 22—24 日，百乡工程项目组赴江苏淮安盱眙开展合作调研，拟与盱眙龙虾创业学院合作建设"农禾之家·百乡工程禾力培训基地"并共同开发课程。并帮助设立盱眙农技协，以此为平台建设综合性农民合作组织（综合农协）的县级平台，在此基础上构建盱眙县农民合作组织从上到基层生产组的结构机制设计和建设。

2 月 24 日，农禾联盟会员单位"北京益农缘生态农业专业合作社、贵州丹寨县朵往颂创新农业专业合作社"入围"2019 农民合作社 500 强"名单。

3 月

3 月 5—8 日，百乡工程专家团队与深圳市辉腾金控公益基金会、辉腾金控科技金融、施永青基金（香港）北京代表处，以"农村合作金融"为主题，共组"百乡工程仪陇项目调研组"，赴四川省仪陇县乡村发展协会开展为期 4 天的调研座谈与实地走访，深入了解仪陇县乡村发展协会推进农村资金互助、孵化陪伴村合作社、带动区域养牛产业发展的经验，并于本地县政府进行座谈。

3 月 7—9 日，葛宁带队赴河北曲周 8 个科技小院进行调研，确定了科技小院开展禾趣计划的需求及条件，及双方就禾力培训合作的可能方式。

3 月 11 日，杨团、范洵、张晓军与江苏盱眙满江红小龙虾公司总经理陆伟一行上午到农业农村部，与经济合作司司长张天佐、处长郭挪英座谈。农禾之家报告了百乡工程进展和禾力计划培育本地农民骨干的做法。陆伟报告了盱眙县龙虾产业发展概况。张司长肯定了百乡工程的意义，提出中国三农问题的核心：一是农民组织化，二是农民素质，肯定了农禾人才培育和禾力乡工的做法，并对龙虾产业的发展和陆伟的工作予以支持。下午，杨团、范洵、张晓军、陆伟拜访前中国农业大学校长、现中国农技协理事长柯炳生教授，确定中国农技协与农禾之家开展合作，以中国农技协名义支持百乡工程基地并挂牌；并在对乡村治理、组织建设、产业振兴等工作的调研、项目推进中加强联系与合作。

3 月 12—13 日，范泑赴青岛莱西洽谈海尔集团农产品采购事宜。根据此次洽谈结果，农禾之家积极组织农禾联盟会员进行农产品采购申报。

3 月 14—17 日，百乡工程项目组赴农禾联盟理事单位长春云凤农牧业合作社调研。香港企业家、在大陆做农业公司的李道德先生参与调研。杨团、范泑还利用调研空当，在长春会见了戎马回甘老兵文化产业公司的退役军官李荣惠。

3 月 21 日，农禾之家开展财务管理培训及线上平台操作培训，标志着农禾之家日常管理和财务规范逐步实现线上线下相结合模式。

3 月 21—22 日，农禾之家、金堂县社会工作者协会联合主办的袁家村游学活动在陕西省礼泉县袁家村举办。

3 月 22 日，范泑应内蒙古准格尔旗政府邀请讨论帮助该旗扶持建设 10 家综合性合作社示范社事宜，并确定百乡工程合作意向。

3 月 23 日，农禾之家与中国科学院老专家技术中心联合主办的"中科院功能农业与功能食品科技成果交流研讨会"成功举办。

3 月 24 日，农禾之家在禾力春晖寒假调研营的基础上开展双向调研，一方面调研农禾之家会员单位对大学生志愿者的需求，另一方面调研大学生对涉农工作的意愿。调研旨在优化双方的匹配。

3 月 24—26 日，范泑赴山东莱西市对接"科技小院"在莱西落地事宜，并考察了丽斌合作社、金丰公社、丰诺农化等农业合作社和企业。与莱西市农业农村局确定百乡工程在莱西落地事宜。

3 月 29—30 日，中国拥军优属基金会百乡工程工作委员会杨团、张晓军、史维勤一行赴山东邹城后八村考察退役军人宋伟带领全村致富的典型事迹。

3 月 31 日，杨团、范泑、张晓军考察山东沂源县食用菌基地，这是众志农业科技有限公司与县农技协、妇女合作社一起举办的。基地所在地的燕崖镇领导表示了希望加入百乡工程、成为其基地的愿望。

4 月

4 月 1—4 日，百乡工程项目组赴四川省金堂县展开二度摸底调研：走访了五个乡镇，了解村镇联动、品牌种植、龙头企业、家庭农场等多元主体的情况；并将基层走访与政府座谈结合，多层次调研当地乡村振兴需求。作为农禾之家百乡工程项目首批签约的县级项目地之一，金堂县的基础调研已经初步完成。

4 月 3—4 日，农禾之家工作团队赴河北保定清苑考察三家农民组织会员单位，挖掘案例并调研需求。

4 月 18 日，农禾之家作为会员单位参加首都公益慈善联合会第二届理事会议，了解本年度资助及项目支持情况。

4 月 19 日，台湾政治大学国际关系研究中心王瑞琦教授与杨团进行座谈，讨论禾趣英文营项目相关事宜。禾趣英文营发源于 2009 年，为双方合作项目，经过十年探索，本年将举行双方合作的最后一次英文营。双方还就英文营后续事宜、志愿者建设赋能事宜进行了商谈。

4 月 19—22 日，禾力计划"爱家乡·乡村扶贫训练营"于新疆巴楚县琼库尔恰克乡开展，三个村庄共计 378 名村民参加了培训。此次培训主要针对当地特产巴楚留香瓜田间管理技术及农产品电子商务开展。

4 月 24 日，杨团应邀到兰州大学参加甘肃省扶贫攻坚社会工作专业人才建设论坛，并到白银市平川区陡城村合作社考察，与平川区民政局、陡城村委会、合作社社员等座谈，讨论百乡工程如何支持当地乡村振兴事宜。

4 月 27 日，农禾之家申请加入中国扶贫基金会"益芯伙伴"计划。

4 月 30 日，农禾之家与国家行政学院就共同发起禾力游学事宜进行商讨，双方将优势互补，通过资源的最优配置实现项目成效最大化。

5 月

5 月 9 日，农禾之家参与首都慈善公益联合会"北京市社会组织党建管理岗位支持"资金申请，标志着农禾之家党建工作迈上新台阶。

5 月 10 日，呼伦贝尔中润慈善基金会、深圳市百业商善促进中心到访农禾之家。双方就农禾之家禾趣计划——乡村儿童社区教育项目引入呼伦贝尔地区开展讨论。

5 月 15—17 日，百乡工程项目组到山东莱西调研百乡工程试点落地相关情况。

5 月，农禾之家入选好公益平台。并于 5 月 29 日至 6 月 1 日参加了规模化学院启动仪式及首次集体培训。

6 月

6 月 1—3 日，杨团、张晓军、史维勤应河北青县退役军人局的邀请到青县调研，走访了当地退役军人村支书带领的四个村庄，并与退役军人局商谈以培训方式支持退役军人领军人事宜。

6 月 6 日，首个百乡工程示范基地"百乡工程山东沂源食用菌示范基地"在山东省沂源县正式揭牌成立。中国社科院社会学所副所长、研究员、社会政策研究中心主任王春光，杨团、张晓军及沂源县相关部门领导参加了揭牌仪式。

6 月 10—13 日，杨团受邀在莱西党校为基层村干部上课，并与范洏一起在莱西展开调研，重点调研了乡镇级丽斌合作社以及村分社，参观了莱西会议历史展览馆，了解到莱西会议确定的三条经验：村党支部为核心，村民自治为基础，集体经济为依托在莱西 1986—1989 年的历史进程中是如何形成的，并得知 1990 年 8 月中组部、民政部、妇联、共青团中央等单位曾联合召开全国村级基层组织建设会议（史称莱西会议）将其经验推向全国。此后，农禾之家以莱西经验 30 年后再出发为目标，开始为莱西创造新经验作全盘思考。首先以丽斌合作社为主要对象，策划合作社分社社长培训和妇女禾力计划培训，得到布瑞克农信科技集团莱西大数据中心的鼎力支持，派人联络沟通并承担所有费用。

6 月 24—26 日，农禾之家与内蒙古准格尔旗 10 家农民组织签订了百乡工程落地试点合同，标志着新的百乡工程试点正式启动。

6 月 27 日，禾趣计划暑期活动志愿者培训以线上形式开展。

6 月 30 日—7 月 1 日，"百乡工程"莱西项目——丽斌合作社理事长培训以及禾力计划·妇女骨干培训依次在莱西丽斌合作社展开。33 位丽斌合作社村分社理事长，40 多位妇女骨干分别参加了培训。妇女培训中引入小项目计划，各村妇女申报了 16 个为社区儿童、老人、文化、环境等服务的小项目。经专家评定、筛选，确定了其中的 4＋2 个项目（资金每个不超过 3000 元），农禾与布瑞克、丽斌合作社组成项目执行小组，签订协议，布瑞克支持 3 万元小项目资金，帮助妇女实现心愿。在培训当中，与市妇联建立了联系。

7 月

7 月 3—7 日，杨团参与江苏省农技协考察活动，先后在如东、如皋、淮安、泗阳、宿迁、东海考察农技协、合作社与农业公司，并与其中多位三农领军人建立了联系。

7 月 8 日，葛宁带队赴山东单县利民资金互助社居家养老幸福小院调研。

7 月 10—19 日，农禾之家支持并主办、台湾国立政治大学参与、民权县城关镇聚鑫资金互助社承办的禾趣计划"两岸乡村英文品格营"顺利开展。

7 月 20—23 日，"百乡工程·内蒙古自治区准格尔旗综合性合作社示范社扶持咨询项目"正式进入调研阶段。范洵一行 5 人赴准格尔旗大路镇、十二连城乡 6 个合作社开展第一轮调研。调研主要采取座谈＋入户的形式，后续根据此次调研结果形成标准的合作社建设方案。

7 月 25—29 日，杨团一行赴山东莱西进行深度考察，走访了丽斌合作社、丽馨社区居家养老服务中心，山后人家田园综合体，青岛有田农业发展公司，金丰公社、丰诺公司、东鲁公司等。并与农业农村局张洪才局长、市组织部、市妇联、院上镇党委政府沟通了发展新型集体经济合作组织的思路及百乡工程试点内容。此次考察为百乡工程莱西试点的开展奠定了基础。

7 月，禾趣计划暑期夏令营在项目负责人杨照宇带领下，于河南、安徽、宁夏、云南、辽宁、内蒙古、四川、河北等共计八省的 16 个项目地开展。来自中国海洋大学等 12 所大学的志愿者团队，经过农禾之家的统一培训后，根据自身服务经验，切合禾趣计划理念，发挥所长，分别深入到乡村社区、乡村中小学、农民合作组织等基层一线，参与了为期 7—15 天不等的儿童夏令营活动。活动内容涉猎广泛，包括艺术、自然、生活、乡土、健康卫生等方面。活动期间，针对每个项目点的情况和诉求，农禾之家配置了专业人士现场跟进，并安排了专人对项目点进行活动督导，反响良好。

本年度夏令营为禾趣计划连续第十年开展暑期活动，接下来禾趣计划将探讨如何规模化运作推动更大范围的服务升级，进而推动更大范围的乡村社区服务能力的提升。

8 月

8 月 2 日，农禾联盟会员单位河南兰考县谷雨农业专业合作社联合社入选中国普惠金融可持续发展典型案例。

8 月 30 日，"百乡工程·禾力排头兵计划退役军人助力乡村振兴大讲堂"在河北青县张广王培训基地召开。200 多名退役军人村干部参加了大讲堂。本次培训为农禾之家推动乡村振兴战略落地实施方案中的探索之一，为百乡工程人才培养版块中的一部分，旨在提升退役军人这一群体参与当地乡村振兴建设的能力。

8 月，农禾之家"留住乡愁·农民之家"项目加入中国扶贫基金会人人公益，并于腾讯乐捐平台上线筹款。本项目通过提升农民合作组织的组织及运营管理能力、人才培养计划、公共服务空间建设，助力农民开展互助合作，合力发展当地农村社区的经济和公共服务综合发展，最终实现可持续的本地化自组织建设美丽乡村社区。筹款将用于农民合作组织的组织培养、人才培育、公共服务开展、公共活动空间建设及基本运营等活动。"留住乡愁·农民之家"项目拟于河北、山东、贵州等省市开展，直接服务于当地农民合作组织及其社员，从而辐射所在地范围的村庄及村庄内的老人、儿童、乡建人才等。于 9 月 7—9 日在腾讯公益平台集中开展线上筹款。

8 月，农禾联盟会员单位唐山滦州市百信花生种植专业合作社（全国百强合作社）承办"农机地头展——2019 年全国花生机械装备现场会暨花生生产农机农艺融合与社会化服务论坛"。

9 月

9 月 6—11 日，杨团一行与莱西市委庄书记、市委组织部崔坤山部长等讨论合作，就莱西新型集体经济组织形式和机制的研究达成明确意向，确定在 2020 年 7—8 月召开新莱西会议。会后进入百乡工程莱西研究项目试点镇，与乡镇领导、企业、合作社深度沟通。

9 月 7—12 日，由百乡工程平台牵线搭桥，香港全球未来研究所 2019

年度"国际领袖计划"进入莱西，在莱西政府支持下，通过前期参与百乡工程项目组了解莱西当地农业农村状况，以及百乡工程莱西研究的目的目标，组织了来自10个国家12个机构的24名专业经理人团队，以提供制度规划设计项目书的方式，参与百乡工程，助力小农户与现代农业发展有机衔接。杨团、葛宁、范洵等受邀参加此次活动。

9月24日，百乡工程金堂试点开展以科技助推乡村产业发展及农民合作组织成长为主题的"科技大讲堂·农技培训会"。金堂有关部门领导、代表及21个乡镇政府部门、企业、合作社代表200余人参加了活动，分享了新时期农业技术服务在乡村振兴中的发展思路和案例。百乡工程科技专家联盟主任张晓军、副主任李宝东参会并演讲。此项活动由四川省科学技术协会、成都市科学技术协会、金堂县人民政府主办，北京农禾之家咨询服务中心协办。

10月

10月21—24日，百乡工程·莱西研究项目正式启动并展开首次调研。

21日上午，在莱西市行政办公中心举行了百乡工程·莱西研究项目启动仪式。该项目由莱西市委政府与北京农禾之家咨询服务中心共同实现，是为强化党在新时期对基层的领导力，以新型集体经济组织方式和机制为载体实现农民的再组织化和走向共同富裕道路的一次探索性试验。项目采取双组长制，莱西市委书记与市长共同担任项目组长，试点镇街由书记与农禾调研专家共同担任试点小组组长，体现了莱西市委政府对于以改革创新方式深化莱西经验的决心。

21日下午—24日，莱西研究项目组成员分赴沽河街道、院上镇、马连庄镇、南墅镇四个试点镇街展开调研。

10月31日，百乡工程莱西研究项目组成员在中国社科院社会学研究所会议室召开百乡工程莱西试点镇调研汇报会，农禾之家综合农协研究组成员参加，并特邀北京润生农村发展基金会理事长，原国务院发展研究中心农村经济研究部部长徐小青、中国社科院农村发展研究所副所长苑鹏研究员参加讨论。

10月，农禾之家内蒙古准格尔旗示范社扶持项目扶持对象遴选完毕，并完成 10 家合作社战略咨询方案报告。

10 月，农禾之家为农乡丰合作社提供了一对一的战略咨询，针对内蒙古准格尔旗小杂粮产业提供了产业发展建议。

10 月，农禾之家对接莱西东鲁农业甜糯玉米项目在准格尔旗落地。

11 月

11 月 5—6 日，杨团、吕松波赴四平梨树联发合作社调研。

11 月 11—12 日，莱西市委组织部支持的百乡工程莱西大讲堂在莱西党校举行。此次大讲堂以"深化拓展莱西经验，促进莱西改革创新"为主题，农禾之家邀请了 10 位国内优秀的专家学者和乡村实务工作者为莱西市、镇、村三级干部 500 人做了 10 个讲座。这也是对百乡工程莱西研究试点的一次动员大会。

后　记

本书是北京农禾之家咨询服务中心综合农协研究组年度集体著作的第五本。

2017 年底党的十九大召开，提出了乡村振兴这一将跨越两代人的国家大战略，还将习近平总书记关于"小农户与现代农业发展有机衔接"的批示写进乡村振兴战略。这是中央有关三农政策的重大变化。未来，是乡村发展以及城乡融合发展而不是单纯的城市化，是小农户而不是大资本在乡村的地位成为国家宏观政策关注的焦点。

乡村振兴战略的提出极大地鼓舞了我们。我们多年坚持探索就是为了这个目标的实现。因此，受到国家政策激励的农禾之家在第一时间响应乡村振兴。我们于 2018 年 2 月就提出了以"百乡工程"命名的系统规划，并于当年 5 月 29 日在中国社科院社会学研究所的大力支持下，与合作单位一起正式发起"百乡工程"并向社会发布。我们以"做规划、好产品、卖好价、搭平台、建组织、推人才"的创新方式，聚集政产学研社农等六界的力量形成社区集群，在全国选择有代表性的县乡进行试点，为国家乡村振兴战略落地探路。

本书主要反映了"百乡工程"提出以来农禾之家在 2018 – 2019 年的成果，包括在内蒙克什克腾旗经棚镇和山东青岛莱西市与政府合作的试点，以及在四川仪陇、吉林长春、江苏东海的主题调研。并以"百乡工程的发展之路"一文对其经验教训进行了初步总结。

尽管这些报告并不成熟，有的甚至有些粗糙，但却是一个自组织起来的公益服务机构——北京农禾之家咨询服务中心，和立志服务三农的志愿性公益研究组——北京农禾之家咨询服务中心综合农协研究组共同努力的汇集。为让读者了解2018－2019年百乡工程的工作轨迹，特地将这两年农禾之家的大事记作为附录。

为反映乡村振兴主题下的各地的实践与创新，本书除继续保留"国外经验"栏目之外，特地开辟了"乡村治理"和"扶贫研究"专栏，收入了反映农民专业合作社、集体经济组织、股份合作制、土地制度、合作金融、农业产业发展和基层党建等内容的文章，期冀在地方实践和政策探索的基础上进行思想革新和理论创造，希望能引起更多地方政府和大专院校的关注，合作推动乡村振兴。

2018年是中国改革40周年，对这个翻天覆地的改革全国都在进行总结，前事不忘后事之师，本文集特地编发王小鲁《城市化与土地制度改革》这篇重头文章，以飨读者。

还要申明，综合农协研究组因事业扩大，需要加强领导力量，今后将由杨团、刘建进、仝志辉3人共同组成研究组领导小组，共同负责研究组的内外工作和编辑出版这套丛书。

最后，要感谢本书的责任编辑冯春凤，参与编辑工作的农禾之家咨询服务中心研究部干事齐蕊，在此一并致谢！

杨团、刘建进、仝志辉并综合农协研究组全体成员
2019年11月8日